빛깔있는 책들 ●●●
252

신문

글 · 사진 | 채백

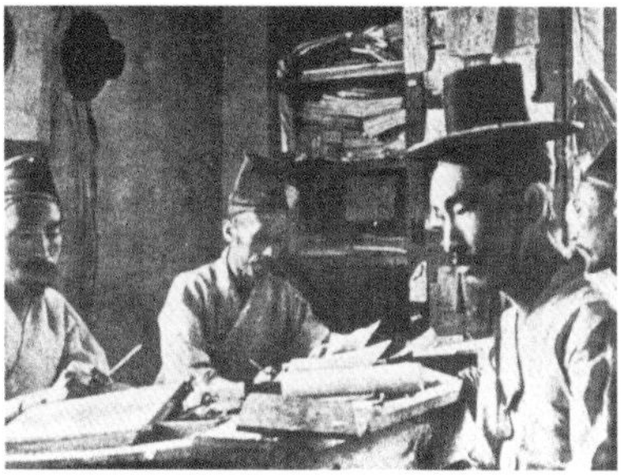

대원사

저자 소개

채백

서울대학교 신문학과 및 동대학원을 졸업(박사)하였다. 현재 부산대학교 신문방송학과 교수로 재직하고 있다. 주요 저서로는 『대중매체의 이해와 활용』, 『언론비평, 어떻게 할 것인가』, 『출판학』, 『미국의 언론개혁』 등이 있으며 그 외 한국 언론사에 관한 다수의 논문이 있다.

차 례

신문

머리말

대다수의 현대인들은 아침에 일어나면 조간신문과 함께 하루를 시작한다. 현관 앞에 배달되어 있는 신문을 챙겨 들고는 지면을 넘기며 어제 벌어졌던 주요 사건들을 훑어보면서 세상 돌아가는 일들을 알게 되고 생활에 필요한 정보를 얻는다. 그만큼 신문은 현대인들의 생활 속에 깊숙이 자리하면서 많은 영향을 주고 있다.

신문은 원래 서구 문화의 역사적 산물이다. 서구 역사의 발전 과정 중 중세에서 근대로 넘어오는 단계에서 나타난 것이 신문이다. 서구적 산물인 신문이 19세기 말 제국주의 시대를 거치면서 동양에까지 전파되어서 오늘날에는 전 세계적으로 보편적인 현상이 되고 있는 것이다.

현대를 일컬어 매스 미디어의 시대를 넘어서 뉴미디어의 시대라고들 한다. 각종 매체들을 통해서 우리는 매일 매일 엄청난 양의 정보를 받아들이면서 살아가고 있다. 이 많은 매체들 중에서도 신문은 가장 오랜 역사와 전통을 자랑하고 있다. 오랜 역사를 통해 신문은 사회의 영향력 있는 제도이자 문화적 현상으로 자리하게 되었다.

100년이 넘는 역사를 통해 여러 가지 우여곡절들을 겪어야 했지만 한국의 신문사들은 외형적으로는 꾸준한 성장을 거듭하였다. 일부 전국지들은 기업적인 측면에서도 많은 이익을 남기는 기업으로 성장하였으며 정치적, 사회적으로도 막강한 영향력을 발휘하는 기관으로 자리 잡게 되었다. 텔레비전이 급성장하여 대중의 인기를 누리고는 있지만 정치 · 문화적 영향에서는 신문을

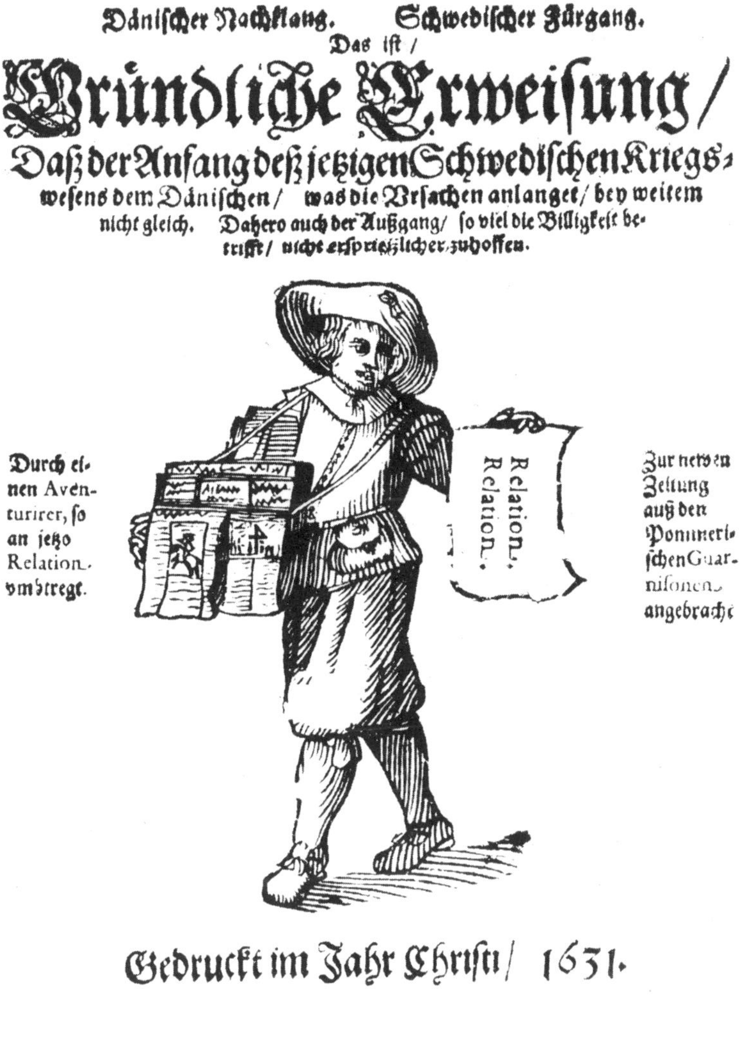
Dänischer Nachklang. Schwedischer Fürgang.

Das ist /

Gründliche Erweisung /

Daß der Anfang deß jetzigen Schwedischen Kriegs-wesens dem Dänischen / was die Vrsachen anlanget / bey weitem nicht gleich. Dahero auch der Außgang / so viel die Billigkeit betrifft / nicht ersprießlicher zuhoffen.

Durch einen Aventurirer, so an jetzo Relation umbtregt.

Relation, Relation.

Zur newen Zeitung auß den Pommerischen Guarnisonen angebracht

Gedruckt im Jahr Christi / 1631.

서구 초창기 신문의 모습 당시 신문의 명칭으로는 여러 가지가 사용되었는데 이것은 '이야기'라는 뜻의 『렐라찌온(Relation)』이다. 한 사건에 대한 이야기를 중심으로 구성하였으며, 부정기적으로 발행하였다.

따라갈 수 없다. 한국 신문의 이러한 영향력 때문에 '밤의 대통령'이라는 말까지 사람들 입에 오르내릴 정도였다. 한때는 신문이 대통령 만들기에 결정적 영향력을 행사할 정도로 막강한 힘을 발휘하기도 하였다.

그러나 한국의 신문들은 최근 새로운 전환점을 맞이하고 있다. 그 하나는 새로운 미디어들의 도전이다. 영상 매체와 컴퓨터 등 뉴미디어들이 보편화되면서 전통적인 인쇄 매체의 지위가 심각하게 위협받고 있다. 새로운 매체에 익숙한 세대들이 성장하면서 이들이 인쇄 매체를 멀리하고 대신 뉴미디어들을 통해서 정보를 손쉽게만 구하려는 경향들이 늘어나자 신문 산업이 심각한 위기 국면을 맞이하고 있는 것이다. 성급한 논자들은 종이 신문의 종말을 예견하기도 한다.

다른 하나는 바로 독자들의 도전이다. 오랫동안 한국의 신문들은 정치 권력의 힘 앞에는 무기력했지만 그 외에는 세상에 두려울 것이 없는 존재였다. 그러나 20세기 후반 군부 독재가 끝나고 민간 정부의 시대에 접어들면서 신문들은 전혀 다른 상황을 맞고 있다. 이제는 정치 권력이 아니라 독자들의 눈치를 보아야 하는 상황이 벌어지고 있는 것이다. 그동안 시민의식도 몰라볼 정도로 향상되어 이제는 독자들도 언론 권력에 대해서 당당하게 자신의 권리를 요구하는 시대에 접어들고 있다. 독자들이 신문을 상대로 소송을 제기하고 나아가서 신문의 개혁을 요구하는 시민 운동까지 벌이고 있는 것이 최근의 상황이다.

이러한 상황에서 신문의 역사를 다시 한번 되새겨 보는 것은 아주 의미 있는 일이다. 눈부시게 빠른 속도로 변화하는 세상을 거슬러 과거를 돌아봄으로써 우리는 현재의 상황이 갖는 의미를 더욱 명확하게 알 수 있고 또 이를 통해 앞일을 가늠해 볼 수 있기 때문이다.

이 책은 신문 발행의 초창기부터 일제 강점기, 해방 전후 시기까지의 한국 신문의 역사를 정리해 보려 한다. 그동안의 학계 연구 성과를 집약하여 시간적인 흐름 속에서 주요 사건들과 그 사회적 맥락을 중심으로 정리해 보려는 것이다. 신문의 과거 역사를 살펴봄으로써 현재 한국 신문이 가지고 있는 특성은 무엇이고 그러한 특성들이 어떠한 역사적 맥락에서 형성되었는가를 알아보고자 하는 것이 이 책의 목적이다.

이 책을 준비하는 과정에서 필자는 동아일보사와 조선일보사에 사진 사용의 협조를 부탁하였다. 그러나 두 신문사는 원고의 내용이 자신들에게 비판적으로 될 것을 염려하면서 사전에 원고를 볼 수 없겠냐고 필자에게 요구하였다. 필자는 사전 검열의 성격을 띠는 이러한 요구에 응할 수 없다고 거부하였다. 이에 대해 『동아일보』는 협조 불가를 전화 및 문서로 통보해 왔고 『조선일보』는 가타부타 아무런 연락이 없었다.

천하의 『동아일보』와 『조선일보』가 두려워했던 것은 과연 무엇일까? 나의 비판이 두려웠던 것일까? 아니다. 일개 서생에 불과한 필자의 비판을 그들이 두려워한 것은 결코 아니리라. 그들이 두려워했던 것은 바로 '역사'이다. 청산되지 못한 역사가 거칠 것 없는 이들마저 움츠리게 만들고 있는 것이다. 역사 청산이라는 과제는 이처럼 멀리 떨어진 남의 일이 아니다. 바로 우리의 일이다. 이를 제대로 해내지 못했기에 이처럼 아직까지도 우리에게 고통으로 다가오는 것이다.

결국 이 책은 두 신문사의 사진 협조를 받지 못한 가운데 출판될 수밖에 없었다. 그리하여 일제기의 두 신문 관련 사진 자료는 2차 자료들을 바탕으로 하여 최소한으로 한정할 수밖에 없었다. 대신 다른 사진 자료들을 최대한 수집하여 보충하려고 노력하였다. 이 점 독자 여러분의 양해를 구한다.

일러두기

1. 신문과 잡지, 책 명칭은 『 』로, 법령과 총독부 문서는 「 」로 표기하였다.
2. 기사의 제목은 ' ' 으로, 기사 내용은 " "으로 표기하였다.
3. 신문 기사의 한자와 고어는 가능한 현대어에 맞게 풀어서 표기하였다.

개화기의 신문

근대 신문의 탄생

조선 후기의 시대 상황

개항 전후의 조선 사회는 안으로는 조선 후기부터 봉건 지배 체제의 모순이 갈수록 심화되면서 한계를 드러내고 근대로의 싹이 내부로부터 태동하고 있었다. 밖으로는 제국주의 세력의 서세동점(西勢東漸)에 직면하여 국권을 상실할 위기에 처해 있었다.

양반 지배 체제의 무능과 부패는 날로 심화되어 민중들에 대한 수탈이 극에 달하게 되자 민중들은 민란의 형태로 이에 거세게 저항하기 시작하였다. 농업과 수공업, 광업 등에서 이루어진 생산력의 발전은 중세적인 자연 경제가 해체되고 상품 화폐 경제가 광범위하게 발전하는 결과를 가져왔다. 특히 화폐의 작용은 경제적인 영역에만 그치지 않고 신분 질서나 윤리관의 변화에도 직접적인 영향을 미쳐 돈을 주고 양반 신분이나 관직을 사는 등 양반 지배 체제를 밑바닥부터 흔들어 놓았다.

한편 19세기 말은 서구 자본주의 국가들이 원료 공급지 및 잉여 상품의 판매 시장 혹은 투자 시장을 찾아서 전 세계로 뻗어 나간 때로서 이른바 제국주의의 시대가 전개되고 있었다. 이러한 국제 정세 속에서 풍부한 자원과 많은 인구를 지닌 아시아의 국가들은 일찍부터 제국주의 열강들의 침략 대상이 되었다.

이와 같은 상황 속에서 자주적인 근대 개혁을 이루고 나아가 국권을 지켜야

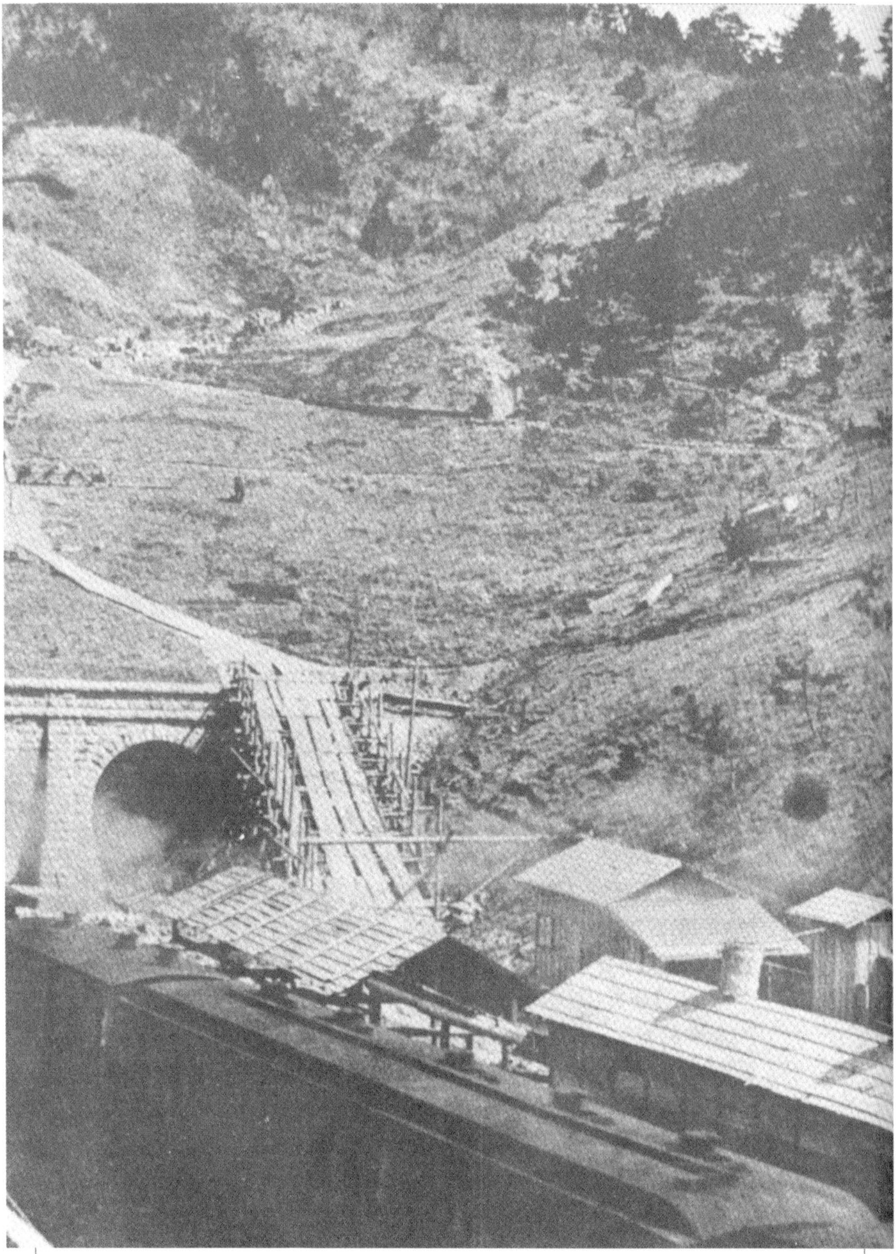

철도 부설 공사 현장 일본은 전쟁 수행과 경제 수탈을 위해 조선에 철도를 부설하였다. 사진 샌즈(1986, 286쪽).

할 필요가 당위적인 시대적 과제로 대두되었으며 이러한 시대적 과제에 대한 대응 속에서 한국 근대 신문의 형성이 이루어지게 되었던 것이다.

근대 신문 탄생의 배경

이 땅에 신문이라는 새로운 매체가 출현하게 된 것은 1883년 『한성순보(漢城旬報)』의 창간이 출발점이 되었다. 1876년 개항과 함께 서구 문물이 급속히 유입되면서 그 과정에서 신문이라는 새로운 매체도 탄생되었던 것이다. 그렇다면 어떠한 배경에서 신문이 출현하게 되었는가?

사회 · 경제적 배경

서구의 신문 역사를 살펴보면 일반적으로 신문의 생성, 발전은 상업의 발전과 밀접한 관계를 보여 주고 있다. 이는 상업의 발전은 그만큼 인간의 상호작용의 영역과 기회를 확대시켜 봉건 사회의 폐쇄성을 극복하고 보다 원활한 커뮤니케이션을 가능하게 해주며 또한 활발한 커뮤니케이션에 의해서만 상업이 유지, 발달될 수 있기 때문이다.

조선 후기로 넘어오면서 상업과 화폐 경제의 발달은 상당한 진척을 이루었다. 상업 인구가 증가하면서 상권이 확대되고 상품 생산이 발달하면서 시장의 숫자도 늘어나서 규모가 큰 일부 시장은 상설화되기도 하였다. 상업과 수공업의 발달과 함께 자연히 화폐의 유통도 늘어났다. 종래에는 쌀이나 삼베 등 실물 화폐 중심이었으나 17세기경부터 도시를 중심으로 금속 화폐가 유통되기 시작하더니 17세기 말경에는 전국적으로 유통되기에 이르렀다. 이처럼 조선 후기에 진행된 상공업의 발달은 커뮤니케이션의 발전 단계를 높일 수 있는 중요한 토대가 되었던 것이다.

문화적 배경

조선 후기부터 중국을 통해서 서구 문물의 도입이 부분적으로 시작되더니 개항을 전후한 시기부터는 급격하게 이루어지기 시작하였다. 더구나 개항 후에는 두 차례의 양요를 거치면서 이양선과 이방인이 출몰하게 되었다. 이 새로운 현상은 당시 사회로서는 일종의 문화적인 충격이 아닐 수 없었다. 이러한 문화적 충격은 사회 불안을 야기하게 마련이며 이에 따라 환경에 대한 정

신교육 상투를 한 사람들이 서양인 선교사로부터 영어 수업을 받고 있다. 사진 샌즈(1986, 54쪽).

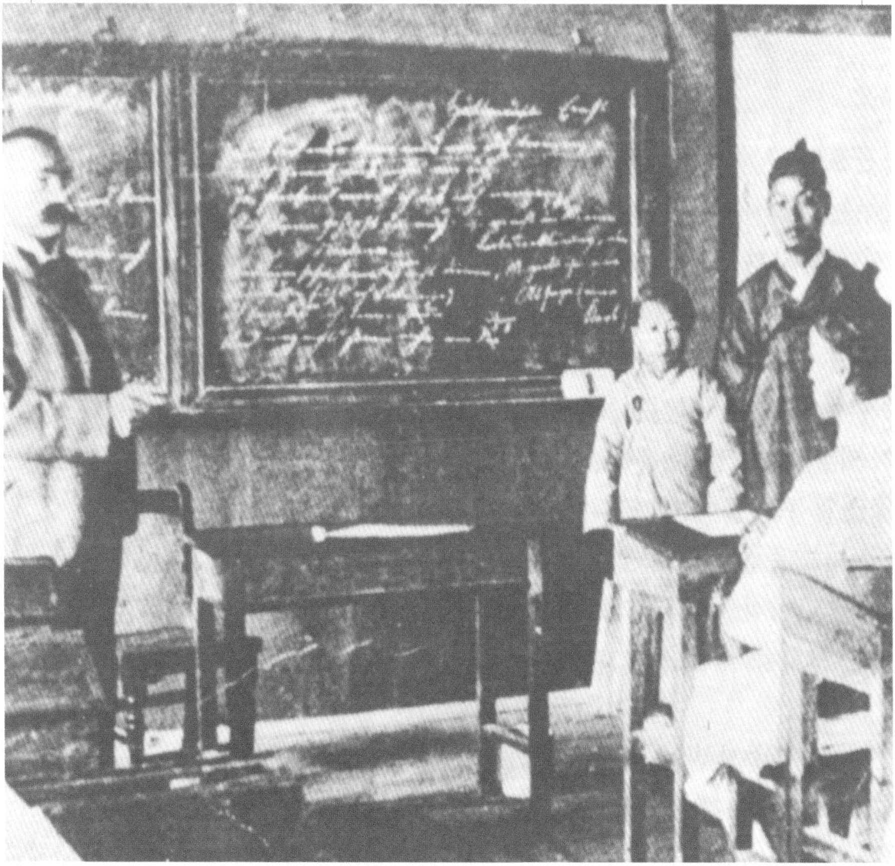

보 욕구가 급격하게 상승되는 것이 일반적이다.

그러나 기존의 전통적 매체로는 상승된 정보 욕구에 부응할 수 없었다. 예컨대 이방인들과 이양선의 출몰은 지방의 관리나 마을의 원로들도 일찍이 경험해 보지 못한 사실이었기 때문에 그러한 현상에 대해서 주민들에게 아무런 설명을 해줄 수 없었던 것이다. 그래서 개항 직후 조선 사회에는 이방인들과 관련한 갖가지 유언비어가 난무했었다. '서양인들은 아이들을 잡아먹는다.' 거나 '일본인들이 우물에 독을 탔다.' 는 식의 유언비어가 널리 유포되었던 것이다. 이는 새롭게 증폭된 정보에 대한 욕구를 기존의 커뮤니케이션 매체들이 충족시키지 못했기 때문에 나타난 현상이었다.

이와 같이 사회적인 차원에서 전반적으로 상승된 커뮤니케이션 욕구는 그에 부응할 수 있는 새로운 커뮤니케이션 매체를 필요로 하는 것이 일반적이다. 개항 직후의 조선 사회가 경험한 문화적 충격은 보다 발전된 커뮤니케이션 매체가 나타나게 될 중요한 배경 요인이 되었다.

문화적인 측면의 또 다른 요인으로는 문자 문화의 확대를 들 수 있다. 봉건적 지배 체제하에서 문자 문화는 전통적으로 그 사회의 특권 계층에 의해 독점되어 왔다. 조선 사회도 소수의 양반 계층이 사용하는 한문이 공식 언어로 사용되었기 때문에 일반 민중들은 문자 문화를 오랫동안 누릴 수 없었다.

그러나 조선 후기로 오면서 한글 문헌의 보급이 확대되기 시작하였다. 가사(歌辭)와 소설 문학의 발전으로 민간에서 한글 사용이 상당히 보편화되었다. 특히 17세기 이후로는 방각본(坊刻本)이라는 민간 출판의 형태로 국문 소설이 보급되기 시작했는데, 19세기에 들어오면서부터는 크게 발전하여 한글 보급에 커다란 기여를 하게 되었다. 이와 같은 한글의 보급을 통해 이루어진 문자 문화의 저변 확대는 문자를 수단으로 하는 신문 매체의 성립과 발전에 중요한 기반으로 작용하였던 것이다.

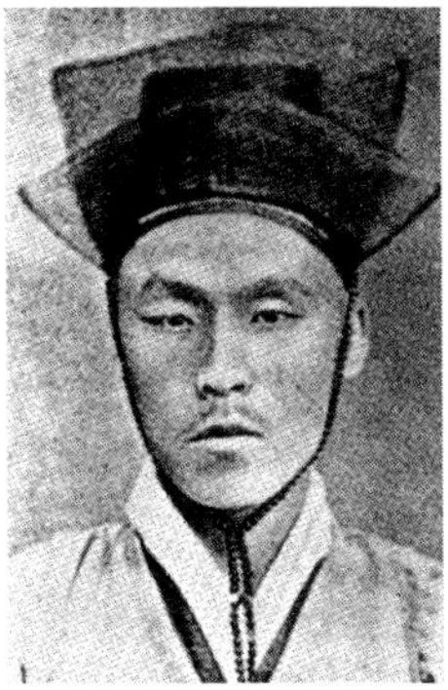
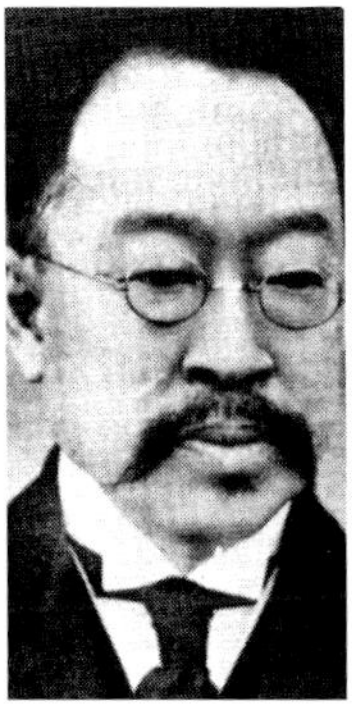

개화파의 핵심 인사인 김옥균(왼쪽)**과 박영효**
(오른쪽)

정치적 배경

근대 신문이 출현하게 된 보다 직접적인 요인은 정치적인 필요성이었다. 개항 전후의 조선 사회가 직면하고 있었던 시대적 과제에 대해 조선 사회가 보인 대응 방식은 '개화'와 '위정척사' 그리고 '동학'의 세 가지로 대별된다. 이 중에서 한국 근대 신문 형성과 밀접한 관련을 맺고 있는 것은 개화사상이다. 바로 이들 개화파들이 근대 신문 형성의 주체가 되었던 것이다. 이들은 근대적 개혁을 통해 당시 조선 사회가 처한 내외적 위기를 극복하고자 했던 세력들로서 서구의 문물을 도입하여 조선의 부국강병을 이루려고 시도하였다.

개화파들은 개항 이후에도 보수 세력에 눌려 자신들의 정치적인 입지가 열세를 면치 못하자 일본 세력을 이용하여 당시 권력을 장악하고 있던 친청 보수 세력을 타도하고 나아가 청으로부터의 독립을 도모하려는 생각을 가지게 되었다. 당시 개화파들은 일본의 침략적인 의도를 제대로 간파하지 못하고 오히려 원조자로 생각하여 자신들이 일본의 힘을 주체적으로 이용할 수 있다고 판단했던 것이다. 그리하여 이들은 일본과의 연합을 시도했는데 이 과정에서 조선에 근대 신문이 탄생하였던 것이다.

『한성순보』의 창간

제3차 수신사의 도일

1882년 박영효를 수반으로 하는 제3차 수신사 일행이 일본으로 가게 되었다. 이들 수신사 일행은 일본인 후쿠자와 유키치(福澤諭吉)를 통해 일본 정계와 재계의 거물들과 접촉하는 한편 후쿠자와에게 조선의 문명개화에 대해 조언을 구하였다. 이 자리에서 후쿠자와는 조선의 문명개화를 위해 신문의 발행이 필요함을 역설하면서 이에 협조할 것을 제의하였다. 박영효 등은 이를 받아들이게 되었으며 이것이 결국 한국 근대 신문 형성의 직접적인 계기가 되었던 것이다.

명치시대 일본의 유명한 개화사상가이며 교육자이자 언론인인 후쿠자와가 조선의 근대화를 도와주겠다고 자청한 것은 어디까지나 일본의 국익을 위한 것이었다. 그는 일본의 안전 보장을 위해서는 조선의 근대화 및 청으로부터의 독립이 불가결하다고 생각하였다. 조선이 제국주의 세력의 손아귀에 넘어가게 되면 인접한 일본도 안심할 수 없기 때문이었다. 그리하여 그는 자신이 창간한 『시사신보(時事新報)』의 사설 등을 통하여 조선 개화의 필요성을 역설해 왔었다.

그의 조선 개화 주장은 다른 한편으로는 조선을 침략하는 데 필요한 기반을 조성하기 위한 것이었다. 일반적으로 제국주의 세력이 후진 지역을 침략할 때는 '야만의 문명화'를 표방한다. 이는 원료의 반출과 상품의 판매를 통해 그들의 제국주의적 이익을 실현시키기 위해서는 식민지 사회에도 일정한 정도의 근대적 개혁이 필요하기 때문이다. 수탈을 위해서 도로와 철도, 항만의 정비 등이 필요하며 값싼 노동력과 원료를 이용하기 위해서 공장을 세우고 이러한 시설과 제도를 관리할 인력을 양성하기 위해 일정한 교육 제도가 필요한 것이다. 후쿠자와가 조선의 개화를 주장한 것도 이러한 맥락에서 파악될 수

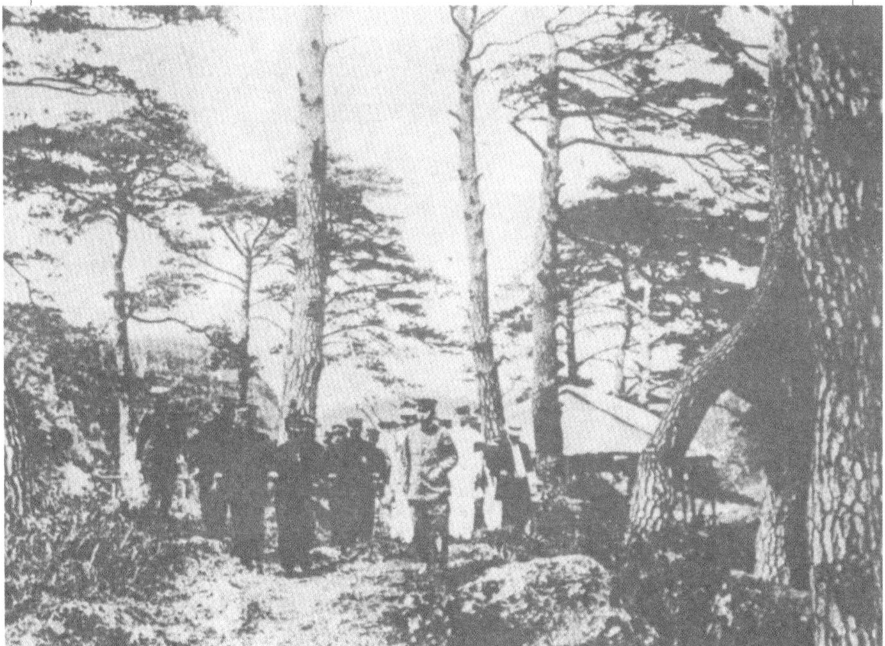

일제의 산림 수탈 현장 데라우치 총독이 현장을 순시하고 있다. 사진 샌즈(1986, 281쪽).

있을 것이다.

당시 조선의 개화파에게는 일본 세력을 이용하여 청을 몰아내고 개화와 독립을 이루며 신문을 통해 개화사상을 보급함으로써 자신들의 정치적 입지를 강화하려는 계산이 깔려 있었다. 반면 일본 특히 후쿠자와는 조선의 개화파를 후원하여 조선의 문명개화를 도모함으로써 조선에서 청의 영향을 배제하고 일본의 영향력을 신장시킬 수 있으며 이것이 일본의 국익에 필수적이라고 보았다. 이러한 조일 양국의 일치된 이해관계는 근대 신문 형성에 결정적인 계기로 작용하였다.

『한성순보』, 근대 신문의 탄생

수신사 일행은 귀국하자마자 신문 창간 준비에 착수하였다. 박영효는 1883년 2월 신문 발간에 대해 고종의 윤허를 받아 냈다. 이에 따라 한성부(漢城府)에 신문국(新聞局)을 설치하고 유길준과 일본에서 데리고 온 후쿠자와의 제자들을 중심으로 하여 신문 창간을 위한 준비 작업에 들어갔다. 그러나 이들의 개혁 정책은 보수적인 민씨 정권의 반대에 부딪혀 그 해 4월 박영효가 광주 유수로 좌천되었다. 보수파와의 권력 투쟁에서 밀렸던 것이다. 이에 유길준도 신병을 이유로 사임하고 애당초 신문 편집을 도와줄 목적으로 파견되었던 후쿠자와의 제자들도 일본으로 돌아가 버렸다. 이로써 신문 창간 준비는 일단 중단되고 말았다.

그 후 신문 창간의 주체는 일본 세력과 밀착된 급진 개화파에서 김윤식(金允植), 김만식(金晩植) 등이 중심이 된 온건 개화파로 바뀌게 되었으며 주무 관청도 한성부 신문국에서 통리아문(統理衙門) 박문국(博文局)으로 바뀌었다. 이때의 창간 준비 작업에는 일본인 이노우에 가쿠고로오(井上角五郎)가 참여하여 일정한 역할을 담당하였다. 이처럼 주체가 바뀌면서도 창간 준비 작업이 계속될 수 있었던 것은 이들 온건 개화파들도 신문 간행의 필요성과 중요성을 인식하고 있었기 때문이었다.

그리하여 마침내 1883년 10월 31일(음력 10월 1일)에 창간된 것이 바로 『한성순보』이다. 『한성순보』가 창간됨으로써 한국 사회에도 매스 미디어의 시대가 열리게 된 것이다.

사실 이 땅에 근대 신문이 최초로 나타난 것은 『한성순보』의 창간 이전인 1881년 12월 10일 일본 상인들이 부산에서 창간한 『조선신보』였다. 개항 이후 부산에 이주한 일본인들은 대부분 대마도의 하층민들이었다. 이들이 부산에서 행패가 워낙 심해 부산 지역의 반일 감정이 비등하고 그로 인해 일본인 상인들의 상업적 이익이 저해될 정도였다고 한다. 이에 일본 상인들의 이익단체인 부산상법회의소가 그들의 상업적 이익을 유지, 확대하기 위해 만든 것

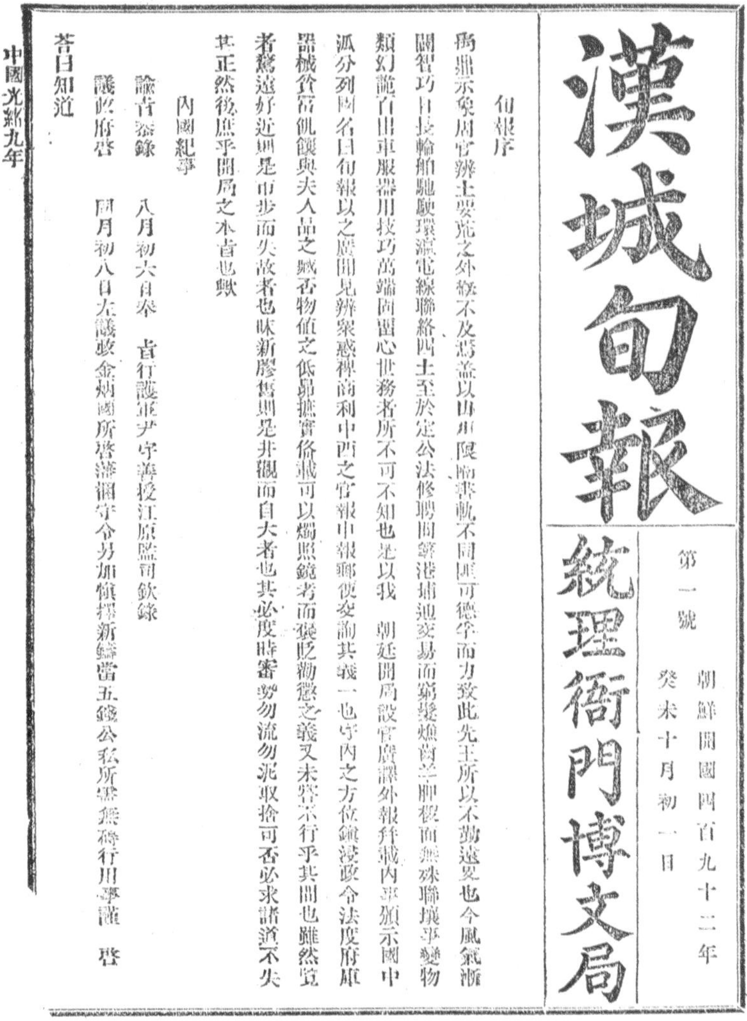
漢城旬報

第一號

朝鮮開國四百九十二年
癸未十月初一日

統理衙門博文局

旬報序

禹鼎示象周官辨土要荒之外殺不及焉蓋以山川限隔書軌不同匪可德化而力致此先王所以不勤遠畧也今風氣漸
闢智巧日長輪舶馳駛環瀛電線聯絡四土至於定公法修聘問築港埔通交易而窮髮燋齒兰卉椎髻面無殊聯壤爭變物
類幻詭百出車服器用技巧萬端固留心世務者所不可不知也是以我　朝廷開局設官廣譯外報幷載內事頒示國中
派分列國名曰旬報以之廣聞見辨衆惑裨商利中西之官報申報郵便交調其義一也宇內之方位鎭浸政令法度府庫
器械貧富饑饉與夫人品之臧否物値之低昻摭實備載可以燭照鏡考而褒貶勸懲之義又未嘗不行乎其間也雖然覽
者騖遠好近則是市步而失故者也昧新膠舊則是井觀而自大者也其必度時審勢勿流勿泥取捨可否必求諸道不失
其正然後庶乎開局之本旨也歟

內國紀事

諭旨謄錄　八月初六日奉　旨行護軍尹守善授江原監司欽錄

議政府啓　同月初八日左議政金炳國所啓諸道守令另加愼擇新鑄當五錢公私所帶無礙行用事請　啓

答曰知道

中國光緒九年

『한성순보』 창간호 제1면 우리나라 최초의 근대 신문이다. A4지 정도의 판형에 순한문이며 24면 책자형으로 10일마다 발간되었다. 제호 밑에 '조선 개국 사백구십이 년' 이라고 쓰고 있으며 중국 연호 '광서' 는 좌측 난외에 표기하고 있다.

이 이 신문이다. 이 신문은 주로 일본인들을 대상으로 한 신문이었지만 한문과 때로는 한글 기사까지 등장한 것으로 보아 조선의 지식인과 관리들도 독자로 의식하고 발행했던 것으로 보인다. 그러나 이 신문이 한국 근대 신문의 형성에 직접적인 영향을 주었다고 보기는 어렵다.

『한성순보』는 창간사에서도 밝히고 있듯이 지면을 통하여 민중을 계몽하는 데에 최대의 역점을 두어 개국진취와 충군애국, 국민계발에 치중하였다. 또한 서구의 문물과 제도 등을 소개하는 데 많은 지면을 할애하였다. 이러한 편집 방침은 개화사상에 입각하여 우리도 서구의 선진 제국을 모델로 삼아 근대적

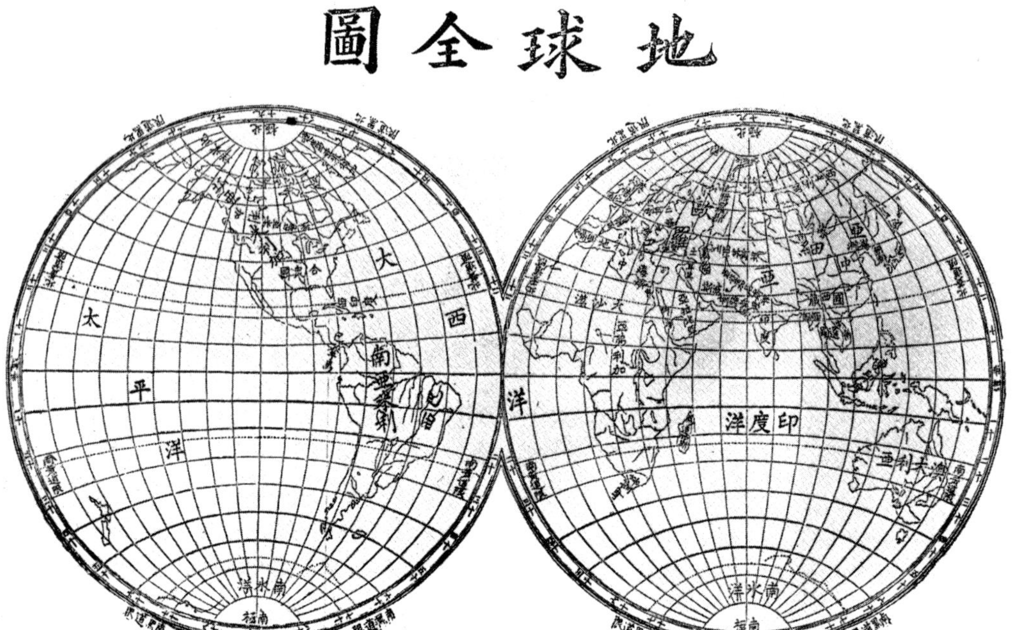

『한성순보』 지면에 실린 지구의 모습 중화론이 지배적이던 당시로서는 매우 파격적인 것이었다.

개혁의 길로 나아가자는 취지였던 것으로 해석할 수 있다.

한편 청의 영향으로부터 벗어나려는 시도도 이루어졌다. 연호 사용도 창간 초기에는 당시의 공식연호였던 청의 '광서(光緖)'를 좌측 난외에 표기하는 데 그치고 대신 조선 개국 연호를 공식적으로 사용하였다. 그러나 보수파와 청국의 반발로 4호부터는 조선 개국 연호와 중국 연호를 병기하는 형태로 바뀌었다. 또한 지구 전체에 관한 그림과 기사 등을 실어 당시의 중화적 세계관을 타파하려 했던 의도를 보여 주고 있다.

필화 사건과 폐간

이와 같은 내용으로 인해 『한성순보』는 당시의 보수적 지식인들과 청의 반발을 불러일으키기도 하였다. 이러한 반발은 급기야 필화로까지 이어졌는데 이 사건은 기사의 내용이 문제가 되었던 최초의 필화 사건으로 기록되고 있다.

『한성순보』 제10호(1884년 1월 30일)에 게재된 '화병범죄(華兵犯罪)' 라는 기사와 제11호(1884년 2월 10일)의 '화병징판(華兵懲辦)' 기사를 빌미로 청국이 외교 경로를 통해 조선 정부에 강력한 항의를 제기하였다.

기사는 "한성 내의 한 약방에 청병이 약을 사러 들어갔는데 이전의 채무를 재촉받고 언쟁하던 중 격분한 청병이 약방 주인과 그 아들에게 발포하여 아들을 죽이고 주인은 큰 부상을 입었다."는 내용과 그 속보로서 범인들을 잡아 처벌하였다는 내용이었다. 기사 내용은 별 문젯거리가 없어 보이지만 창간 이후 『한성순보』에 대해 불만을 품고 있던 청국으로서는 좋은 빌미가 되었다. 이 필화 사건은 결국 조선 정부가 사과하고 일본인 이노우에가 사임과 동시에 일본으로 돌아가는 것으로 일단락되었다.

『한성순보』는 1884년 12월 4일에 일어난 갑신정변의 과정에서 창간 1년여 만에 폐간되고 말았다. 정변에 청이 개입하면서 『한성순보』가 일본의 세력과 관련이 있다고 생각한 군중들이 박문국을 불태워 버렸던 것이다.

『한성순보』는 폐쇄적인 봉건 사회의 울타리를 넘어 사회적 공개성의 영역을 확대시켜 주었다는 점에서 한국 사회 최초의 매스 미디어로서의 의의를 지닌다. 하지만 당시 조선 사회의 보수적 분위기와 제반 여건이 제대로 갖추어지지 않은 탓에 본질적인 한계를 가질 수밖에 없었다.

『한성주보』와 광고의 출현

그 후 1886년 1월 25일 『한성순보』가 속간되는 형태로 『한성주보(漢城周報)』가 창간되었다. 갑신정변 후 통리아문 독판이던 김윤식은 신문의 속간을 추진하였다. 그리하여 1885년 5월 고종은 박문국을 민간 출판사였던 광인사(廣印社)로 옮겨 다시 신문을 간행하도록 지시하였다.

『한성주보』는 『한성순보』의 편집 체제를 거의 그대로 따랐으나 몇 가지 새로운 특징을 보여 주고 있다. 첫째, 『한성순보』는 열흘에 한 번 발행되었으나 『한성주보』는 발행 간격을 1주일 단위로 줄였다. 둘째, 『한성순보』는 순한문을 사용했지만 『한성주보』는 순한문을 기본으로 하면서 국한문 혼용과 한글 기사까지 가끔 게재되었다. 세 번째 특징은 한국 신문 역사상 최초로 광고가 등장한다는 것이다.

『한성주보』는 창간호부터 '본국 공고(本局公告)' 란을 만들어 다음과 같은 내용을 게재하였다.

> 농상공과 기타 모든 영업을 하는 사람으로서 자기의 업(業)을 광고하고자 하면 오셔서 국원(局員)에게 자문하십시오. 그러면 상세히 기재하여 본보를 구독하는 내외의 사상(士商)에게 알리겠습니다.

첫 광고가 실린 것은 제4호(1886년 2월 22일)였다. 15면에서 16면에 걸쳐 게재된 이 광고는 '덕상 세창양행 고백(德商世昌洋行告白)' 이라는 제목으로

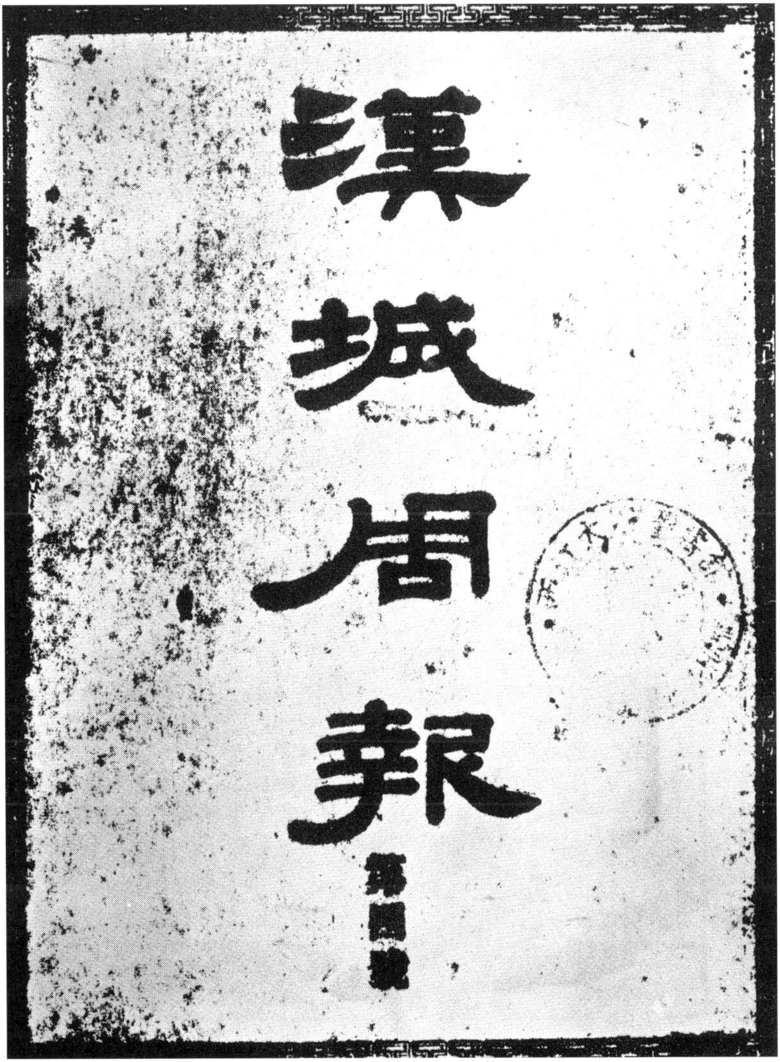

『한성주보』 B5 판형에 18면 책자형으로 발간되었다.

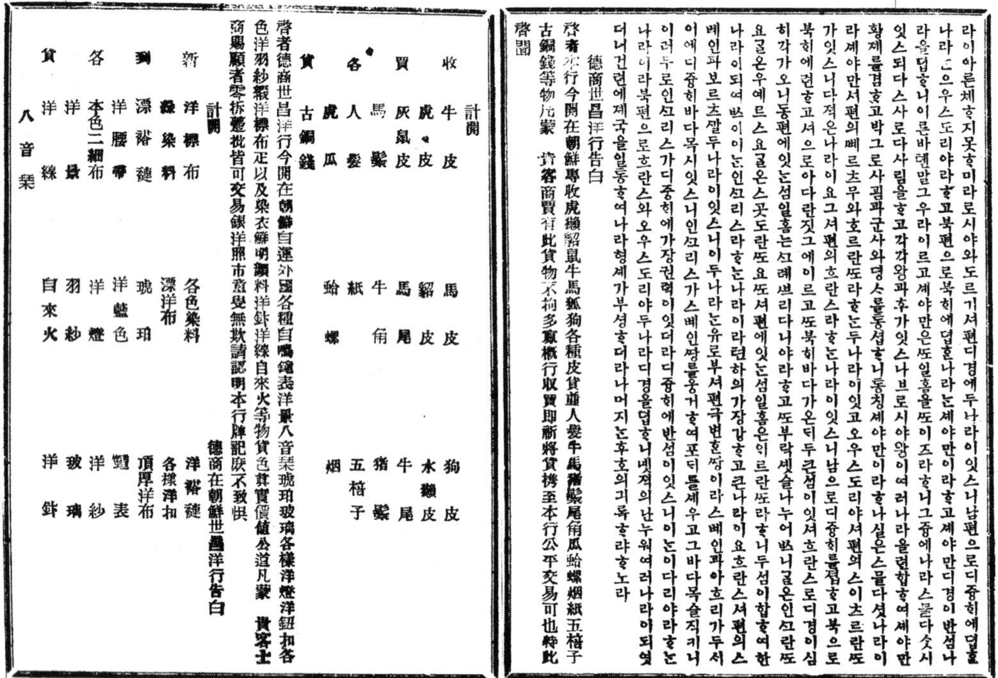
라이아른체ᄒᆞ지못ᄒᆞ미라로시야와도르기서편디경에두나라이잇ᄉᆞ니남편으로디즁히에뎝ᄒᆞᆫ나라ᄂᆞᆫ오우ᄉᆞ도리야라ᄒᆞ고북편으로북히에뎝ᄒᆞᆫ나라ᄂᆞᆫ셰야만이라ᄒᆞ고셰야만디경이반셤나라을뎝ᄒᆞ니이른바뎬말그우라이르고셰야만은ᄯᅩ일홈을ᄯᅩ이즈라ᄒᆞ니그즁에나라ᄉᆞ굴다ᄉᆞᆺ시잇ᄉᆞ되다ᄉᆞ사로다사림을ᄒᆞ고각각왕파ᄒᆞ가잇ᄉᆞ나브로시야왕이여러나라을련합ᄒᆞ여셰야만황제를겸ᄒᆞ고박그로사굄파군사와뎡ᄉᆞ를ᄯᅩᆼ셥ᄒᆞ니ᄯᅩᆼ칭셰야만이라ᄒᆞ나실은ᄉᆞ물다섯나라이라셰야만서편의ᄲᅢ르ᄎᆞ무와호르란ᄯᅩ라ᄒᆞᄂᆞᆫ두나라이잇고오우ᄉᆞ도리야서편의ᄉᆞ이ᄎᆞ르란ᄯᅩ가잇ᄉᆞ니다젹은나라이요그서편의흐란ᄉᆞ라ᄒᆞᄂᆞᆫ나라이잇ᄉᆞ니남으로디즁히를졉ᄒᆞ고북으로북히에련ᄒᆞ고셔으로아다란짓그에이르고ᄯᅩ북히바다가온ᄃᆡ두큰셤이잇셔흐란ᄉᆞ로디경이심히각가오니동편에잇ᄂᆞᆫ셤일홈는ᄉᆞ례ᄡᅳ리다니야라ᄒᆞ고ᄯᅩ부락셰슬나누어ᄡᅳ니굴온인ᄉᆞ란ᄯᅩ요굴온우예르ᄉᆞ요굴온ᄉᆞ곳도란ᄯᅩ요ᄯᅩ서편에잇ᄂᆞᆫ셤일홈은이르란ᄯᅩ라ᄒᆞ니두셤이합ᄒᆞ여ᄒᆞᆫ나라이되여ᄡᅳ이이ᄂᆞᆫ인ᄉᆞ리ᄉᆞ라ᄒᆞᄂᆞᆫ나라이라텬하의가장강ᄒᆞ고큰나라이요흐란ᄉᆞ서편의ᄉᆞ베인파보르ᄎᆞ쌀두나라이잇ᄉᆞ니이두나라ᄂᆞᆫ유로부서편극변ᄒᆞᆫ짱이라ᄉᆞ베인파아흐리가두서이에디즁히바다목시잇ᄉᆞ니인ᄉᆞ리ᄉᆞ가ᄉᆞ베인짱를웅거ᄒᆞ여포ᄃᆡ를세우고그바다목술지키니이러ᄒᆞ로인ᄉᆞ리ᄉᆞ가디즁히에가장권력이잇더라디즁히에반셤이잇ᄉᆞ니이ᄂᆞᆫ이다리야라ᄒᆞᄂᆞᆫ나라이라북편으로흐란ᄉᆞ와오우ᄉᆞ도리야두나라디경을뎝ᄒᆞ니녜젹의난누워여러나라이되엿더니건련에제국을일ᄐᆞᆼᄒᆞ여나라형셰가부셩ᄒᆞ더라나머지ᄂᆞᆫ후호의긔록ᄒᆞ랴ᄒᆞ노라

德商世昌洋行告白

啓者本行今開在朝鮮專收虎獺貂鼠牛馬狐狗各種皮貨並人髮牛馬猪鬃尾角爪蛤螺烟紙五棓子古銅錢等物凡蒙 貴客商賈有此貨物不拘多寡槪行取買即祈將貨携至本行公平交易可也特此

啓聞

計開

收買各貨

牛皮 馬皮 狗皮
虎皮 貂皮 水獺皮
灰鼠皮 馬尾 牛尾
馬鬃 牛角 猪鬃
人髮 紙 五棓子
虎爪 蛤螺 烟
古銅錢

啓者德商世昌洋行今開在朝鮮自運外國各種自鳴鐘表洋景八音琴琥珀玻璃各樣洋燈洋鈕扣各色洋羽紗緞洋標布疋以及染衣顏料洋針洋線自來火等物貨色眞實價値公道凡蒙 貴客士商賜顧者零拆躉批皆可交易銀洋照市盈變無欺請認明本行牌記庶不致悞

德商在朝鮮世昌洋行告白

計開

新到各貨

洋標布 各色染料 洋襁褳
綠染料 漂洋布 各樣洋扣
漂襁褳 琥珀 頂厚洋布
洋腰帶 洋藍色 鐘表
本色二細布 洋燈 洋紗
洋景 羽紗 玻璃
洋線 自來火 洋針
八音琴

『한성주보』의 덕상 세창양행 고백 우리나라 최초의 신문 광고이다. 무역상이었던 세창양행은 이 광고를 통해 쇠가죽 · 사람 머리털 · 호랑이 발톱 · 자명종 등의 물품을 판다는 사실을 널리 알리고 있다.

독일 무역 회사의 영업 활동을 광고하는 내용이었다.

……독일 상사 세창양행에서 조선에 상사를 개설하고 외국에서 쇠가죽 · 사람 머리털 · 호랑이 발톱 · 자명종 · 뮤직박스 · 서양 천 · 성냥 등 각종 물건을 수입하여 공정한 가격으로 팔고 있으니 모든 귀객과 사상(士商)이 찾아오신다면 염가로 팔 것입니다. 은양(銀洋)은 시세에 맞게 계산하여 아이나 노인이 온다 해도 속이지 않을 것입니다…….

당시는 '광고' 라는 용어를 사용하지 않고 '고백' 이라는 용어를 사용하고 있다는 사실을 알 수 있다. 세창양행은 이후에도 여러 차례 『한성주보』 지면을 통해 광고를 게재하였으며 그 밖에 일본 상인 등 외국 상인들의 광고도 가끔씩 게재되었다.

그러나 『한성주보』도 오래가지는 못했다. 언제 폐간되었는지는 분명하지 않지만 1888년 3월까지의 발행 사실만 현재 확인되고 있다. 1888년 7월에는 박문국도 폐쇄되었다.

『한성순보』와 『한성주보』는 이 땅에 매스 미디어의 시대를 열었다는 점에서 그 역사적 의의를 평가할 수 있지만 당시 제반 여건이 아직 미흡했던 탓에 오래 지속되지는 못했다. 『한성주보』가 폐간됨으로써 청일 전쟁 이후 『독립신문』이 창간되기까지 한국인에 의한 신문은 존재하지 않는 공백기를 맞게 되었다. 이 시기에는 개항장에서 일본인들이 발행하는 신문들만이 존재했었다.

『독립신문』과 근대 신문의 발전

『독립신문』의 창간

『한성신보』와 명성황후 시해 사건

공백기를 거친 한국의 근대 신문이 본격적으로 발전하는 때는 청일 전쟁 이후이다. 청일 전쟁을 전후한 시기 한반도 주변의 정세는 역사적인 대사건이 연이어 터지면서 급격한 변동의 와중에 있었다. 동학혁명의 발발과 갑오개혁, 청일 전쟁, 명성황후 시해 사건 그리고 본격화되는 제국주의 열강의 이권 침탈 등 당시의 급변하는 상황은 정보에 대한 사회적 욕구를 급격하게 증대시켰다. 또한 갑오개혁으로 한글을 공식 문자로 채택하는 개혁이 이루어지고 근대적 우편 제도와 통신 제도가 확충되는 등 신문이 성장할 수 있는 제도적 기반도 마련되었다.

먼저 일본은 청일 전쟁의 승리가 거의 확정된 1894년 말부터 일본 외무성의 자금으로 기관지의 창간 준비에 들어갔다. 그리하여 1895년 2월에 일본 외무성의 기관지 『한성신보(漢城新報)』가 창간되었다. 이 신문은 일어와 국한문을 사용한 신문으로서 일본의 승전을 널리 알리고 나아가 일본의 본격적인 조선 침략을 뒷받침하는 선전 기관으로서의 역할을 위해 창간되었다. 실제 이 신문의 논조나 운용도 이 목적을 충실히 완수하기 위한 방향으로 이루어졌다.

그러나 이러한 편파적인 보도 태도는 당시 갑오개혁에 대한 일본의 간섭 등으로 심화되어 가던 반일 감정을 더욱 부채질하였다. 특히 『한성신보』의 기자

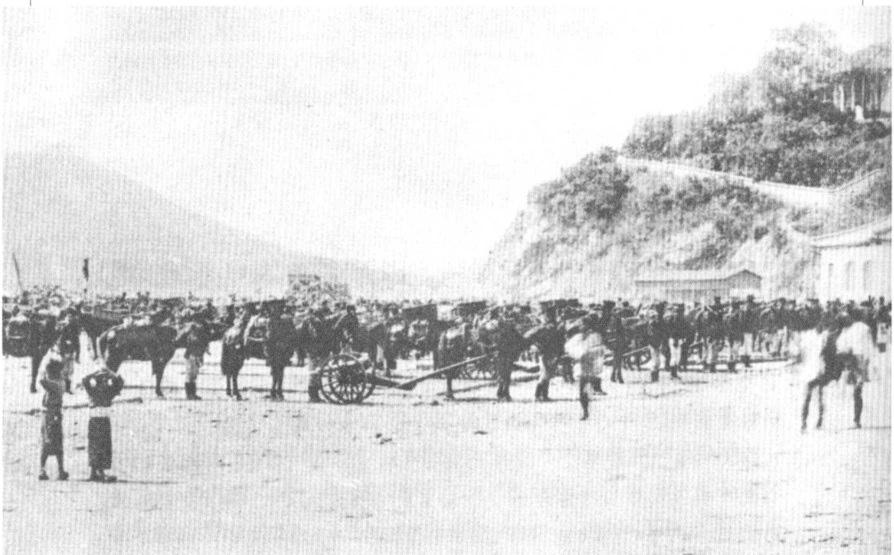

인천에 상륙한 일본군 조선의 동학혁명을 계기로 발발한 청일 전쟁(1894~1895년)은 1895년 4월 17일 시모노세키 조약을 맺음으로써 일본의 승리로 끝났다. 사진 샌즈(1986, 112쪽).(위)

『한성신보』 1895년 2월 17일에 창간된 이 신문은 일어와 국한문을 혼용하였다. 일본 외무성의 기밀 보조비로 운영된 이 신문의 초대 사장은 아다치 겐조가 맡았다.(아래)

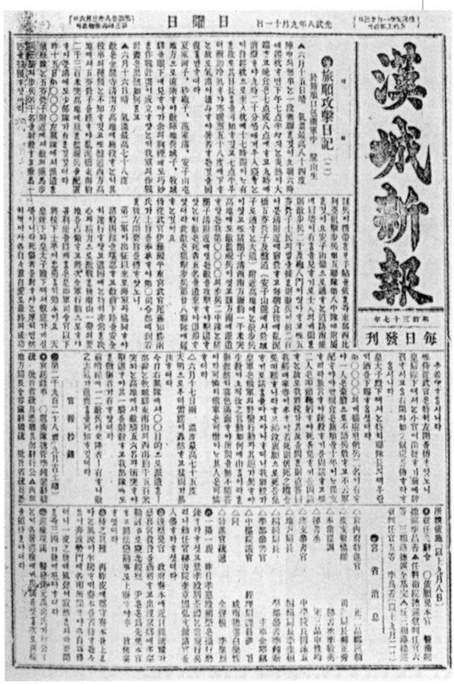

漢城新報

每日發刊

旅順攻擊日記

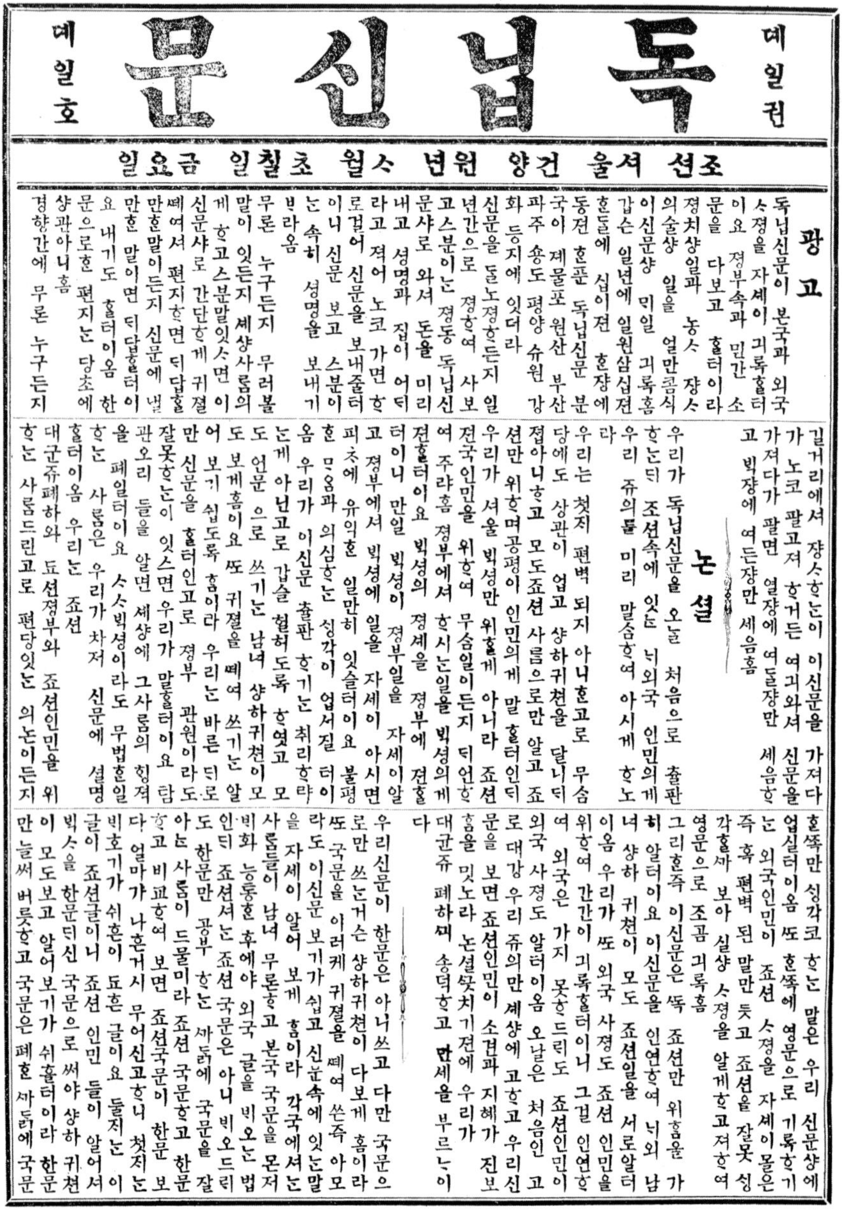

독닙신문

뎨일권

뎨일호

조션 서울 건양 원년 ᄉᆞ월 초칠일 금요일

광고

독닙신문이 본국과 외국
ᄉᆞ졍을 자세이 긔록ᄒᆞᆯ터
이요 졍부속과 민간 소
문을 다보고 ᄒᆞᆯ터이라
졍치샹일과 농ᄉᆞ 쟝ᄉᆞ
의술샹 일을 얼만콤식
이신문샹 미일 긔록홈
갑슨 일년에 일원삼십젼
ᄒᆞᆫ돌에 십이젼 ᄒᆞᆫ쟝에
동젼 ᄒᆞᆫ푼 독닙신문 분
국이 졔물포 원산 부산
파주 송도 평양 슈원 강
화 등지에 잇더라
신문을 돌노졍ᄒᆞ든지 일
년간으로 졍ᄒᆞ여 사보
고스분이ᄂᆞᆫ 졍동 독닙신
문샤로 와서 돈을 미리
내고 셩명과 집이 어ᄃᆡ
라고 적어 노코 가면 ᄒᆞ
로걸너 신문을 보내줄터
이니 신문 보고 스분이
ᄂᆞᆫ 속히 셩명을 보내기
ᄇᆞ라옴
무론 누구든지 무러볼
말이 잇든지 셰샹사ᄅᆞᆷ의
게 ᄒᆞ고스분말잇ᄉᆞ면 이
신문샤로 간단ᄒᆞ게 귀졀
ᄯᅦ여셔 편지ᄒᆞ면 ᄃᆡ답ᄒᆞᆯ
만ᄒᆞᆫ말이든지 신문에 낼
만ᄒᆞᆫ 말이면 ᄃᆡ답ᄒᆞᆯ터이
요 내기도 ᄒᆞᆯ터이옴 한
문으로ᄒᆞᆫ 편지ᄂᆞᆫ 당초에
샹관아니홈
경향간에 무론 누구든지
길거리에셔 쟝ᄉᆞᄒᆞᄂᆞᆫ이 이신문을 가져다
가 노코 팔고져 ᄒᆞ거든 여긔와셔 신문을
가져다가 팔면 열쟝에 여ᄃᆞᆯ쟝만 셰음ᄒᆞ
고 ᄇᆡᆨ쟝에 여든쟝만 셰음홈

논셜

우리가 독닙신문을 오ᄂᆞᆯ 처음으로 츌판
ᄒᆞᄂᆞᄃᆡ 조션속에 잇ᄂᆞᆫ ᄂᆡ외국 인민의게
우리 쥬의를 미리 말ᄉᆞᆷᄒᆞ여 아시게 ᄒᆞ노
라
우리ᄂᆞᆫ 첫지 편벽 되지 아니ᄒᆞᆫ고로 무ᄉᆞᆷ
당에도 샹관이 업고 샹하귀쳔을 달니ᄃᆡ
졉아니ᄒᆞ고 모도죠션 사ᄅᆞᆷ으로만 알고 죠
션만 위ᄒᆞ며공평이 인민의게 말 ᄒᆞᆯ터인ᄃᆡ
우리가 셔울 ᄇᆡᆨ셩만 위ᄒᆞᆯ게 아니라 죠션
젼국인민을 위ᄒᆞ여 무ᄉᆞᆷ일이든지 ᄃᆡ언ᄒᆞ
여 주랴홈 졍부에셔 ᄒᆞ시ᄂᆞᆫ일을 ᄇᆡᆨ셩의게
젼ᄒᆞᆯ터이요 ᄇᆡᆨ셩의 졍셰을 졍부에 젼ᄒᆞᆯ
터이니 만일 ᄇᆡᆨ셩이 졍부일을 자세이알
고 졍부에셔 ᄇᆡᆨ셩에 일을 자세이 아시면
피ᄎᆞ에 유익ᄒᆞᆫ 일만히 잇슬터이요 불평
ᄒᆞᆫ ᄆᆞ옴과 의심ᄒᆞᄂᆞᆫ ᄉᆡᆼ각이 업서질 터이
옴 우리가 이신문 츌판 ᄒᆞ기ᄂᆞᆫ 취리ᄒᆞ랴
ᄂᆞᆫ게 아닌고로 갑슬 헐허도록 ᄒᆞ엿고 모
도 언문 으로 쓰기ᄂᆞᆫ 남녀 샹하귀쳔이 모
도 보게 홈이요 ᄯᅩ 귀졀을 ᄯᅦ여 쓰기ᄂᆞᆫ 알
어 보기 쉽도록 홈이라 우리ᄂᆞᆫ 바른 ᄃᆡ로
만 신문을 ᄒᆞᆯ터인고로 졍부 관원이라도
잘못ᄒᆞᄂᆞᆫ이 잇스면 우리가 말ᄒᆞᆯ터이요 탐
관오리 들을 알면 셰샹에 그사ᄅᆞᆷ의 ᄒᆡᆼ젹
을 폐일터이요 ᄉᆞᄉᆞᄇᆡᆨ셩이라도 무법ᄒᆞᆫ일
ᄒᆞᄂᆞᆫ 사ᄅᆞᆷ은 우리가 차저 신문에 셜명
ᄒᆞᆯ터이옴 우리ᄂᆞᆫ 죠션
대군쥬폐하와 됴션졍부와 죠션인민을 위
ᄒᆞᄂᆞᆫ 사ᄅᆞᆷ드린고로 편당잇ᄂᆞᆫ 의논이든지
ᄒᆞᆫ쪽만 ᄉᆡᆼ각코 ᄒᆞᄂᆞᆫ 말은 우리 신문샹에
업실터이옴 ᄯᅩ ᄒᆞᆫ쪽에 영문으로 기록ᄒᆞ기
ᄂᆞᆫ 외국인민이 죠션 ᄉᆞ졍을 자세이몰은
즉 혹 편벽 된 말만 듯고 죠션을 잘못 ᄉᆡᆼ
각ᄒᆞᆯ까 보아 실샹 ᄉᆞ졍을 알게ᄒᆞ고저ᄒᆞ여
영문으로 조곰 긔록홈
그리ᄒᆞᆫ즉 이신문은 ᄯᅩᆨ 죠션만 위홈을 가
히 알터이요 이신문을 인연ᄒᆞ여 ᄂᆡ외 남
녀 샹하 귀쳔이 모도 죠션일을 서로알터
이옴 우리가 ᄯᅩ 외국 사졍도 죠션 인민을
위ᄒᆞ여 간간이 긔록ᄒᆞᆯ터이니 그걸 인연ᄒᆞ
여 외국은 가지 못ᄒᆞ드리도 죠션인민이
외국 사졍도 알터이옴 오날은 처음인 고
로 대강 우리 쥬의만 셰샹에 고ᄒᆞ고 우리신
문을 보면 죠션인민이 소견과 지혜가 진보
홈을 밋노라 논셜씃치기젼에 우리가
대군쥬 폐하ᄭᅴ 송덕ᄒᆞ고 만세을 부르ᄂᆞ이
다
우리신문이 한문은 아니쓰고 다만 국문으
로만 쓰ᄂᆞᆫ거ᄉᆞᆫ 샹하귀쳔이 다보게 홈이라
ᄯᅩ 국문을 이러케 귀졀을 ᄯᅦ여 쓴즉 아모
라도 이신문 보기가 쉽고 신문속에 잇ᄂᆞᆫ말
을 자세이 알어 보게 홈이라 각국에셔ᄂᆞᆫ
사ᄅᆞᆷ들이 남녀 무론ᄒᆞ고 본국 국문을 몬저
ᄇᆡ화 능통ᄒᆞᆫ 후에야 외국 글을 ᄇᆡ오ᄂᆞᆫ 법
인ᄃᆡ 죠션서ᄂᆞᆫ 죠션 국문은 아니 ᄇᆡ오드ᄅᆡ
도 한문만 공부 ᄒᆞᄂᆞᆫ ᄭᅡ닭에 국문을 잘
아ᄂᆞᆫ 사ᄅᆞᆷ이 드물미라 죠션 국문ᄒᆞ고 한문
ᄒᆞ고 비교ᄒᆞ여 보면 죠션국문이 한문 보
다 얼마가 나흔거시 무어신고ᄒᆞ니 첫지ᄂᆞᆫ
ᄇᆡ호기가 쉬흔이 됴흔 글이요 둘지ᄂᆞᆫ 이
글이 죠션글이니 죠션 인민 들이 알어셔
ᄇᆡᆨᄉᆞ을 한문ᄃᆡ신 국문으로 써야 샹하 귀쳔
이 모도보고 알어보기가 쉬ᄒᆞᆯ터이라 한문
만 ᄂᆞᆯ써 버릇ᄒᆞ고 국문은 폐ᄒᆞᆫ ᄭᅡ닭에 국문

『독립신문』 창간호 창간호부터 제6호까지는 '독닙신문' 으로 표기하다가 제12호부터는 '독립신문' 으로 바뀌었다. 판형은 A4지 정도이며 주 3회(화 · 목 · 토) 발행되다가 1898년 7월 1일부터는 매일 발행되었다. 『독립신문』이 창간된 날을 현재까지 '신문의 날' 로 기념하고 있다.

들은 명성황후 시해 사건에 주동적인 역할을 했을 뿐만 아니라 신문 지면을 통해 사건을 철저히 왜곡하였다. 즉 "조선의 대원군이 배후 조종하여 훈련대와 시위대가 충돌"하였으며 "일본은 전혀 무관할 뿐더러 오히려 일본군 수비대가 난을 진압하였다."는 식으로 사건을 왜곡 보도한 것이다. 이에 대한 사회적 반발은 극심하였다. 이러한 제반 상황은 앞서 지적한 사회의 전반적인 커뮤니케이션 욕구 상승과 함께 '우리의 신문'에 대한 욕구를 더욱 절실한 것으로 만들었다.

『독립신문』의 창간

이러한 배경 속에서 유길준을 중심으로 한 당시의 개화파 관료들에 의해 '우리의 신문'에 대한 준비 작업이 이루어지게 되었다. 이 작업은 일본의 반대와 방해에 직면하였지만 1895년 말 서재필의 귀국을 계기로 보다 구체화되기 시작하였다. 그러나 일본은 유길준과 서재필에게 온갖 위협을 가하면서 신문의 창간을 방해하였다. 일본의 입장에서는 새로운 신문이 창간되면 『한성신보』를 통해 누리던 언론 독점이 와해되기 때문이었다.

그러던 중 1896년 2월 아관파천이 일어나자 일본의 세력은 몰락하고 러시아가 조선에서 득세하게 되었다. 그리하여 신문 창간을 방해하려던 일본의 시도는 실패로 돌아가게 되었다. 새로이 구성된 친러파 내각은 아관파천 이전 내각의 신문 창간 계획을 그대로 이어받아 창간 자금을 전액 지원하고 사옥을 대여하는 등 전적으로 후원하였다. 그리하여 1896년 4월 7일 마침내 『독립신문(獨立新聞)』이 창간된 것이다. 창간 당시 『독립신문』은 순한글의 격일간 4면으로 발행되었다. 4면 중 3면은 한글 면이었고 나머지 1면이 영문이었다. 1897년 1월 5일부터는 영문판을 따로 분리하여 국문판과 영문판 각기 4면씩 발행하였다. 1898년 7월 1일부터는 일간으로 전환하여 매일 발행하였다.

『독립신문』은 이와 같은 정부의 전적인 후원과 앞서 지적한 제반 여건의 성숙으로 말미암아 당시의 대표적 언론으로 자리잡게 되었다.

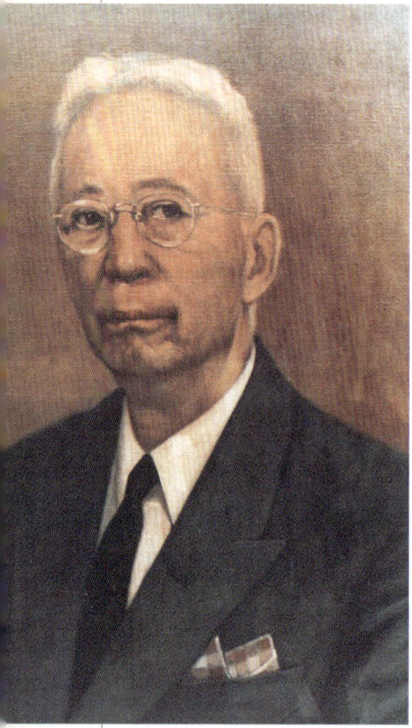

서재필

『독립신문』과 서재필

일반적으로 『독립신문』은 서재필이 만든 것으로 알려지고 있다. 이러한 인식은 그가 남긴 자서전을 바탕으로 한다. 그의 자서전을 보면 서재필은 당시 정부가 제의했던 온갖 관직을 마다하고 오로지 신문만을 만들겠다고 했으며 국내에는 신문을 아는 사람이 아무도 없어서 자신이 모든 것을 다했다고 서술하였다. 이 서술을 토대로 하여 『독립신문』은 곧 서재필 개인의 업적이라는 인식이 지배적이다.

물론 서재필이 『독립신문』의 창간과 발행, 나아가서 한국 근대사에서 커다란 기여를 한 것은 분명한 사실이다. 그러나 그의 자서전은 적지 않은 문제를 안고 있다.

우선 그는 관직을 마다했다고 했지만 기록에 의하면 중추원 고문으로 10년간 계약하였다. 『독립신문』 사장 재직 시절에도 고문으로서의 봉급을 계속 받았으며 미국으로 돌아갈 때에는 남은 계약 기간의 월급을 한꺼번에 받아서 돌아갔다. 또한 그가 신문 제작을 모두 다했다는 것도 그대로 받아들이기 어렵다. 그의 과거 경력을 보면 어디서도 신문 제작에 참여했던 경력은 없다. 신문에 대해서는 오히려 국내에서 『한성순보』와 『한성주보』 등에 참여했던 사람들이 남아 있었다.

『독립신문』은 서재필이 창간한 것이라기보다는 당시의 집권 세력들이 정치적 필요에서 창간한 신문이었으며 그 과정에서 서재필이 필요했기에 그를 기용했던 것이다. 그가 당시 미국에 귀화한 미국인 신분이라는 점, 그의 영어 구사 능력, 기타 그가 지니고 있는 능력이 신문 발행에 유용할 것으로 판단했기 때문이다.

『독립신문』과 의병

『독립신문』과 관련해서 논란이 되는 것 중의 하나가 의병에 관한 보도 태도이다. 『독립신문』이 의병을 '비도(匪徒)' 라는 용어를 사용해서 보도했다는 점을 들어 비판적으로 보는 견해들이 있다.

『독립신문』이 의병을 비도라 했던 것은 사실이다. 뿐만 아니라 보도 내용을 보아도 의병에 대해 매우 부정적인 태도로 일관하였다. 관련 기사의 거의 대부분이 의병을 비도라는 부정적 의미의 용어로 표현하고 있으며 보도 내용도 대부분이 의병의 패전이나 해산, 대민 행패에 대해 보도하고 있다. 그러나 정부군과 관련해서는 의병 진압 상황과 승전 등 정부군의 활약상에 대해 긍정적인 보도 태도를 보이고 있다.

이달 십일 수원 영통리에 지금 한성 관찰사 유기환 씨 집에 비도들이 들어와서 개화한 사람 집이라고 그 형님을 무수히 때려 죽을 지경이고 집안에 많은 돈과 양식을 탈취하여 갔는데……(1896년 5월 16일자 기사).

철원에 머무는 공병대가 이달 스무 나흗날 가평 심복리에 들어가 숨어 있던 비도를 쳐부수며 십여 명을 총으로 쏘아 죽인즉 남은 무리가 병기를 버리고 달아나거늘 행랑촌에 있던 비도들도 소문을 듣고 사면으로 흩어졌다더라(1896년 5월 2일자 잡보 기사).

정부군에 대한 보도 태도는 위의 의병 기사와는 상반된다.

철원 포천으로 비도 치러 갔던 중대장 조관현 씨가 비도들을 칠 때에 군병들에게 군법을 엄숙히 하야 군사들이 백성에게는 조금도 해를 끼치지 않고 비도들을 평정하고 삼월 이십일 올라 왔다더라(1896년 5월 12일자 잡보 기사).

그렇다면 왜 이런 보도 태도가 나왔을까? 『독립신문』의 주체 세력과 의병의 주체 세력들은 그 사회적 성격이나 지향하는 이념과 정치적 목표 등에서 대립적이었다.

당시 의병은 대부분 유생들로서 갑오개혁 과정에서 일본의 압력 속에 단발령(斷髮令) 조치가 이루어지고 고종이 머리를 깎았다는 사실이 알려지자 이에 분개하여 일어난 항일 민병이었다. 이는 『독립신문』의 발행 주체가 지향하는 목표와는 상반되는 것이었다.

즉 개화와 위정척사라는 개화기 한국 사회의 두 가지 커다란 흐름이 이 의병을 계기로 해서 대립의 양상을 띠게 되었던 것이다. 이러한 바탕 위에서 개화사상을 대변하던 『독립신문』은 위정척사 사상을 주도하던 유생들이 중심이 된 의병에 대해 부정적인 보도를 하게 되었던 것이다.

『독립신문』의 중립 외교론

『독립신문』이 지니고 있는 이념적 지향은 '중립 외교론'이라는 말로 집약될 수 있을 것이다. 중립 외교론은 1880년대 중반부터 열강 간에 한반도를 중립화하는 안이 논의되기 시작한 이래 유길준을 비롯한 개화파들도 제국주의 열강의 힘의 논리 앞에서 조선의 독립을 보존할 수 있는 최선의 방법이라 생각하여 이것을 수용하였다. 『독립신문』이 창간되던 당시는 청일 전쟁에서의 패배로 청이 물러나고 그 뒤를 이어 일본과 러시아가 각축을 벌이고 있었다. 하지만 이 두 나라를 견제하는 미국, 영국 등 열강의 개입에 의해 어느 한 나라도 독주할 수 없는 미묘한 세력 균형이 유지되던 때였다.

당시 개화파들은 이러한 정세를 청일 전쟁의 결과로 얻어진 청으로부터의 독립을 유지하는 데 유리한 기회라 판단하고 열강의 세력 균형을 통하여 이 목적을 이루려고 했던 것이다. 이러한 측면을 잘 보여 주는 것이 바로 영문판의 발행이다.

당시 상황에서 영문판의 주된 대상 독자는 국내에 주재하던 각국의 외교 사

VOL. I. **THE INDEPENDENT.** NO. 1.

Single copy one cent. SEOUL, KOREA, TUESDAY, APRIL 7th, 1896. $1.30 per annum.

Contents.

The Independent.

A Journal of Korean Commerce, Politics, Literature, History and Art.

ISSUED EVERY TUESDAY, THURSDAY AND SATURDAY.

NOTICE TO CORRESPONDENTS.

No attention will be paid to anonymous communications. All letters or communications should be addressed to THE INDEPENDENT, Seoul, Korea, and all remittances should be made to the same.

EDITORIAL.

The time seems to have come for the publication of a periodical in the interests of the Korean people. By the Korean people we do not mean merely the residents in Seoul and vicinity nor do we mean the more favored classes alone, but we include the whole people of every class and grade. To this end three things are necessary; first, that it shall be written in a character intelligible to the largest possible number; second, that it shall be put on the market at such a price that it shall be within the reach of the largest possible number; third, that it shall contain such matter as shall be for the best interests of the largest possible number.

To meet the first of these requirements it has been put in the native character called the ŏn-mun, for the time is shortly coming, if it is not already here, when Koreans will cease to be ashamed of their native character, which for simplicity of construction and phonetic power compares favorably with the best alphabets in the world. Difficulty is experience by those not thoroughly acquainted with the ŏn-mun from the fact that ordinarily there are no spaces between words. We therefore adopt the novel plan of introducing spaces, thus doing away with the main objection to its use. We make it biliteral because this will act as an incentive to English speaking Koreans to push their knowledge of English for its own sake. An English page may also commend the paper to the patronage of those who have no other means of gaining accurate information in regard to the events which are transpiring in Korea. It hardly needs to be said that we have access to the best sources of information in the capital and will be in constant communication with the provinces.

To meet the second requirement we have so arranged the size of the sheet as to be able to put it on the market at a price which will make it unnecessary for anyone to forego its advantages because of inability to buy.

To meet the third requirement is a more difficult matter. What Korea needs is a unifying influence Now that the old order of things is passing away, society is in a state which might be described as intermediate between two forms of crystalization. The old combinations of forces have been broken up or are rapidly breaking up and they are seeking new affinities. The near future will probably decide the mode of rearrangement of the social forces.

It is at this moment when Korean society is in a plastic state that we deem it opportune to put out this sheet as an expression at least of our desire to do what can be done in a journalistic way to give Koreans a reliable account of the events that are transpiring, to give reasons for things that often seem to them unreasonable, to bring the capital and the provinces into greater harmony through a mutual understanding of each other's needs, especially the need that each has of the other.

Our platform is—Korea for the Koreans, clean politics, the cementing of foreign friendships, the gradual though steady development of Korean resources with Korean capital, as for as possible, under expert foreign tutelage, the speedy translation of foreign text-books into Korean that the youth may have access to the great things of history, science, art, and religion without having to acquire a foreign tongue, and LONG LIFE TO HIS MAJESTY, THE KING.

LOCAL ITEMS.

Minister Min Yong Whan, attaché Yun Chi Ho and Secretaries Kim Dik Yun and Kim Do Il left for Russia on the 1st inst.

It has become evident that the disturbances in the country are not the result of disaffection toward the government but are simply the excesses indulged in by lawless characters who take advantage of the present lack of strong central control, knowing that for the moment they will go unpunished. We could wish that they might take warning from the fate of similar attempts in the past and remember that sooner or later their sins will find them out. We decidedly refuse to believe that any large fraction of the country people are willing actors in these anarchical proceedings. The better informed Koreans in the Capital are this of opinion.

The Admiralty Court of Inquiry into the sinking of the *Edgar* pinnace at Chemulpo found that the launch was overladen and badly managed.

We learn with regret that a case of insubordination in the police force was condoned rather than punished because the offender had been given his position by a powerful official. Such things tend to bring into discredit an otherwise effective force.

The promptness with which the governor of Ha Ju was dismissed from his office when evidence of his malfeasance was forthcoming tends, insofar, to disprove the charge of inactivity which has been made against the present government.

At the Easter service in the Union Church, Hon J. M. B. Sill, U. S. Minister delivered an able address. The children rendered some Easter music very prettily. The altar was handsomely decorated with potted plants.

GOVERNMENT GAZETTE.

APR. 3rd.

Edict. Alas, of late the minds of the people have been disturbed by wrong ideas conveyed to them by the bands of bad characters calling themselves the "Righteous Army." These unscrupulous men incite to trouble and keep the country in an uproar. This is due to Our being unable to rule them properly and we consequently feel ashamed. We have sent Royal messengers in all directions and have ordered the people to go back to their vocations in peace, but they do not seem to know what is right to do. We also sent the Royal troops to the disturbed district but we did not wish them to fight unless the people should resist the Royal Edict. The time has come for tilling the soil but the people have not yet returned to their duties and We fear that famine will follow. In that case We would not be able to eat or sleep in peace for thinking of the suffering of Our people. We are told that some foreigners have been killed by these rebellious bands and that some of Our people have been killed by foreigners, all of which shocks and pains us. As We have opened up intercourse with the world, We consider that we are all brothers, whether foreign or native born. For brothers to hate and kill one another is an offence to Heaven and will bring its punishment. Our messengers tell us that the governors and magistrates have received Our orders to protect the people regardless of nativity.

Ye people, cast away all savage customs, and become peaceful and obedient children. Cast aside the doubts and suspicious which you entertain against foreigners. The names of those killed, whether natives or foreigners, should be reported to us.

Appointments. Acting Minister of Education, Yi Wan Yong; Commissioners of the Royal Funeral, Yi Sun Ik and So Jung Sun; Cabinet Chusa, Yi Do Sang.

Dismissals. Governor of Kong Ju, Yi Jong Wun; Governor of Hai Ju, Yi Myung Sun; Vice Minister of Education, Yun Chi Ho; Police officers Pak Myung Sun and Kang Du Sik.

APR. 4th.

Appointments; Kyung Sung Bu Chusa, Pak Keui Hyok; Hai Ju Governor, Yun Kil Ku; Kong Ju Governor, Yi Kŏn Ha; Magistrates;— Mun Chun, Yi Han Yong; Pak Chun, No Ta Wu; Yung Am, Chung Won Sung; Ik San, Chung Keui Hyok; Tok San, Cho Jong Sŏ; Chong Eup, Kim Yon. Reveune Collectors;— Bong San, Yi Song Kun; Chin Cham, Yi Ki P'ung: Fa Ju, Yi Kyo Yul; An San, Han Ki Eung; Chŏng P'yung, Pak Ju Kwan. Commission, ers of Reorganization of the Dstricts;— Kim Chung Whan, Yi Ha Man, Pak Sŏng Ki, Yun Chin Sŏk, Han Chin Chang, Yun Chul Kui, Kim Cha Yun, Kim Hi Sang, Yi Kyung Sang, Pak Yun Sung Yi Seung Won, Chŏng Do Yung.

APR. 6.

Appointments;—Yun Chong Ku, Vice Minister of the Royal Household; Kim Jong Han, Royal Chamberlain.

Killed;— In Suk Po, Hai Ju tax collector, in Chang Yun, by the rebels

LATEST TELEGRAMS.

Madrid Mar. 6. Great activity has been observed in the arsenals. The army and navy are prepared for emergencies.

Madrid Mar. 8. With the view of putting a stop to rowdy manifestations against the Americans in Valencia, the town has been declared in a state of siege.

Madrid Mar. 12. The Cuban merchants have withdrawn all indents for goods from the United States.

London Mar. 14. Egyptian troops will advance without delay to occupy Dongola. ***It will comprise 8000 of all arms.*** This unexpected decision has caused surprise and irritation in Paris.

London. Mar. 24. Popular excitement has been renewed in Spain and the news papers declare for war rather than America should interfere in Cuba.

London Mar. 24. During the hearing of the charge against Dr. Jameson, a witness deposed to handing Major Willoughby dispatches recalling the expedition, which Dr. Jameson refused to recieve.

A Shanghai despatch of Mar. 24, States that 13 Koreans arrived from San Francisco on Mar. 23rd, It has not yet been ascertained who they are but some of them are supposed to be Ministers (?)

Nagasaki Mar. 27. A Russian steamer arrived here from Odessa yesterday with 1500 soldiers on board. She left this morning for Vladivostock.

『독립신문』 창간호의 영문판 창간 초기에는 한글판 3면과 영문판 1면을 한 신문에 같이 편집하였다가 1897년 1월 5일부터는 영문판을 따로 분리하였다. 한글판의 구독료는 1부당 2전, 월 25전이었으나 영문판은 1부당 5전, 월 75전으로 한글판보다 비쌌다.

절들이었다. 다시 말해 『독립신문』 한글판을 통해서는 조선의 민중들에게 정세의 변화를 알리고 영문판을 통해서는 외국인들, 특히 외교 사절들에게 이를 알림으로써 열강의 세력균형을 유지하여 조선의 독립에 기여하려 했던 것이다. 당시 집권 세력들이 『독립신문』의 자금과 사옥을 지원하면서 미국인 신분이었던 서재필을 기용한 것도 이러한 맥락에서 이해할 수 있다. 즉 미국인인 서재필이 운영하는 신문이기에 열강의 간섭으로부터 자유롭게 신문을 운영할 수 있었던 것이다.

『독립신문』의 이러한 이념적 지향은 그 지면을 통해서도 확인할 수 있다.

> 조선이 지탱할 획책은 무엇인고 하니 아무쪼록 외국과 교제를 잘하여 그 나라들이 조선을 두려워서 못 뺏을 것이 아니라 사랑하여서 안 빼앗게 하는 것이 조선 정치상에는 제일 긴요한 조목이다(1896년 8월 22일자 논설).

중립적 외교로 여러 열강들과의 우호적 관계를 잘 맺고 유지하는 것이 최선의 방책이라는 주장이다. 이러한 인식은 당시의 제반 여건 속에서 다른 묘책이 없는 가운데 나타난 것이기는 하지만 제국주의의 침략적 성격을 제대로 간파하지 못한 한계를 보여 주고 있다.

『독립신문』의 역사적 의의와 한계

이러한 한계에도 불구하고 『독립신문』은 한국 신문의 역사에서 뿐만 아니라 근대사의 전개에서 매우 중요한 역할을 하였다. 『독립신문』은 지면을 통해 조선 사회가 모든 부문에서 근대적 개혁으로 나아가야 한다는 것을 역설하면서 백성들의 개명 진보를 위해 진력하였다.

『독립신문』은 신문의 역할을 백성들에 대한 선생인 것으로 파악하였다. 1898년 4월 12일자 논설을 보면 "신문은 나라의 등잔불과 같은 것이오, 인민의 선생이라 몇 만 명의 선생 노릇하는 직무가 어찌 가볍다고 말을 하리오."라고 강조하였다.

이러한 입장에서 『독립신문』은 우리 사회 제반 부문에서 근대적 개혁을 이루어야 한다고 역설하였다. 정치적으로는 대외적으로 자주를 확보하고 내부적으로는 군주제를 유지하면서도 의회를 중심으로 하는 서구식 민주주의를 도입할 것을 주장하였다. 경제적인 측면에서는 전통의 지주제를 유지하면서도 산업 진흥을 통해 자본주의 체제로 나아가야 한다고 주장하였다. 그 밖에도 사회 · 문화 · 교육 · 여성 등 제반 부문에서 근대적 개혁이 필요함을 역설하였다.

이 과정에서 『독립신문』은 제국주의 열강을 우리가 본받고 뒤따라야 할 이상적인 발전 모델이요 약소국을 보호해 주는 우방으로 인식하였다. 예컨대 미국에 대해서는 1898년 4월 7일자 논설을 통해 동아시아 삼국이 협력하여 유럽의 침략에 대비해야 한다고 다음과 같은 주장을 펼쳤다.

> 아메리카 안에 나라가 여럿 있으나 그 중에 제일 문명이 개화되고 부강한 나라는 합중국이라. ……만일 구라파의 어떤 나라이든지 아메리카 대륙 안에 있는 어떤 작은 나라를 침범할 지경이면 그때는 합중국이 그 작은 나라를 위하여 형제같이 지내는 영국과 싸울 터이라.

일본에 대해서는 동양의 대표 주자로서 우리가 본받고 뒤따라야 할 모범으로 간주하였다.

> 오늘날의 일본은 곧 동양의 황인종이 앞으로 나아갈 움싹이며 안으로 정치와 법률을 바르게 할 거울이며 밖으로 도적을 물리칠 장성이다(1899년 11월 9일자 논설).

이러한 논조 때문에 『독립신문』의 성격과 관련하여 친미 혹은 친일적이라

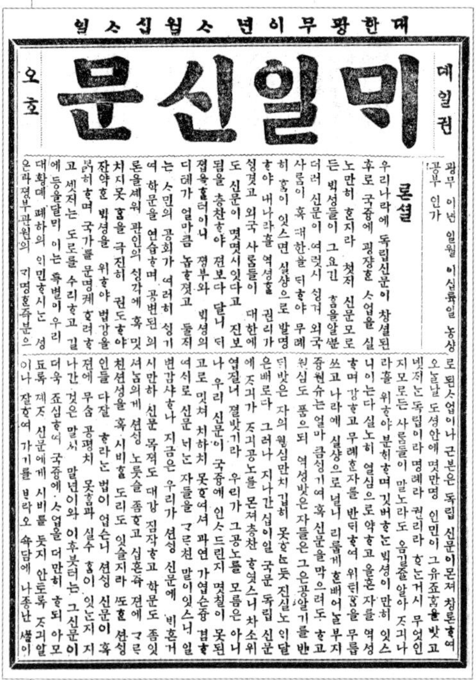

대한광무이년ᄉᆞ월십ᄉᆞ일

뎨일권 ᄆᆡ일신문 오호

광무 이년 일월 이십륙일 농상
공부 인가

론셜

우리나라에 독립신문이 창셜된 후로 국즁에 광쟝ᄒᆞᆫ ᄉᆞ업을 실노만히 ᄒᆞᆫ지라 첫ᄌᆡ 신문모로든 ᄇᆡᆨ셩들이 그 요긴 ᄒᆞᆷ을알ᄲᅮᆫ더러 신문이 여럿시 싱겨 외국사ᄅᆞᆷ이 ᄒᆞᆨ ᄃᆡ한을 더ᄒᆞ야 무례히 ᄒᆞᆨ이 잇스면 실샹으로 발명ᄒᆞ야 내나라ᄒᆞᆯ 역셩ᄒᆞᆯ 권리가 싱겻고 외국 사ᄅᆞᆷ들이 대한에도 신문이 몃몃시잇다고 진보됨을 층찬ᄒᆞ야 젼보다 달니 더 졉옥ᄒᆞᆯ터이니 졍부와 ᄇᆡᆨ셩의 ᄃᆡ톄가 얼마큼 놉ᄒᆞ졋고 둘ᄌᆡ는 ᄉᆞ민의 공회가 여러히 싱기여 학문을 연습ᄒᆞ며 공변된 의론을세워 관인의 ᄉᆡᆼ각에 ᄒᆞᆨ 밋치지못 ᄒᆞᆷ을 극진히 권도ᄒᆞ야 잔약ᄒᆞᆫ ᄇᆡᆨ셩을 위ᄒᆞ야 법강을 붉히ᄒᆞ며 국가를 문명케 ᄒᆞ려ᄒᆞ고 셰ᄌᆡ는 도로를 수리ᄒᆞ고 길에 등울달미 이는 ᄒᆞᆨ별이 우리 대황뎨 폐하의 인민ᄒᆞ시는 셩은과졍부관원의 귀명ᄒᆞᆫ족분으로 된ᄉᆞ업이나 근본은 독립 신문이몬져 창론ᄒᆞ여 오ᄂᆞᆯ날 도셩안에 몃만명 인민이 그 유죠ᄒᆞᆷ을 밧고 넷ᄌᆡ는 독립이라 명례라 권리라 ᄒᆞ는거시 무엇인지 모로든 사ᄅᆞᆷ들이 말노라도 옴길줄 알아 ᄌᆞ긔나라ᄒᆞᆯ 위ᄒᆞ야 분히ᄒᆞ며 깃버ᄒᆞ는 ᄇᆡᆨ셩이 만히 잇스니 이는 다 실노히 열심으로 약ᄒᆞ고 올흔 자를 역셩ᄒᆞ며 강ᄒᆞ고 무례ᄒᆞᆫ자를 반ᄃᆡᄒᆞ여 위ᄐᆡᄒᆞᆷ을 무릅쓰고 나라에 실샹으로 널니 리롭게 ᄒᆞᆫ배어 놀부지즁원슈는 얼마 큼싱기여 ᄒᆞᆨ 신문을 막으려도 ᄒᆞ고 원심도 품으되 여셩밧은 자들은 그은공알기를 반ᄃᆡ밧은 자의 원심만치 깁히 못ᄒᆞ는듯 진실노 익달은배로다 그러나 지나간 십이일 국문 독립 신문에 ᄌᆞ긔가 ᄌᆞ긔공노를 몬져 충찬 ᄒᆞ엿스니 차소위 엽질너 절밧기라 우리가 그 공노를 모름은 아니나 우리 신문이 국즁에 인ᄉᆞ드린지 몃칠이 못된고로 밋쳐 치하치 못ᄒᆞ여셔 파연 가엽슨즁 겸ᄒᆞ여석로 신문 너는 자들을 ᄀᆞ르친 말이잇스니 일변감샤ᄒᆞ나 지금은 우리가 션ᄉᆡᆼ 신문에 비혼거시만하 신문 목젹도 대강 짐작ᄒᆞ고 학문도 좀잇셔놈의게 션ᄉᆡᆼ 노릇슬 좀ᄒᆞ고 십흔즉 젼에 ᄀᆞ르친션ᄉᆡᆼ을 ᄒᆞᆨ 시비ᄒᆞᆯ 도리도 잇슬지라 ᄯᅩᄒᆞᆫ 션ᄉᆡᆼ인들 다잘 ᄒᆞ라는 법이 업슨니 션ᄉᆡᆼ 신문이 ᄒᆞᆨ젼에 무슴 공평치 못ᄒᆞᆷ과 실수 ᄒᆞᆷ이 잇는지 지나간 것은 말ᄉᆡ 말년이와 이후붓터는 그신문이 더욱 죠심ᄒᆞ여 국즁에 ᄉᆞ업을 더만히 ᄒᆞ되 아모됴록 졔ᄌᆞ 신문에게 시비를 듯지 안토록 ᄌᆞ긔알이나 잘ᄒᆞ여 가기를 ᄇᆞ라오 쇽담에 나종난 ᄲᅳᆯ이

독립신문의 공적 『독립신문』을 비판하면서도 『독립신문』을 '선생 신문'이라 칭하며 그 공적을 인정하고 있는 『매일신문』 1898년 4월 14일자 논설.

고 비판하는 논자들도 있다. 『독립신문』이 미국이나 일본 등 서구 열강에 대해 긍정적인 것은 사실이었다. 하지만 이것은 어디까지나 우리의 발전 방향과 모델로서 긍정적으로 인식한 것이었지 열강과 결탁해서 그들의 이익을 위해서 활동한 것은 결코 아니었다.

『독립신문』은 또한 신문 매체의 중요성을 조선 사회에 널리 인식시켜 신문이 중요한 사회·문화적 제도로서 정착하는 데에도 커다란 공헌을 하였다. 『독립신문』은 순한글로 창간되었고 새로운 문화 현상에 대한 거부감도 거의 없어 이전의 『한성순보』나 『한성주보』보다 그 보급 면에서 유리한 조건을 가지고 있었다. 앞에서도 지적한 바와 같이 당시 사회의 정보 욕구와 맞물리면서 『독립신문』은 창간 직후부터 독자들의 커다란 호응을 불러일으킬 수 있었다. 이러한 바탕이 있었기에 1898년부터 여러 신문들이 새로이 창간될 수 있었던 것이다.

『독립신문』은 이 신문들의 탄생에 간접적 자극이 되었으며 당시 사회에서 중요한 역할을 하였다는 점은 당시 신문 지면을 통해서도 확인할 수 있다. 1898년에 창간된 『매일신문』은 1898년 4월 14일자의 논설을 통해 『독립신문』이 자신의 공적을 자화자찬하며 다른 신문에 대해 언급한 것을 비판하면서

『독립신문』을 '선생 신문', 자신은 '제자 신문'이라고 지칭하였다.

또한 이 논설은 『독립신문』의 공적을 네 가지로 제시하고 있다. 첫째는 신문을 모르던 백성들에게 신문의 요긴함을 알려 주었을 뿐만 아니라 외국에 대해서도 우리의 권리를 주장할 수 있게 되었다는 점이다. 둘째는 계몽 단체가 여럿 생겨나서 공론을 형성하는 기반이 되었다는 점이고 셋째는 사회 개혁을 주장하여 정부로 하여금 도로를 닦고 길에 전등을 다는 등의 가시적인 조치를 가능케 했다는 점이다. 마지막으로는 독립이나 권리, 명예 등의 관념을 소개하고 인식시켜 주었다는 점을 들고 있다.

민간 신문의 민족 운동

민간 신문들의 창간

『독립신문』의 영향으로 1898년 이후부터는 여러 신문이 창간되었다. 1898년 4월 9일 국내 최초의 일간지 『매일신문(每日新聞)』이 창간되었다. 이 신문은 배재학당의 학생들(양홍묵 · 유영석 · 이승만 등)이 1898년 1월 1일부터 주간으로 발행하던 『협성회회보』의 이름을 바꾸어 일간으로 재창간한 것이다.

뒤를 이어 이종일 등에 의해 『제국신문(帝國新聞)』이 1898년 8월 10일 창간되었으며, 『황성신문(皇城新聞)』이 1898년 9월 5일 창간되었다. 『황성신문』은 윤치호에 의해 1898년 3월 2일 창간된 『경성신문』이 제호를 『대한황성신문』으로 바꾸었다가 다시 이를 『황성신문』이라 개제하여 재창간한 것이다.

새로이 창간된 이 신문들은 대부분 독립협회 세력이 주축이 되고 있었다. 그러면서도 이 신문들은 독립협회 활동에 참여하는 다양한 계층을 각기 대변하는 양상을 보여 주었다. 『매일신문』은 순한글을 사용하여 당시의 진보적 청년층을 대변했으며, 『제국신문』도 순한글을 사용하였으며 여성 세력을 대변하는 신문으로 자처했다. 『황성신문』은 국한문 혼용체를 사용하여 개신 유학

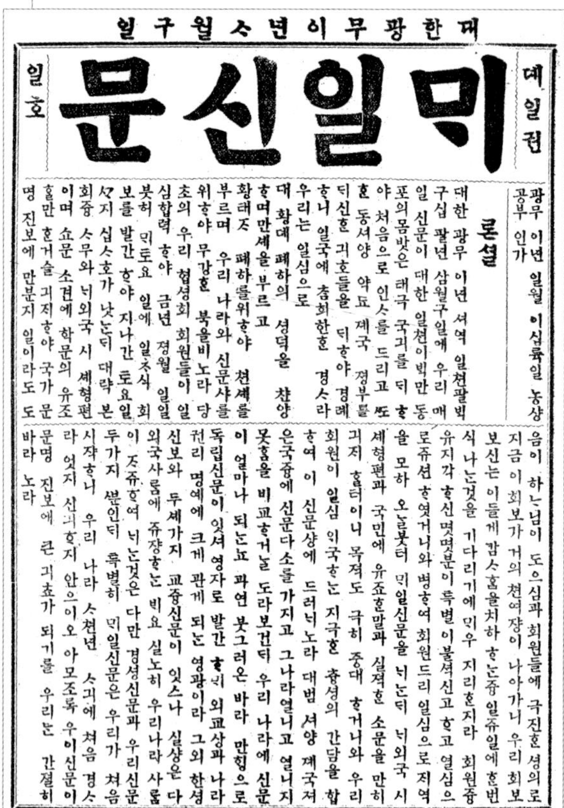

대한광무이년ᄉ월구일

뎨일권 ᄆᆡ일신문 일호

광무 이년 일월 이십륙일 농샹공부 인가

론셜

대한 광무 이년 셔역 일쳔팔ᄇᆡᆨ구십 팔년 삼월구일에 우리 ᄆᆡ일신문이 대한 일쳔이ᄇᆡᆨ만 동포의몸밧은 태극 국긔를 뒤 ᄒᆞ야 처음으로 인ᄉᆞ를 드리고 ᄯᅩᄒᆞᆫ 동셔양 약됴 졔국 졍부를 뒤신ᄒᆞᆫ 긔호들을 뒤ᄒᆞ야 경례ᄒᆞ니 일국에 츅하ᄒᆞᆫ 경ᄉᆞ라 우리는 일심으로 대 황뎨 폐하의 셩덕을 챤양ᄒᆞ며만셰을 부르고 황태ᄌᆞ 폐하를위ᄒᆞ야 쳔셰를 부르며 우리 나라와 신문샤를 위ᄒᆞ야 무강ᄒᆞᆫ 복을비노라 당초의 우리 협셩회 회원들이 일심합력 ᄒᆞ야 금년 졍월 일일붓허 ᄆᆡ됴요 일에 일ᄎᆞ식 회보를 발간 ᄒᆞ야 지나간 토요일ᄭᆞ지 십ᄉᆞ호가 낫는ᄃᆡ 대략 본회즁 ᄉᆞ무와 ᄂᆡ외국 시 셰형편이며 쇼문 소견에 학문의 유조ᄒᆞᆯ만 ᄒᆞᆫ거슬 긔지ᄒᆞ야 국가 문명 진보에 만분지 일이라도 도음이 하ᄂᆞ님이 도으심과 회원들에 극진ᄒᆞᆫ 셩의로 지금 이 회보가 거의 쳔여쟝이 나아가니 우리 회보 보신는 이들께 감ᄉᆞᄒᆞᆷ을치하 ᄒᆞ는즁 일쥬일에 ᄒᆞᆫ번식 나는것을 기다리기에 ᄆᆡ우 지리ᄒᆞᆫ지라 회원즁 유지각 ᄒᆞᆫ신명몃분이 특별이 불셕신고 ᄒᆞ고 열심으로 쥬션 ᄒᆞ엿거니와 병ᄒᆞ여 회원드리 일심으로 지역을 모하 오ᄂᆞᆯ붓터 ᄆᆡ일신문을 ᄂᆡ는ᄃᆡ ᄂᆡ외국 시셰형편과 국민에 유죠ᄒᆞᆫ말과 실젹ᄒᆞᆫ 소문을 만히 긔지 ᄒᆞᆯ터이니 목젹도 극히 중대 ᄒᆞ거니와 우리 회원이 일심 ᄋᆡ국ᄒᆞ는 지극ᄒᆞᆫ 츙셩의 간담을 합ᄒᆞ여 이 신문샹에 드러ᄂᆡ노라 대범 셔양 졔국져은국즁에 신문다소를 가지고 그나라열니고 열니지 못ᄒᆞᆷ을 비교ᄒᆞ거ᄂᆞᆯ 도라보건ᄃᆡ 우리 나라에 신문이 얼마나 되ᄂᆞᆫ요 과연 붓그러온 바라 만힝으로 독립신문이 잇셔 영자로 발간 ᄒᆞ니 외교샹과 나라 권리 명예에 크게 관계 되는 영광이라 그외 ᄒᆞᆫ셩신보와 두셰가지 교즁신문이 잇ᄉᆞ나 실샹은 다 외국사ᄅᆞᆷ에 쥬쟝ᄒᆞᆫ 빈요 실노히 우리나라 사ᄅᆞᆷ이 ᄌᆞ쥬ᄒᆞ여 ᄂᆡ는것은 다만 경셩신문과 우리신문 두가지 ᄲᅮᆫ인ᄃᆡ 특별히 ᄆᆡ일신문은 우리가 쳐음 시작ᄒᆞ니 우리 나라 ᄉᆞ쳔년 ᄉᆞ긔에 쳐음 경ᄉᆞ라 엇지 신긔ᄒᆞ지 안으이오 아모조록 우이신문이 문명 진보에 큰 긔효가 되기를 우리는 간졀히 바라 노라

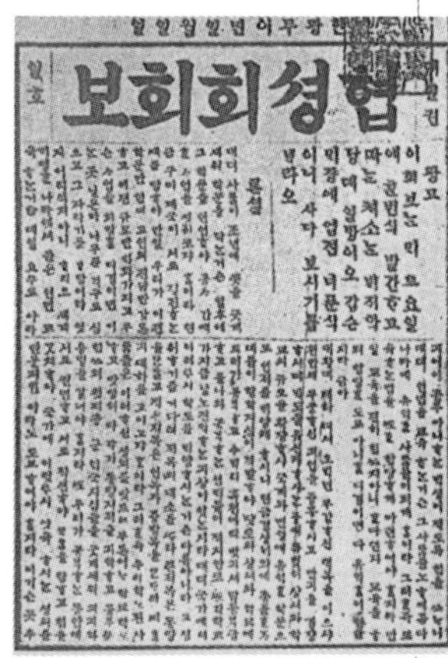

뎨일권 협셩회회보 일호

최초의 일간지 『매일신문』 창간호.(왼쪽)

『협성회회보』 배재학당 학생들이 1898년 1월 1일부터 주간으로 발행하던 이 신문은 그 해 4월 9일부터 『매일신문』으로 제호를 바꾸어 일간으로 발행하였다.(오른쪽)

적인 전통을 대변하는 특성을 보여 주었다.

이들 신문들은 『독립신문』과는 이념적인 면에서 차별성을 보여 주었다. 이 신문들이 추구했던 바를 집약한다면 신문을 통해 제국주의 열강의 침략상을 폭로하고 이를 민중들에게 알림으로써 여론의 힘으로 침략을 저지하려는 목적을 기본으로 하고 있었다.

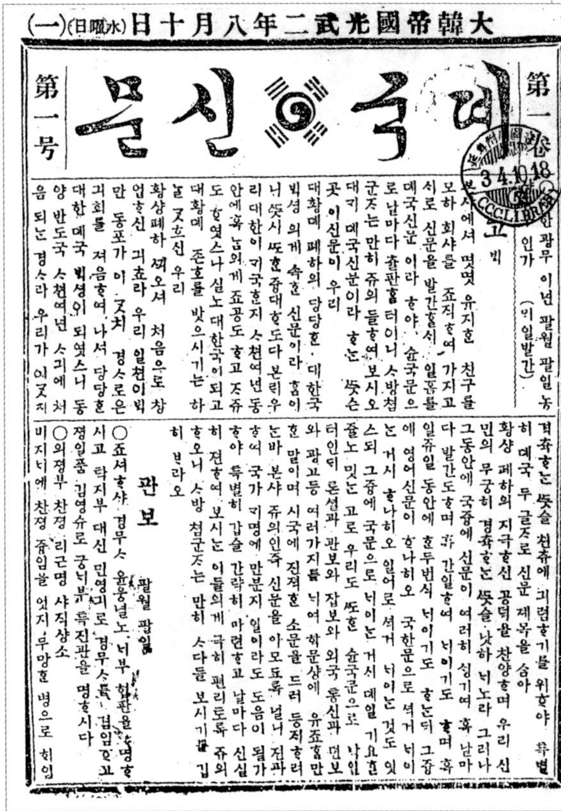

大韓帝國光武二年八月十日(水曜日)(一)

第一号 뎨국신문 第一号

광무 이년 팔월 팔일 농
인가 (이일발간)

고ᄇᆡᆨ

본샤에서 몃몃 유지ᄒᆞᆫ 친구를 모하 회샤를 죠직ᄒᆞ여 가지고 시로 신문을 발간ᄒᆞᆯ식 일홈를 뎨국신문 이라 ᄒᆞ야 슌국문으로 날마다 츌판ᄒᆞᆯ 터이니 ᄉᆞ방쳠군ᄌᆞ는 만히 쥬의들ᄒᆞ여 보시오 대기 뎨국신문이라 ᄒᆞᄂᆞᆫ 뜻순 곳 이신문이 우리 대황뎨 폐하의 당당ᄒᆞᆫ 대한국 ᄇᆡᆨ셩의게 쇽ᄒᆞᆫ 신문이라 ᄒᆞᆷ이니 ᄯᅳᆺ시 ᄯᅩᄒᆞᆫ 즁대ᄒᆞ도다 본릐 우리 대한이 긔국ᄒᆞᆫ지 ᄉᆞ쳔여년 동안에 ᄒᆞᆨ 남의게 죠공도 ᄒᆞ고 ᄌᆞ쥬도 ᄒᆞ엿스나 실노 대한국이 되고 대황뎨 존호를 밧으시기는 하ᄂᆞᆯ ᄀᆞᆺᄒᆞ신 우리 황상폐하 ᄭᅴ오서 처음으로 창업ᄒᆞ신 긔ᄒᆞᆯ라 우리 일쳔이ᄇᆡᆨ만 동포가 이 ᄀᆞᆺ치 경ᄉᆞ로은 긔회를 져음ᄒᆞ여 나서 당당ᄒᆞᆫ 대한 뎨국 ᄇᆡᆨ셩이 되엿스니 동양 반도국 ᄉᆞ쳔여년 ᄉᆞ긔에 처음 되ᄂᆞᆫ 경ᄉᆞ라 우리가 이ᄀᆞᆺ지 ᄭᆡᆨ닷ᄂᆞᆫ 뜻슬 쳔쥬에 긔렴ᄒᆞ기를 위ᄒᆞ야 ᄐᆞᆨ별히 뎨국 두 글ᄌᆞ로 신문 제목을 삼아 황샹 폐하의 지극ᄒᆞ신 공덕을 찬양ᄒᆞ며 우리 신민의 무궁히 경츅ᄒᆞᄂᆞᆫ 뜻슬 낫하ᄂᆡ노라 그리나 그동안에 국즁에 신문이 여러히 싱기여 혹 날마다 발간도 ᄒᆞ며 혹 간일ᄒᆞ여 ᄂᆡ이기도 ᄒᆞ며 혹 일쥬일 동안에 ᄒᆞᆫ두번식 ᄂᆡ이기도 ᄒᆞᄂᆞᆫᄃᆡ 그즁에 영어신문이 ᄒᆞ나히오 국한문으로 셕거 ᄂᆡ이ᄂᆞᆫ 거시 ᄒᆞ나히오 일어로 셕거 ᄂᆡ이ᄂᆞᆫ 것도 잇스되 그즁에 국문으로 ᄂᆡ이ᄂᆞᆫ 거시 뎨일 긴요ᄒᆞᆫ 쥴노 밋ᄂᆞᆫ 고로 우리도 ᄯᅩᄒᆞᆫ 슌국문으로 ᄂᆡᆨ일 터인ᄃᆡ 론셜과 관보와 잡보와 외국 통신과 뎐보와 광고등 여러가지를 ᄂᆡ여 ᄒᆞᆨ문샹에 유죠ᄒᆞᆯ만ᄒᆞᆫ 말이며 시국에 진젹ᄒᆞᆫ 소문을 드러 등지ᄒᆞ려ᄂᆞᆫ바 본샤 쥬의인즉 신문을 아모됴록 널니 젼파ᄒᆞ여 국가 ᄀᆡ명에 만분지 일이라도 도음이 될가 ᄒᆞ야 특별히 갑슬 간략히 마련ᄒᆞ고 날마다 신실히 젼ᄒᆞ여 보시ᄂᆞᆫ 이들의게 극히 편리토록 쥬의ᄒᆞ오니 ᄉᆞ방 쳠군ᄌᆞᄂᆞᆫ 만히 ᄉᆞ다들 보시기를 깁히 ᄇᆞ라오

관보 팔월 팔일

○죠셔ᄒᆞ샤 경무ᄉᆞ 윤웅렬노 ᄂᆡ부 협판을 명ᄒᆞ시고 탁지부 대신 민영긔로 경무ᄉᆞ를 겸임ᄒᆞ고 졍일품 김영슈로 궁ᄂᆡ부 특진관을 명ᄒᆞ시다

○의졍부 찬졍 리근명 샤직샹소

비지ᄂᆡ에 찬졍 즁임을 엇지 무망ᄒᆞᆫ 병으로 히임

『제국신문』 창간호 처음에는 『뎨국신문』이라는 한글을 제호로 사용하였으나 1903년 7월 7일부터는 한자로 바꾸었다.

민간 신문들과 제국주의 열강의 대립

당시 신문들의 제국주의에 대한 인식은 신문 지면을 통해서도 확인할 수 있다. 『제국신문』 1902년 9월 12일자 논설을 보면 "약한 나라가 권리를 찾는 힘은 군사력에 있지 않고 민론에 있다. 신문이 없으면 외국과 동등하게 맞서서 이론적으로 시비를 가릴 무기가 없게 된다."고 주장하고 있다. 이러한 인식을 바탕으로 하여 이 시기 신문들은 지면을 통해 이권 침탈을 비롯한 제국주의의 침략상을 폭로하는 데 주력했던 것이다.

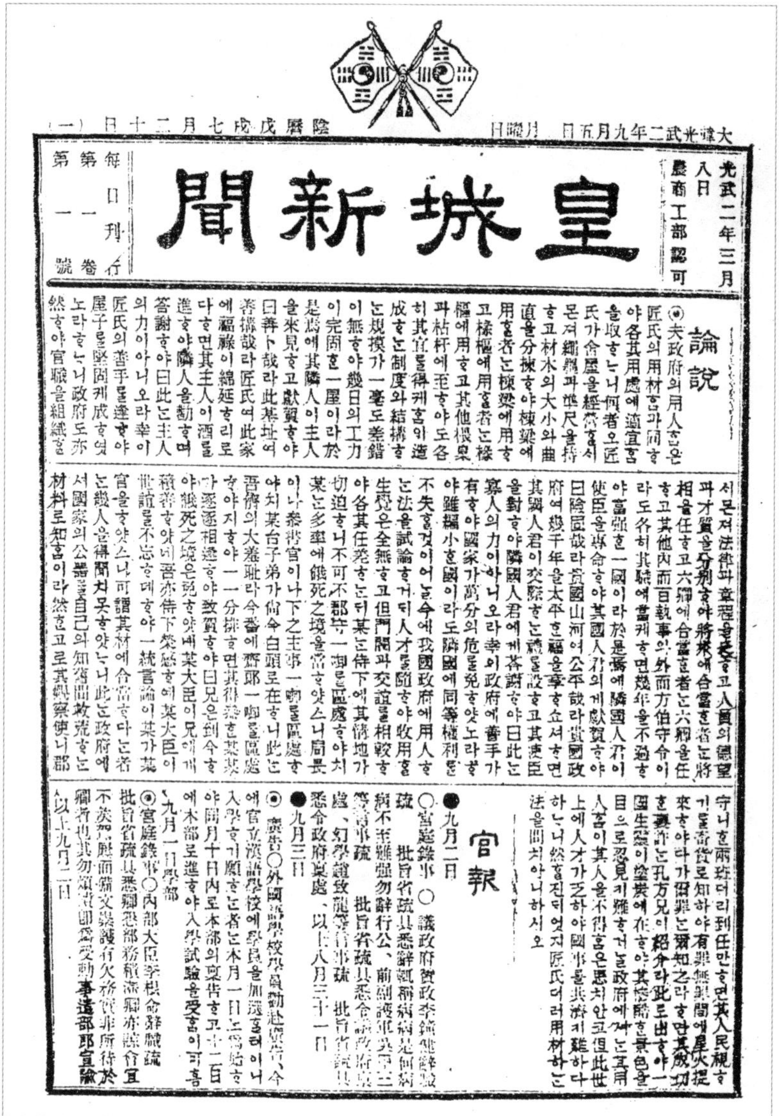

大韓光武二年九月五日 月曜日

陰曆戊戌七月二十日 (一)

光武二年三月八日 農商工部認可

皇城新聞

每日刊行 第一卷 第一號

論說

官報

『황성신문』 창간호 초대 사장은 남궁억, 총무는 나수연이 맡았다. 국한문 혼용 신문으로 개신 유학층을 대변하였다.

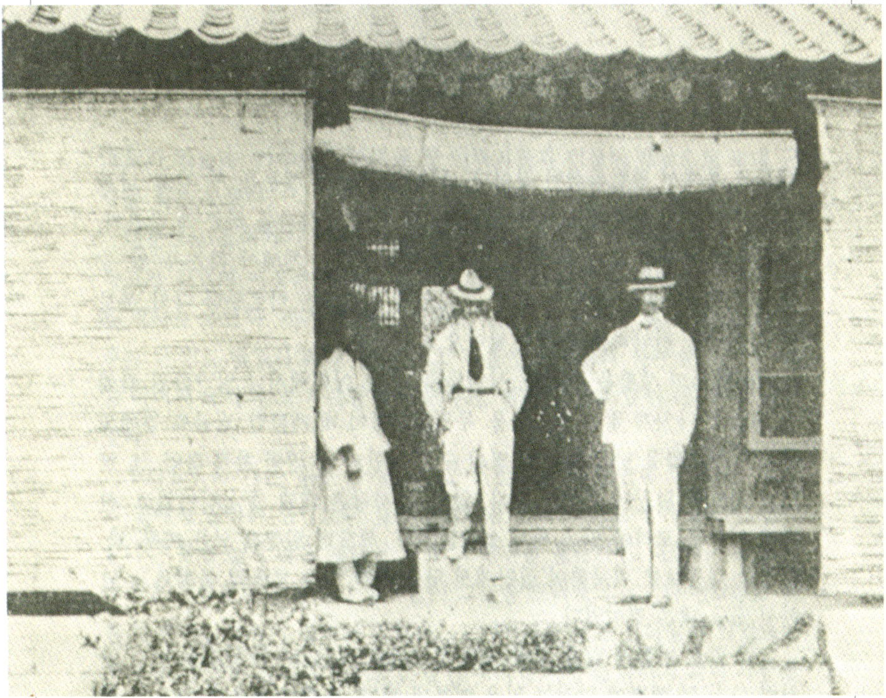

1900년 당시의 주한미국공사관 모습 현재의 서울 정동에 위치하였다.

제국주의 열강들은 이러한 신문의 논조가 자신들의 이익에 대한 직접적인 도전이라 간주하고 이에 대한 통제를 시도하였다. 외교적 경로를 통해 조선 정부에 항의하고 압력을 행사함으로써 이 신문들의 보도를 견제하려 시도했던 것이다.

1898년 5월과 6월, 그리고 9월에 프랑스 공사와 러시아 공사 등이 여러 차례 외교적 경로를 통해 신문 보도에 대한 항의와 규제를 요청하였다. 이러한 압력에 대해 신문들은 굴하지 않았다. 『매일신문』 1898년 5월 20일자 사설은 프랑스 공사가 항의한 사실을 언급하면서 "외부가 이 건으로 신문 사원을 불러 고충을 토로하였다."고 밝혔다. 하지만 『매일신문』은 이러한 압력에 굴하지 않았다.

> 관원은 대한 신하요 신문기자는 대한의 백성이즉 대한 토지는 신하와 백성이 같이 관계되는 일이니 외부에서 신문사에 알렸든지 신문사가 찾아내었든지 다 내 나라를 위한 일인데 이 일을 가지고 외국 공사가 간섭할 수는 없는 일이다 (1898년 5월 20일자 논설).

논설은 오히려 외교 문제에 대해 국민의 알 권리를 무시하고 간섭하는 외국 공사를 비판하고 있다.

제국주의 열강은 급기야 그 해 10월 7일에 공동보조를 취하여 조선 주재 각국 공사들이 함께 참여하여 조선 정부에 항의 공문을 보내기에 이르렀다.

> 교섭중에 있는 외교적 사안을 신문에 게재하는 것은 교섭의 진행을 방해하려는 의도에 의한 것으로 교섭에 어려움을 줄 것이므로 여러 차례 조회하였으나 여전하여 유감이오니 조선 정부는 엄중히 조치하여 앞으로는 교섭중인 외교 문서를 신문에 게재하는 일이 절대 없도록 해 달라.

이처럼 압력의 강도가 높아지면서 정부는 1898년 10월 30일 "의정부 · 중추원으로 하여금 시의를 참작하여 신문 조례를 재정(裁定)하게 하고 내부 · 농상공부로 하여금 각국례(各國例)를 따라 재정 시행하라."는 고종의 조칙에 의해 신문 조례라는 언론 통제법을 제정하려는 시도로까지 나아가게 되었다.

신문 조례의 제정 시도에 대해 신문들은 처음에는 언론의 자유에는 책임이 따르는 것으로서 선진 제국들도 이러한 제도를 시행한다면서 환영을 표하였다. 그러나 그 내용이 일본에서 이미 폐기된 구법의 내용을 그대로 도입하여 통제 일색으로 채워진다는 것이 알려지면서 각 신문들이 언론 자유의 탄압이라며 강력하게 반대하고 나섰다. 결국 이 조례는 시행되지 못하였다.

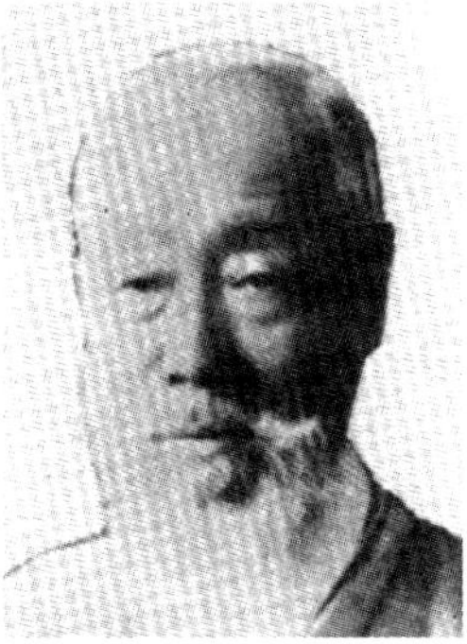

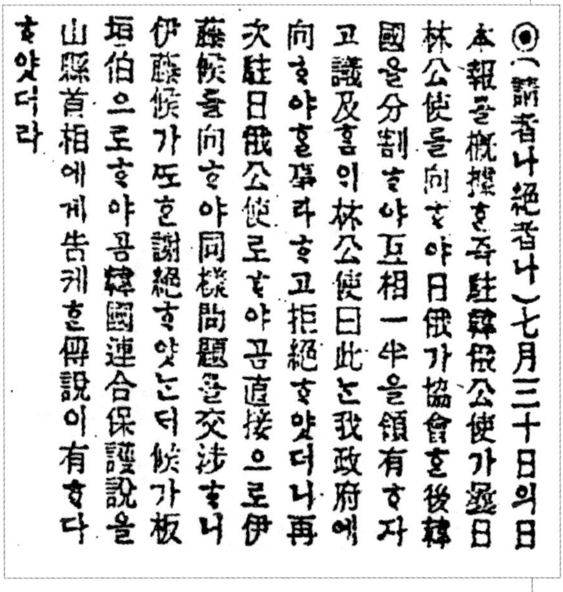

◉(讀者나絶者나)七月三十日의日本報를槪探ᄒᆞᆫ즉駐韓俄公使가駐日林公使를向ᄒᆞ야日俄가協會ᄒᆞᆫ後韓國을分割ᄒᆞ야互相一半을領有ᄒᆞ자고議及ᄒᆞᆷ의林公使曰此ᄂᆞᆫ我政府에向ᄒᆞ야ᄒᆞᆯ事라ᄒᆞ고拒絶ᄒᆞ얏더니再次駐日俄公使로ᄒᆞ야곰直接으로伊藤侯를向ᄒᆞ야同樣問題를交涉ᄒᆞ니伊藤侯가또ᄒᆞᆫ謝絶ᄒᆞ얏ᄂᆞᆫᄃᆡ侯가板垣伯으로ᄒᆞ야곰韓國連合保護說을山縣首相에게告케ᄒᆞᆫ傳說이有ᄒᆞ다ᄒᆞ얏더라

남궁억(왼쪽)

『황성신문』 잡보 기사 러시아와 일본 간에 한반도 분할 논의가 있었다는 사실을 보도한 1900년 8월 8일자 잡보 기사.(오른쪽)

한반도 분할 점령 보도 필화 사건

민간 신문들의 이러한 보도 태도는 급기야 필화 사건으로까지 이어졌다. 1900년 8월 8일 『황성신문』은 잡보란(오늘날의 사회면)을 통해 일본의 신문을 인용하여 주한 러시아 공사가 일본 공사에게 한반도를 나누어 점유할 것을 제의했으나 일본이 이를 거절했다고 보도하였다.

7월 30일 일본 신문의 기사에 의하면 주한 러시아 공사가 일본 공사 하야시에게 말하기를 일본과 러시아가 협의를 한 후 한국을 분할하여 영유하자고 하였다. 하야시가 이를 거절하자 주일 러시아 공사가 다시 이토 히로부미에게 직접 찾아가 같은 문제를 교섭하니 이토 또한 사절하였다. 그런데 이토가 타이스케로 하여금 한국연합보호설을 야마가타 수상에게 고하게 하였다는 설이 있다더라.

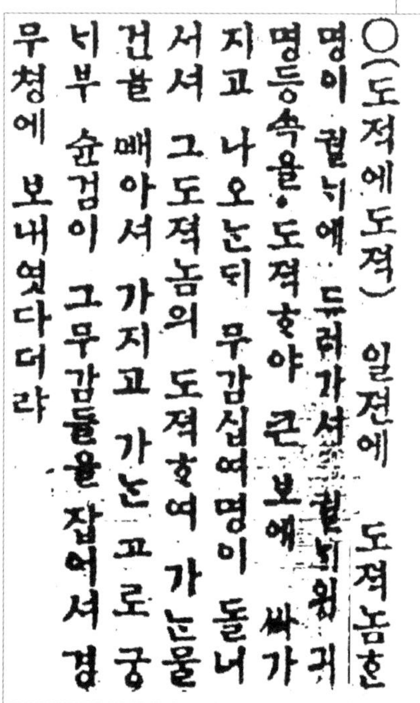
○(도적에도적) 일전에 도적놈훈
명이 궐닉에 드러가서 궐닉긔
명등속을 도적ᄒᆞ야 큰 보에 싸가
지고 나오는듸 무감십여명이 돌너
서서 그도적놈의 도적ᄒᆞ여 가는물
건을 ᄲᆡ아서 가지고 가는고로 궁
닉부 슌검이 그무감들을 잡어서 경
무청에 보내엿다더라

'도적에 도적' 이란 제목의 잡보 기사 『제국신문』 1899년 4월 24일자.

이 기사로 말미암아 『황성신문』 사장 남궁억이 8월 9일 구금되었다. 법부는 평리원에 훈령을 내려 이 사건을 평결토록 하였다. 이에 평리원은 우리나라에 관한 기사가 타국의 신문에 게재되었을 경우 이를 보도하여 널리 알리는 것은 신문의 의무이기에 이를 유죄라 할 수는 없다고 판결하였다.

한편 이보다 앞선 1899년에는 신문 기사가 문제 되어 기자가 유죄 판결을 받는 사건이 발생한다. 이 사건의 발단은 1899년 4월 24일 『제국신문』의 '도적에 도적' 이라는 제목의 잡보 기사 때문이었다.

> 일전에 도적놈 한 명이 궐내에 들어가서 궐내 물건들을 도적하여 큰 보자기에 싸가지고 나오다가 무감 십여 명한테 걸렸는데 무감들이 도둑질한 물건을 빼앗아 가버렸다. 이에 궁내부 순검이 무감들을 잡아서 경무청에 보내었다더라.

이 기사가 나가자 무감(武監)들이 사실무근이라고 반발하면서 오늘날의 기자에 해당되는 탐보원 채규하를 한성재판소에 고발하였다. 채규하는 무고죄로 태 50에 징역 1년에 처해졌다. 이것은 언론 행위로 말미암아 재판소에서 유죄 판결을 받은 최초의 사건이었다.

근대 신문의 정착

신문 발행의 다양화

『독립신문』 및 그 뒤를 이은 민간지들의 활동에 의해 신문이라는 매체의 중요성이 널리 인식되었다. 이로써 신문은 하나의 새로운 사회·문화적 제도로 정착하는 계기를 맞게 되었다. 무엇보다도 중요한 것은 신문 발행 주체 세력이 다양화되었다는 것이다. 초창기 근대 신문은 개화파들에 의해 주도되었다. 하지만 이 시기에 오면 개화파뿐만 아니라 보수 세력도 신문 발행에 참여하게 되며 선교를 목적으로 하는 종교 단체도 신문을 발행하게 된다. 이러한 사실은 신문의 필요성과 중요성에 대한 인식의 기반이 그만큼 확대되었다는 것을 의미한다.

구체적으로 살펴보면, 먼저 보수 세력에 의한 신문들은 대개 민족 운동 세력의 언론 활동에 대항하기 위한 목적으로 발행되었다. 대표적인 것으로는 보부상들의 단체인 황국협회가 1899년 1월 22일 창간한 『시사총보(時事叢報)』와 상무사에서 1899년 4월 14일에 창간한 『상무총보(商務總報)』가 있다.

종교 단체가 선교 목적으로 발행한 신문으로는 감리교의 아펜젤러 목사가 1897년 2월 2일 순한글로 창간한 주간 신문 『조선크리스도인회보』가 있으며 장로교 계열의 언더우드 목사가 1897년 4월 1일 역시 순한글의 주간으로 창간한 『그리스도신문』이 있다.

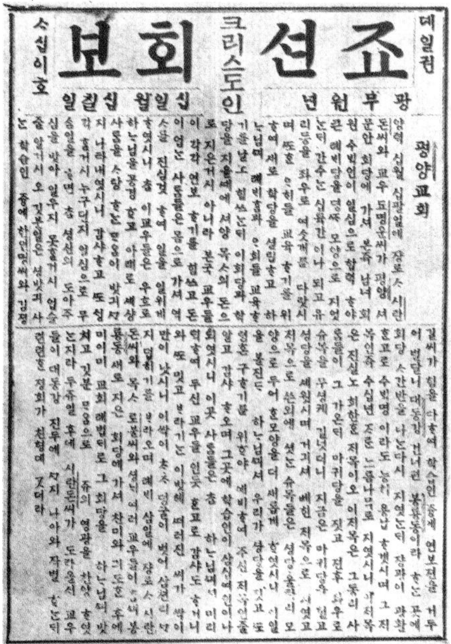

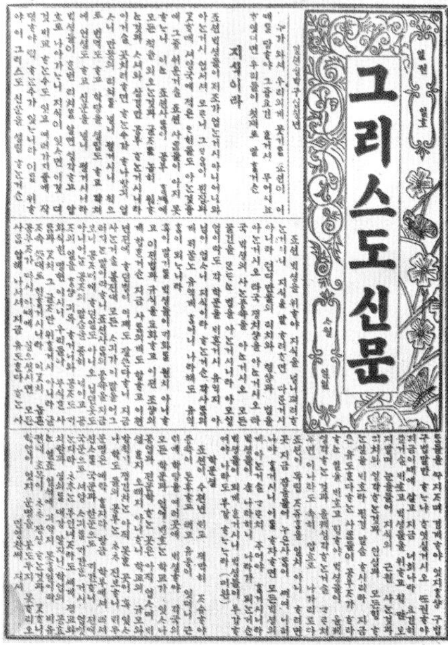

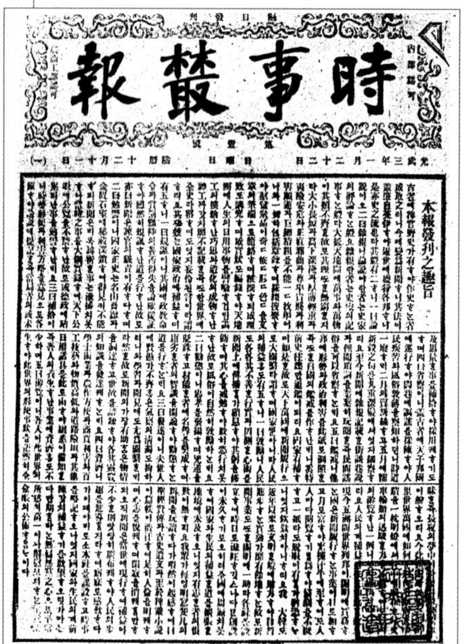

『조선크리스도인회보』 순한글로 총 4면을 발행하였다.(위 왼쪽)

『그리스도신문』 창간호(위 오른쪽)

『시사총보』 창간호(아래)

독자층의 확대

신문 보급의 어려움

신문의 종수도 많아지고 발행 주체도 다양화되면서 신문의 독자층도 점차 확대되어 갔다. 어느 사회에서나 초창기의 신문은 여러 가지 어려운 여건 속에서 그 배급에 많은 어려움이 따르게 마련이다.

초창기 신문이 보급상 어려움을 겪을 수밖에 없었던 이유로는 첫째, 일반인들의 문자 해독 능력 때문이었다. 신문의 초창기라 할 근대 초기에는 어느 나라나 교육 기회가 제한되어 있어 일반인들의 대부분은 문자 해독 능력을 갖추지 못했었다. 둘째는 경제력인데, 초창기 신문사들은 구독료 위주로 운영하였기 때문에 신문 가격이 상당히 비싼 편이었다. 그래서 경제적 여유가 없었던 많은 대중들은 비싼 신문을 사서 볼 수 없었다. 셋째는 배달의 어려움이었다. 교통수단의 발달이 미약했고 도로망의 정비도 잘 안 되어 있는 상황이었기에 대도시 이외의 지역에는 신문 보급에 어려움이 클 수밖에 없었던 것이다.

이러한 어려움을 극복하기 위해 근대 신문의 초창기에는 여러 가지 간접적 구독 방식들이 형성되었다. 서구의 경우는 공원 등지에서 돈을 받고 신문을 읽어 주던 누벨리스트들이 생겨났으며 커피하우스나 살롱 등의 장소에 신문을 구비하여 손님들이 읽을 수 있도록 하였다.

신문 읽어 주기와 돌려읽기

우리나라에서도 여러 가지 간접적인 구독 방식들이 자연스럽게 생겨났다. 가장 많은 것은 문자 해독 능력이 있는 사람이 글을 읽을 줄 모르는 다른 사람들을 위해 신문을 대신 읽어 주는 방식이었다. 이러한 사실은 『독립신문』 1898년 11월 9일자의 '신문 업지 못홀 일' 이라는 제목의 논설에서 찾아볼 수 있다. 강원도 양구군 우망리장에 사는 김기서, 조성룡, 김리선 세 사람이 보낸

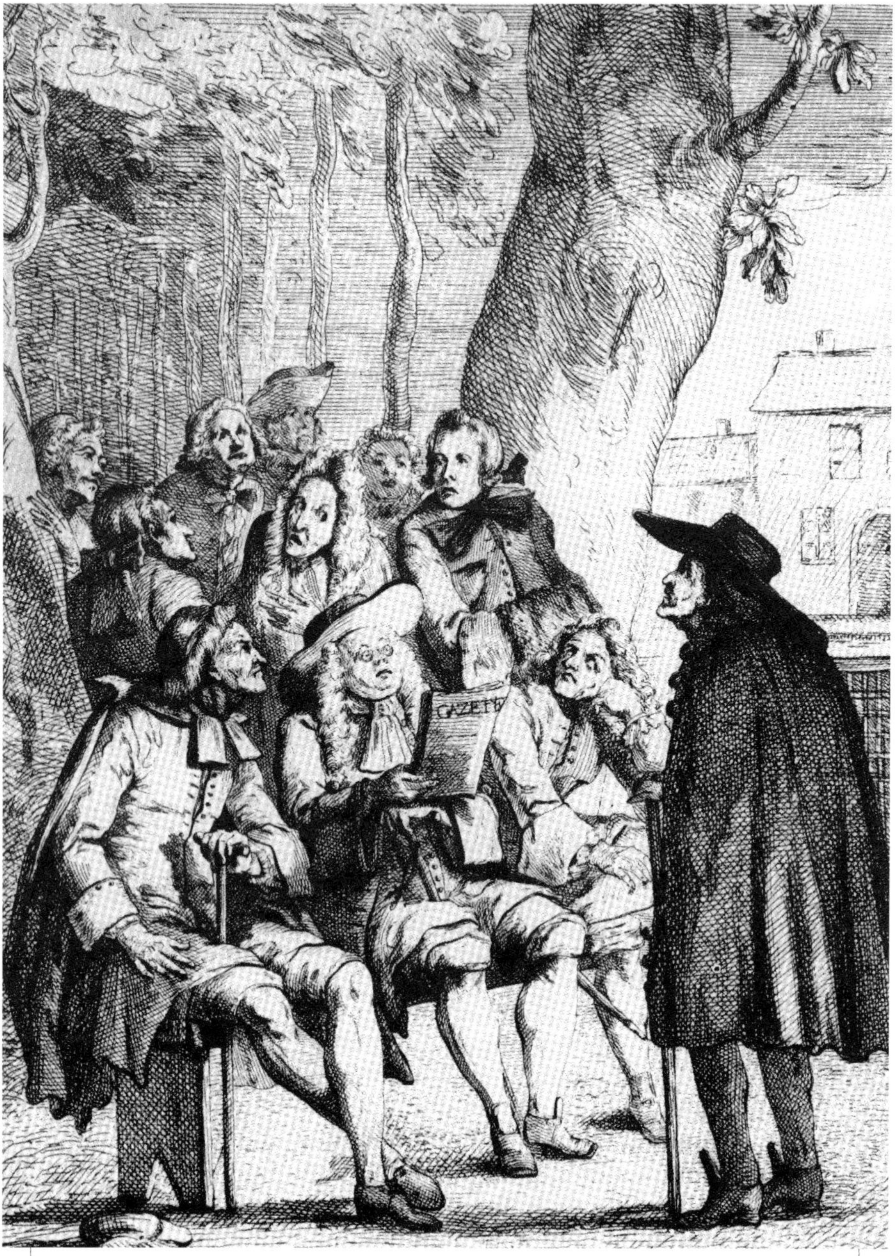

신문 읽어 주는 사람 18세기 프랑스에서는 공원 등지에서 돈을 받고 신문을 읽어 주는 사람이 존재했었다.

이 편지는 양구의 군수가 사람들을 모아 놓고 문자를 아는 사람으로 하여금 『독립신문』을 큰 소리로 읽게 하였다는 것이다. 신문을 읽어 주는 방식은 여기뿐만 아니라 다른 지역에서도 많이 행해졌었다.

읽어 주는 것뿐만 아니라 한 부의 신문을 여러 사람들이 돌려읽는 방식도 널리 사용되었다. 한 신문을 누군가가 읽고는 바로 버리는 것이 아니라 이를 다른 사람들이 다시 읽는 방식을 말한다. 이는 오늘날에도 부분적으로 남아 있지만 근대 신문의 초창기에는 훨씬 더 많이 사용된 방식이었다.

서재필의 회고에 의하면 『독립신문』 한 부가 배달되면 이걸 여러 사람이 돌려보아 신문 한 부당 적어도 200명이 돌려읽었다고 한다. 한 부당 200명이라는 것이 다소 과장이라고 하더라도 많은 사람들이 신문을 돌려읽었다는 것만은 분명한 사실일 것이다. 당시 한성에서 미국인 헐버트(Hulbert)가 발행하던 잡지 『코리안 리포지터리(The Korean Repository)』 1897년 12월호에는 "『독립신문』이 창간된 다음해인 1897년 이 신문 한 부를 가지고 어떤 마을에서는 적어도 85명이 읽은 일까지 있을 정도로 많이 읽히고 있다."고 기록되어 있다.

신문잡지종람소

신문의 보급 확대를 위한 방편의 하나로 개화기에 특징적인 것 중의 하나가 바로 '신문잡지종람소'이다. 이는 그 지역의 유지나 뜻있는 사람들이 자비로 신문과 잡지를 구비하여 다른 사람들이 와서 읽을 수 있도록 한 특정한 공간을 말한다.

인천의 박문회 활동을 소개한 『매일신문』 1898년 6월 25일자 기사에는 종람소라는 명칭을 사용하지는 않았지만 신문잡지종람소의 최초의 사례인 것으로 보인다.

> 인천에 뜻있는 사람들이 이달 구일부터 박문회를 설치하고 관보와 각 지역의 신문과 서적들을 널리 구비하여 놓고 모든 회원들이 날마다 모여 강론하며 연설

하여 지식과 학문을 널리 알리고자 하는데 회원이 벌써 백여 명이나 된다 하니 우리는 그 모임을 공손히 치하한다…….

한편 『황성신문』 1902년 11월 25일자 잡보란을 보면 '종람설규(縱覽設規)' 라는 제목으로 신문종람소의 개설을 알리는 기사가 처음으로 보도되고 있다. "한성의 명동에 있는 경성학당이 신문, 잡지 수십 종을 모아 놓고 종람소를 개설하여 일반인들의 종람을 허용한다."

이렇게 시작된 신문잡지종람소는 그 후 전국적으로 확대되었다. 현재까지 알려진 바로는 1907년 진주에 지방 최초의 신문잡지종람소가 설립된 것을 시발로 같은 해에는 경기도 파주와 평안북도 곽산에 설립되었으며 1908년에는 평안남도 성천, 1909년에는 평안남도 용강군의 삼화항 등 전국 11개소에 신문잡지종람소가 생겨났다.

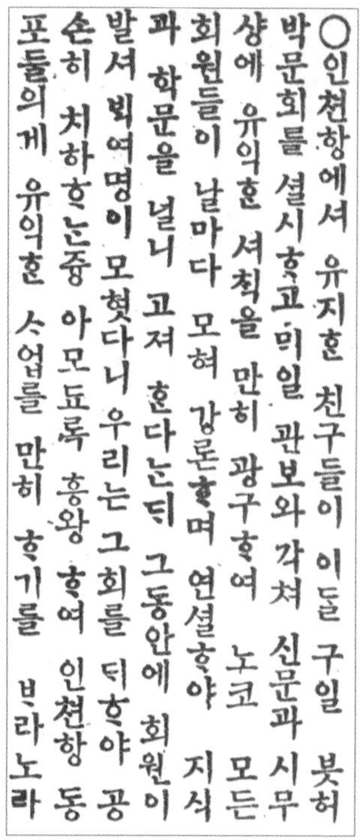
○인쳔항에셔 유지ᄒᆞᆫ 친구들이 이달 구일 붓허 박문회를 셜시ᄒᆞ고 ᄆᆡ일 관보와 각쳐 신문과 시무샹에 유익ᄒᆞᆫ 셔칙을 만히 광구ᄒᆞ여 노코 모든 회원들이 날마다 모혀 강론ᄒᆞ며 연셜ᄒᆞ야 지식과 학문을 널니 고져 ᄒᆞᆫ다ᄂᆞᆫᄃᆡ 그동안에 회원이 발셔 ᄇᆡᆨ여명이 모혓다니 우리ᄂᆞᆫ 그 회를 ᄃᆡᄒᆞ야 공손히 치하ᄒᆞᄂᆞᆫ즁 아모됴록 흥왕ᄒᆞ여 인쳔항 동포들의게 유익ᄒᆞᆫ ᄉᆞ업를 만히 ᄒᆞ기를 ᄇᆞ라노라

인천의 박문회 활동을 소개한 기사 『매일신문』 1898년 6월 25일자 3면의 잡보 기사.

이 11개 종람소를 살펴보면 일본인이 설립한 경성학당의 것과 서양인 목사가 서울의 마포에 세운 것, 그리고 관립한성고등학교에 세워진 것을 제외하고는 모두 국내의 민간인들이 자신의 집이나 연관 단체의 사무실에 설립한 것이었다. 각 지역의 뜻있는 인사들이 자신의 사재를 털어 각종 신문과 잡지, 서적 등을 갖추어 놓고는 원하는 사람들이면 누구나 와서 자유롭게 이용할 수 있도록 하여 국민들의 개명 진보에 이바지하려는 순수한 의도에서 설립, 운영되었던 것이다.

이처럼 근대 신문 초창기에는 제한된 여건 속에서도 정보 욕구를 해소하고 신문의 보급을 확대하기 위한 다양한 메커니즘들이 생겨났었다. 이로써 신문들의 발행 부수보다 훨씬 많은 사람들이 신문의 구독층에 포함될 수 있었다.

독자 투고와 촌지

『독립신문』부터 독자들은 투고를 통해 신문 지면에 적극 참여하였다. 이는 독자들도 적극적인 참여 의식을 가지고 있었고 신문 편집진도 이에 대해 긍정적이고 적극적인 인식을 가지고 있었기에 가능했던 일이다.

『독립신문』은 창간호부터 1면의 제호 바로 밑에, 논설의 바로 앞 광고란을 통해 신문의 발행 목적과 구독료, 구독 요령, 그리고 가판 희망자에 대한 안내 등을 실으면서 신문에 투고하는 요령을 안내하였다. 그 내용은 "누구든지 물어볼 말이 있거나 세상 사람들에게 하고 싶은 말이 있으면 신문사로 간단하게 적어서 편지하면 대답할 만한 말이거나 신문에 낼 만한 말이면 내기도 할 것"이라고 밝히고 있다.

이러한 방침이 알려지면서 『독립신문』은 창간 직후부터 적지 않은 독자 투고가 들어왔다. 『독립신문』의 지면에 독자 투고가 처음으로 보도된 것은 창간 후 11일 만인 1896년 4월 18일이다.

> 수안군 사람이 신문사에 편지를 하였는데, 토지세와 잡역이 그 전과 같고 조금도 감하지 아니하였다 하니 그 고을 원님은 그 돈을 그 전과 같이 받아 어디다 쓰는지 이런 사람은 내부에서 자세히 감사하여 면직을 시키고 형률을 주는 것이 마땅하다…….

황해도 수안군에서 온 이 편지는 아마도 투고자가 창간호를 보고는 바로 투고하였던 것으로 보인다. 당시의 우편 사정을 보면, 1896년 4월에는 오늘날의 우체국에 해당하는 우체사(郵遞司)가 설치된 지역이 황해도에는 개성밖에 없

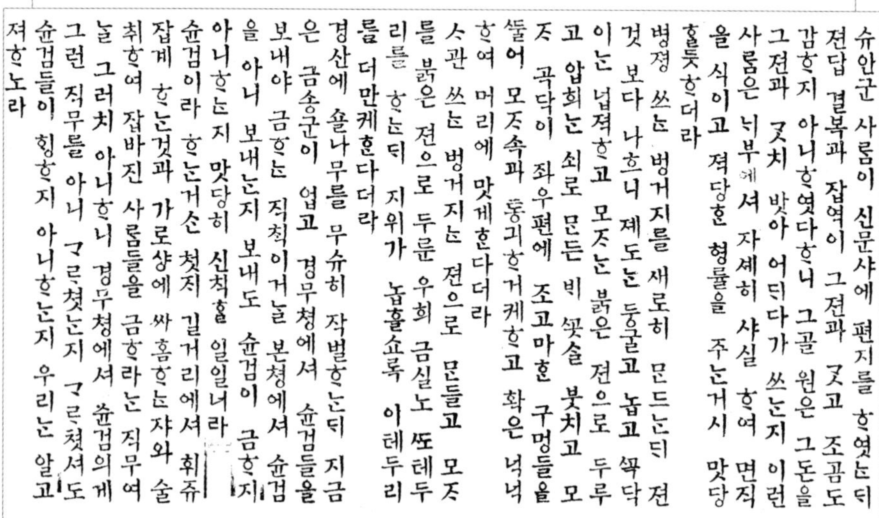

슈안군 사름이 신문샤에 편지를 ᄒᆞ엿ᄂᆞᆫᄃᆡ 젼답 결복과 잡역이 그젼과 ᄀᆞᆺ고 조곰도 감ᄒᆞ지 아니ᄒᆞ엿다ᄒᆞ니 그골 원은 그돈을 그젼과 ᄀᆞᆺ치 밧아 어ᄃᆡ다가 쓰ᄂᆞᆫ지 이런 사름은 ᄂᆡ부에서 자셰히 샤실 ᄒᆞ여 면직을 식이고 젹당ᄒᆞᆫ 형률을 주ᄂᆞᆫ거시 맛당ᄒᆞᆯ듯ᄒᆞ더라

병졍 쓰ᄂᆞᆫ 벙거지를 새로히 문드ᄂᆞᆫᄃᆡ 젼것 보다 나흐니 졔도ᄂᆞᆫ 둥굴고 놉고 ᄲᅳᆨ닥이ᄂᆞᆫ 넙젹ᄒᆞ고 모ᄌᆞᄂᆞᆫ 붉은 젼으로 두루고 압회ᄂᆞᆫ 쇠로 문든 비 ᄭᅩᆺ슐 붓치고 모ᄌᆞ 곡닥이 좌우편에 조고마ᄒᆞᆫ 구멍들을 ᄯᅮᆯ어 모ᄌᆞ속과 통긔ᄒᆞ거케ᄒᆞ고 확은 넉넉ᄒᆞ여 머리에 맛게ᄒᆞᆫ다더라

ᄉᆞ관 쓰ᄂᆞᆫ 벙거지ᄂᆞᆫ 젼으로 문들고 모ᄌᆞ를 붉은 젼으로 두룬 우희 금실노 ᄯᅩ 테두리를 ᄒᆞᄂᆞᆫᄃᆡ 지위가 놉흘슈록 이테두리를 더만케ᄒᆞᆫ다더라

경산에 솔나무를 무슈히 작벌ᄒᆞᄂᆞᆫᄃᆡ 지금은 금송군이 업고 경무쳥에셔 슌검들을 보내야 금ᄒᆞᄂᆞᆫ 직칙이거ᄂᆞᆯ 본쳥에셔 슌검을 아니 보내ᄂᆞᆫ지 보내도 슌검이 금ᄒᆞ지 아니ᄒᆞᄂᆞᆫ지 맛당히 신칙ᄒᆞᆯ 일일너라

슌검이라 ᄒᆞᄂᆞᆫ거ᄉᆞᆫ 쳣지 길거리에셔 훠쥬잡게 ᄒᆞᄂᆞᆫ것과 가로샹에 싸홈ᄒᆞᄂᆞᆫ쟈와 술취ᄒᆞ여 잡바진 사름들을 금ᄒᆞ라ᄂᆞᆫ 직무여ᄂᆞᆯ 그러치 아니ᄒᆞ니 경무쳥에셔 슌검의게 그런 직무를 아니 ᄀᆞᄅᆞ쳣ᄂᆞᆫ지 ᄀᆞᄅᆞ쳣셔도 슌검들이 힝ᄒᆞ지 아니ᄒᆞᄂᆞᆫ지 우리ᄂᆞᆫ 알고져ᄒᆞ노라

독자 투고 『독립신문』 1896년 4월 18일자 잡보란에 실린 최초의 독자 투고 기사(맨 오른쪽). 황해도 수안군에서 온 편지로 탐관오리를 고발하는 내용을 담고 있다.

었다. 황해도 수안에서 개성을 거쳐 한성우체사를 통해 『독립신문』에 배달되었다는 점을 고려할 때 4월 18일의 편지는 창간호가 배달되자마자 바로 투고하였던 것으로 추정할 수 있겠다.

이 편지를 시초로 하여 이후 꾸준히 독자 투고가 지면에 게재되었다. 『독립신문』 이후의 민간지들도 '기서(寄書)' 라는 이름으로 독자 투고를 논설이나 잡보 형태로 적극 활용하였다. 신문에 독자 투고를 한다는 것은 일반적으로 적극적인 참여 의식의 발현이라고 할 수 있다. 『독립신문』이 창간되자마자 적지 않은 독자 투고가 들어왔었다는 사실은 당시의 독자들이 언론에 대해 적극적인 인식을 가지고 있었음을 말해 준다.

또한 독자들은 신문을 문제 해결 능력을 가진 권력 기관으로 인식하고 있었다. 독자 투고의 내용 중에는 탐관오리를 고발하는 내용들이 제일 많았지만 그 중에는 개인적인 억울함을 하소연하는 내용들도 적지 않았다. 이들이 신문

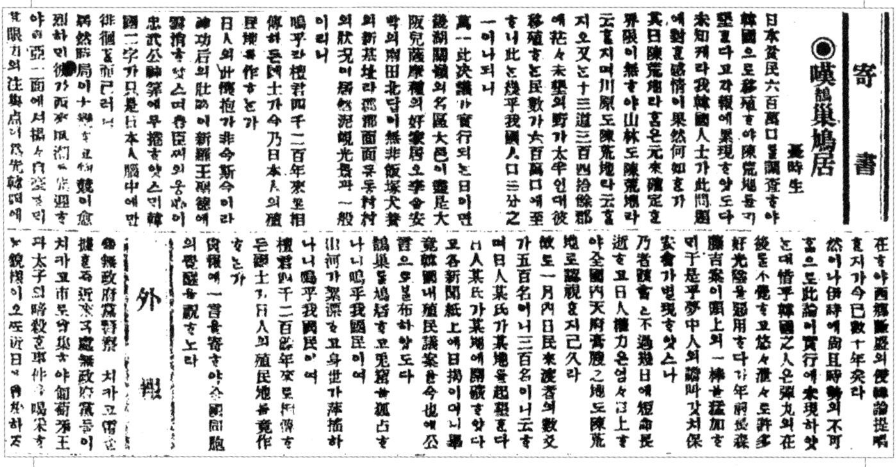

寄書

◉嘆鵲巢鳩居

憂時生

日本貧民六百萬口를調査ᄒᆞ야韓國으로移殖ᄒᆞ야陳荒地를ᄀᆡ墾ᄒᆞᆫ다고각報에果現ᄒᆞ얏도다未知케라我韓國人士가此問題에對ᄒᆞᆫ感情이果然何如ᄒᆞᆫ가其日陳荒地라ᄒᆞᆷ은元來確定ᄒᆞᆫ界限이無ᄒᆞ야山林도陳荒地라云ᄒᆞᆯ지며川澤도陳荒地라云ᄒᆞᆯ지오又ᄂᆞᆫ十三道三百四拾餘郡에荏々未墾의野가太半인대彼移殖ᄒᆞᄂᆞᆫ民數가六百萬口에至ᄒᆞ니此ᄂᆞᆫ幾乎我國人口三分之一이나되니

萬一此決議가實行되ᄂᆞᆫ日이면 …

外報

독자 투고(기서) 시국을 걱정한다는 뜻의 '우시생(憂時生)'이라는 필명으로 일본이 자국민을 한반도로 이주시키는 정책을 펼친다는 소식을 접하고 이러다가 일본의 식민지로 전락하는 것이 아니냐는 요지의 시론이다. 제목은 탄작소구거(嘆鵲巢鳩居)로서 까치의 집에 비둘기가 살게 됨을 한탄한다는 뜻이다. 『대한매일신보』 1905년 8월 11일자 1면 논설.

에 이러한 사연을 호소한다는 것은 신문을 그만큼 힘 있는 기관으로 인식했음을 말해 주고 있는 것이다.

신문들이 독자 투고를 지면에 적극 활용한 것은 당시의 제작 여건과도 무관하지 않다. 교통·통신 시설도 제대로 갖추지 못했고 인력도 충분하지 못한 당시의 제작 여건에 독자 투고는 좋은 기삿거리를 손쉽게 얻을 수 있으면서도 명분도 살릴 수 있는 좋은 방법이었다.

이와 관련하여 재미있는 사실은 독자 투고를 하면서 편지와 함께 돈을 넣은 사례가 가끔씩 있었다는 점이다. 자신의 사연이 지면에 소개되기를 기대하면서 엽전 한두 푼씩 넣었던 것이다. 오늘날 사회적으로 논란이 되곤 하는 언론 촌지의 역사적 뿌리라고도 할 수 있을 것이다. 또한 이는 조선 후기부터 관료 사회가 부패하면서 관청에 민원을 청구할 때면 '인정미(人情米)'라고 하여 돈이나 쌀을 주어야 했던 당시의 풍조와도 밀접한 관련이 있다. 관료들의 이러한 행태에 익숙해 있던 독자들이 신문에 대해서도 마찬가지 행동을 취했던 것으로 볼 수 있다.

이러한 현상에 대해 『독립신문』은 단호한 입장을 취하였다. 신문은 광고 외에는 돈을 받지 않는다면서 투고와 함께 촌지를 보냈던 사람들에게 찾아가라고 가끔씩 지면을 통해 공지하곤 하였다.

> 혹시 신문에 내 달라고 누구든지 본사에 편지를 하면서 돈 몇 푼씩을 편지 속에 넣어 보내기에 이는 편지를 보낸 사람이 우리 신문사의 규칙을 모르고 그렇게 한 듯하나…… 이는 신문사에 큰 실례라. 그 편지가 정직한 일이라면 어찌 돈을 넣으리오. ……편지 속에 넣은 돈을 찾아가지 않으면 감옥에 보내어 죄인들을 위해 쓰게 하겠으니 그리 아시오.

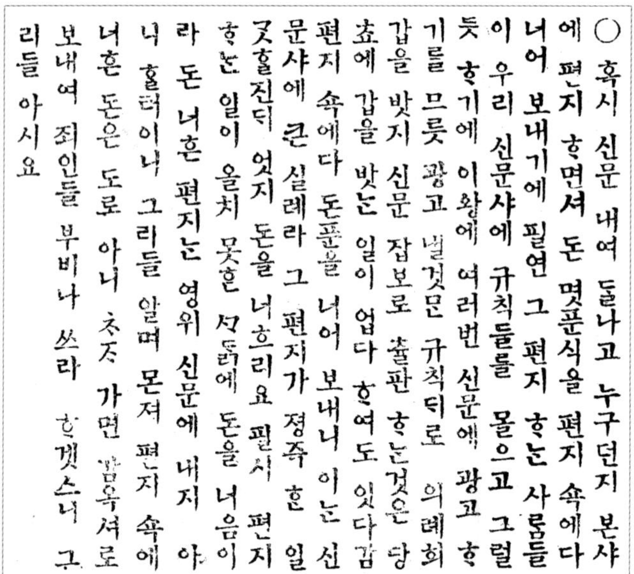
○ 혹시 신문 내여 돌나고 누구던지 본샤에 편지 ᄒᆞ면셔 돈 몃푼식을 편지 속에다 너어 보내기에 필연 그 편지 ᄒᆞᄂᆞᆫ 사ᄅᆞᆷ들이 우리 신문샤에 규칙들를 몰으고 그럴듯 ᄒᆞ기에 이왕에 여러번 신문에 광고 ᄒᆞ기를 므릇 광고 낼것문 규칙되로 의례히 갑을 밧지 신문 잡보로 츌판 ᄒᆞᄂᆞᆫ것은 당쵸에 갑을 밧ᄂᆞᆫ 일이 업다 ᄒᆞ여도 잇다감 편지 속에다 돈푼을 너어 보내니 이ᄂᆞᆫ 신문샤에 큰 실례라 그 편지가 정즉 ᄒᆞᆫ 일것흘진ᄃᆡ 엇지 돈을 너흐리요 필시 편지 ᄒᆞᄂᆞᆫ 일이 올치 못ᄒᆞᆫ 셔ᄅᆞᆷ에 돈을 너음이라 돈 너흔 편지ᄂᆞᆫ 영위 신문에 내지 아니 ᄒᆞᆯ터이니 그리들 알며 몬져 편지 속에 너흔 돈은 도로 아니 ᄎᆞᄌᆞ 가면 감옥셔로 보내여 죄인들 부비나 쓰라 ᄒᆞ겟스니 그리들 아시요

『독립신문』의 촌지 관련 기사 편지에 넣은 돈을 찾아가지 않으면 이 돈을 감옥의 죄수들을 위해 쓰겠다는 내용. 『독립신문』 1897년 11월 27일자 3면의 잡보 기사.

신문사들의 경영과 판촉 활동

개화기의 신문사들은 대부분 기업의 형태로 존재하였다. 따라서 시장 속에서 독자적으로 수지를 맞추어 나가야만 하는 상황이었다. 개항 이후 외국 자본이 들어오기 시작하면서 한국 사회에도 회사들이 설립되기 시작하였다. 이러한 경제적 상황 속에서 이윤보다는 국민 계몽을 위해 신문을 발행하던 신문사들도 자연스럽게 기업의 형태를 취하게 되었던 것이다.

개화기의 신문사들은 외형적으로 흑자 경영 체제를 유지하고 있었다. 물론 당시의 독자 시장이나 광고 시장은 제대로 갖추어지지 못한 단계로서 발행부수도 몇 천 부 정도의 규모에 불과했으며 광고 수입도 미미했지만 각 신문사들이 조직의 규모를 최소한으로 유지하여 비용을 절감하고 부대사업 이익 등을 통해 비용을 초과하는 수익을 확보할 수 있는 구조를 만들어 간 때문이었다.

그러나 실제로는 흑자를 내지 못하고 적자를 기록하면서 경영난에 허덕여야 했다. 이렇게 될 수밖에 없었던 가장 큰 이유는 구독료 징수가 제대로 되지 않았기 때문이었다.

신문들의 구독료 촉구

1898년 1월의 「주한일본공사관기록」을 보면 『독립신문』의 연간 수입이 5,644원으로 기록되어 있다. 그 중 한글판 구독료 수입이 2,444원이요, 영문판의 수입이 1,100원으로 나와 있다. 전체 수입 중 62.8%를 구독료 수입이 차지하고 있는 것이다. 다른 신문들의 경우 구독료 수입의 규모를 정확하게 알 수 있는 자료는 없다.

하지만 거의 모든 신문들이 구독료 징수가 제대로 되지 않아 경영에 커다란 어려움을 겪었다. 이러한 사실은 당시의 신문 지면들을 통해 확인할 수 있다.

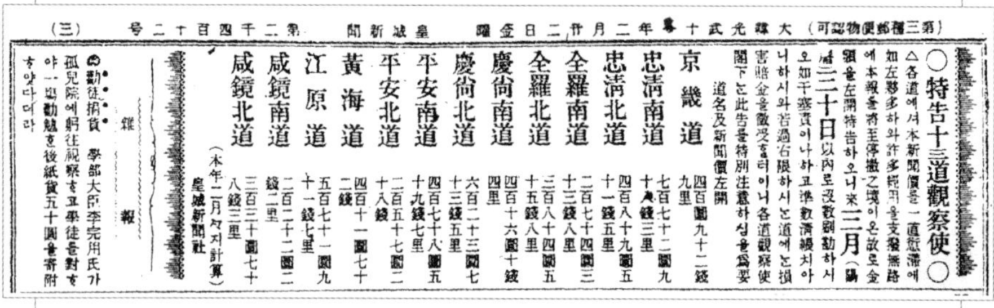

(第三種郵便物認可) 大韓光武十一年二月廿二日金曜 皇城新聞 第二千四百十二号 (三)

○特告十三道觀察使○

△各道에셔本新聞價를一直愆滯에如左夥多하와許多經用을支發無路에本報을將至停撤之境이온故로金額을左開特告하오니來三月(陽曆)三十日以內로沒數勸勤하시오如干零責이나하고準數清繳치아니하시와若過右限하시ᄂᆞᆫ道에ᄂᆞᆫ損害賠金을徵受홀터이니各道觀察使閣下ᄂᆞᆫ此告를特別注意하심을爲要

道名及新聞價左開

京畿道	四百圜九十二錢九里
忠淸南道	七百七十二圜九十八錢三里
忠淸北道	四百八十九圜五十一錢五里
全羅南道	二百七十四圜三十三錢八里
全羅北道	三百八十四圜五十五錢八里
慶尙南道	四百十六圜十錢四里
慶尙北道	六百二十三圜七十三錢五里
平安南道	四百七十八圜五十九錢七里
平安北道	二百五十七圜二十八錢
黃海道	四百十一圜七十二錢
江原道	五百七十一圜九十一錢七里
咸鏡南道	二百二十二圜二錢二里
咸鏡北道	三百三十圜七十八錢三里

(本年一月ᄭᆞ지計算)

皇城新聞社

雜報

◎勸往捐貨 學部大臣李完用氏가孤兒院에躬往視察ᄒᆞ고學徒들對ᄒᆞ야一場勸勉ᄒᆞᆫ後紙貨五十圜을寄附ᄒᆞ얏다더라

『황성신문』의 구독료 촉구 각 도별 신문 미수금 현황을 알리고는 3월 30일까지 완납하지 않으면 할증금을 물리겠다면서 관찰사들에게 협조를 구하고 있다. 『황성신문』 1907년 2월 22일자 3면 기사.

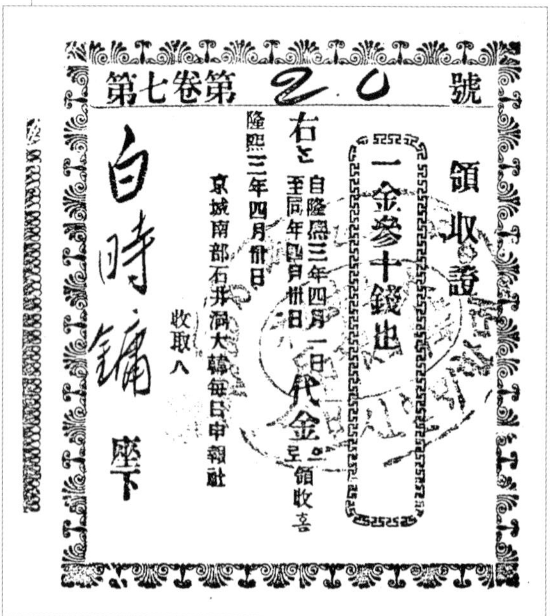

第七卷第 20 號

領收證

一金參十錢也

右ᄂᆞᆫ自隆熙三年四月一日至同年四月卅日代金으로領收홈

隆熙三年四月卅日

京城南部石井洞大韓每日申報社

收取人

白時鏞 座下

구독료 영수증 1909년 4월분 『대한매일신보』의 구독료 영수증이다. 독자는 당시 외교 관련 의전을 담당하던 예식원의 회계과장 백시용이며 월 구독료는 30전이다.

신문들은 여러 차례에 걸쳐 이 구독료 납부를 촉구하는 내용을 논설이나 사고 형식으로 지면에 게재하였다(예컨대, 『독립신문』 1897년 5월 1일 논설, 『제국신문』 1899년 1월 19일 논설, 『황성신문』 1900년 9월 29일, 1903년 2월 5일 사고 등). 이 구독료 미납의 문제는 개화기 신문의 경영난을 가중시키는 가장 큰 요인이었다.

당시 이처럼 구독료 납부가 어려웠던 이유는 첫째, 신문 보급망이 제대로 갖추어지지 못했기 때문이다. 신문의 보급은 주로 우편 제도를 통해 이루어졌다. 구독료 징수는 한성에는 배달원이 맡았지만 지방의 경우에는 독자들이 자발적으로 납부해 주기를 기대할 수밖에 없었다. 그러나 지방의 개인 독자들로서는 구독료를 본사에 전달하는 것도 쉽지 않았을 것이다. 우표로 대신하기도 하였지만 이는 현금화하기 위한 수수료 형식으로 10%의 추가 부담을 물어야 했다. 뿐만 아니라 우표를 사야 하고 이를 우편으로 보낸다는 매우 번거로운 과정을 거쳐야 했다.

두 번째 이유는 관료들의 나태였다. 구독료 미수금의 큰 부분을 차지하고 있었던 것이 지방 관청의 구독료였다. 이는 관리들이 신문을 보고 구독료를 제대로 안 냈다는 말이다. 세 번째는 독자들의 경제 수준과 관련이 있다. 전반적인 생활 수준도 높지 않았으며 화폐의 사용이 보편화되지 못한 단계에서 매달 구독료를 현금으로 꼬박꼬박 내는 것이 독자들로서는 쉽지 않았을 것이다. 마지막으로 독자들의 인식을 지적할 수 있겠다. 우리나라에 신문이 발간된 지 얼마 안 된 시점이었기 때문에 신문을 구독하는 문화에 익숙하지 않았던 것이다. 구독료를 내지 않아도 별다른 제재도 없는 상황에서 신문 구독료를 자발적으로 내는 문화가 금방 정착되기는 어려웠을 것이다.

광고와 부대사업

신문사의 운영에서 광고 수입은 구독료 수입과 함께 중요한 비중을 차지한다. 개화기 신문들도 『한성주보』가 처음으로 광고를 도입한 이후 『독립신문』부터는 따로 광고면을 고정적으로 두고서 운영하였다.

개화기 신문들은 광고의 필요성과 중요성에 대해서 충분히 인식하고 있었다. 『독립신문』은 1896년 10월 3일자 영문판 논설에서 1897년 1월부터 영문판을 분리하는 등의 변화를 시도한다고 알리면서 광고가 매우 중요한 사항임을 강조하였다. “오늘날 어떤 신문도 광고로 수입을 보충하지 않고는 오래 지속될 수 없다.”고 주장한 것이다. 그러면서 영문판을 분리하여 전체 지면을 늘리는 이유 중에는 결과적으로 광고 지면을 더 확보하기 위한 목적도 있음을 밝히고 있다.

『제국신문』도 1900년 5월 10일자 논설에서 신문과 상품 광고의 관계를 논

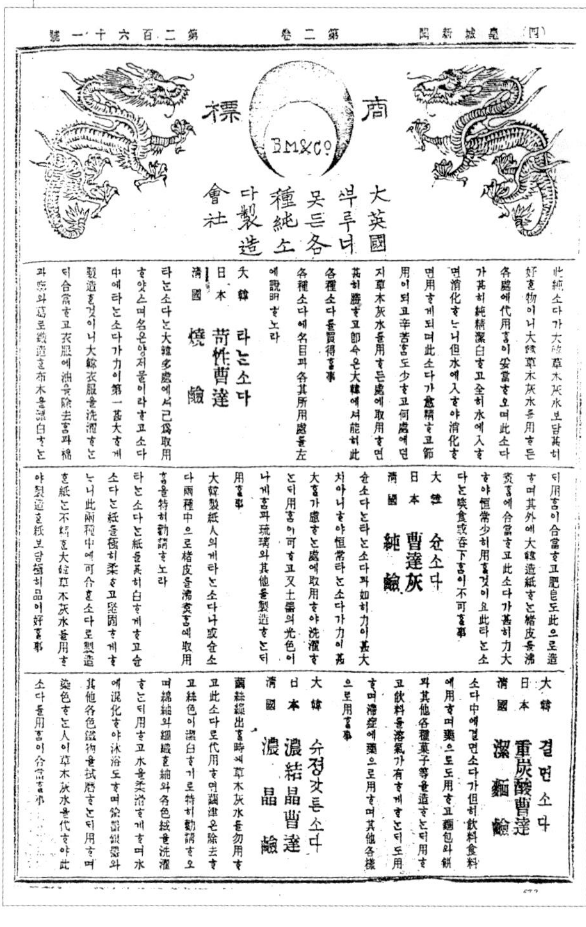

『황성신문』 전면 광고 영국의 소다 제조 회사 광고로 음료를 만들거나 세탁 등에 사용하는 각종 용도의 소다를 광고하고 있다. 이 광고는 1902년 12월 29일까지 매일 실렸다. 『황성신문』 1899년 11월 14자 4면.

하면서 신문이야말로 광고 효과가 가장 큰 매체임을 강조한 바 있다.

하지만 실제 경영에서 광고 수입은 그다지 큰 비중을 차지하지 못했다. 광고 수입의 규모를 직접적으로 알 수 있는 자료는 많지 않은데 「주한일본공사관기록」에 『독립신문』의 1897년 광고료 수입 기록이 남아 있다. 1897년의 『독립신문』 광고료 수입은 연 600원 정도로 전체 수입의 10.6%를 차지하는 데 그쳤다. 그 광고주들을 보면 대부분 국내에 진출한 외국 자본의 상품과 기업 광

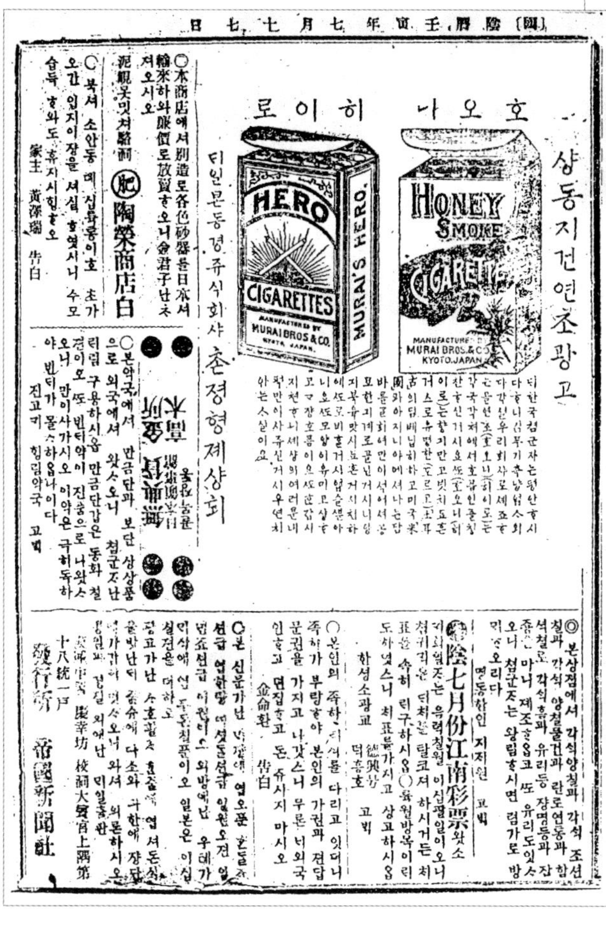
(四) 陰曆 壬寅 年 七月 七日

호오나 히이로

상동지건연초광고

HONEY SMOKE CIGARETTES

MANUFACTURED BY MURAI BROS. & CO. KYOTO, JAPAN

HERO CIGARETTES

MURAI'S HERO

MANUFACTURED BY MURAI BROS & CO. KYOTO, JAPAN

티인본동경쥬식회샤 촌경형제상회

삽화를 사용한 『제국신문』 담배 광고 2단의 거꾸로 된 고리대금업자 광고도 눈길을 끈다. 이는 오식이라기보다는 독자들의 주목을 끌기 위해 일부러 활자를 거꾸로 한 것으로 보인다. 『제국신문』 1902년 8월 20일.

고가 대부분이었다.

어려운 경영 여건을 극복하기 위해 신문사들은 광고 외에도 여러 가지 부대 사업을 하였다. 가장 많았던 것은 서적 인쇄 및 판매였는데 신문 인쇄 시설을 이용하여 단행본 인쇄를 소규모로 겸하였다. 이 출판 사업은 초창기부터 시작되었다. 『한성순보』와 『한성주보』의 발행처였던 박문국이 1886년 『만국정표(萬國政表)』라는 제목의 책을 발행함으로써 시작된 신문사의 서적 인쇄는 『독립신문』에 와서 더욱 활발하게 이루어졌다. 『독립신문』 지면을 통해 광고된 내용을 볼 때 『독립신문』이 인쇄, 판매한 책은 『양계법 촬요』, 『광무2년 음양력셔』, 『만국의회통용규칙』, 『광무3년 칙력』, 『서양음식 문드는 법』 등이다.

개화기 신문 중에는 외국의 통신사와 계약하여 통신 뉴스를 공급받으면서 이를 지면에 반영하고 다시 수요자에게 유료로 공급하는 통신 중계 영업을 하기도 하였다. 『독립신문』이 여기에 해당되는데, 1897년 3월부터 영국의 로이터 통신과 계약하여 뉴스를 제공받기 시작하였다. 『독립신문』은 이를 기사로 활용하였을 뿐 아니라 국내의 고객에게 다시 유료로 제공하여 수입원으로 삼았던 것이다.

개화기의 신문들은 명함 인쇄 및 문방구 판매도 겸하였다. 명함 인쇄는 『독립신문』과 『매일신문』, 『제국신문』 등이 시행하였다. 『독립신문』은 문방구 판매도 겸하였다. 1897년 7월 31일자부터 광고란에는 "누구든지 좋은 서양 편지 종이와 봉투를 사고 싶은 이는 독립신문사 사무소로 와서 사 가시오."라는 내용이 실려 있다. 1897년 10월 19일부터 실린 광고 내용을 보면 판매 품목이 더 많아졌다. 연필 · 먹 · 문서책 · 치부책 · 영어 서적뿐만 아니라 깨진 사기나 유리그릇을 붙이는 접착제도 판매한다고 알리고 있다.

경품과 홍보용 무가지

개화기 신문들은 신문의 보급 확장을 위해 판촉 활동을 벌이기도 하였다. 서구의 신문들이 상업화되어 가는 초창기에 많이 사용했던 경품 제공 방식이

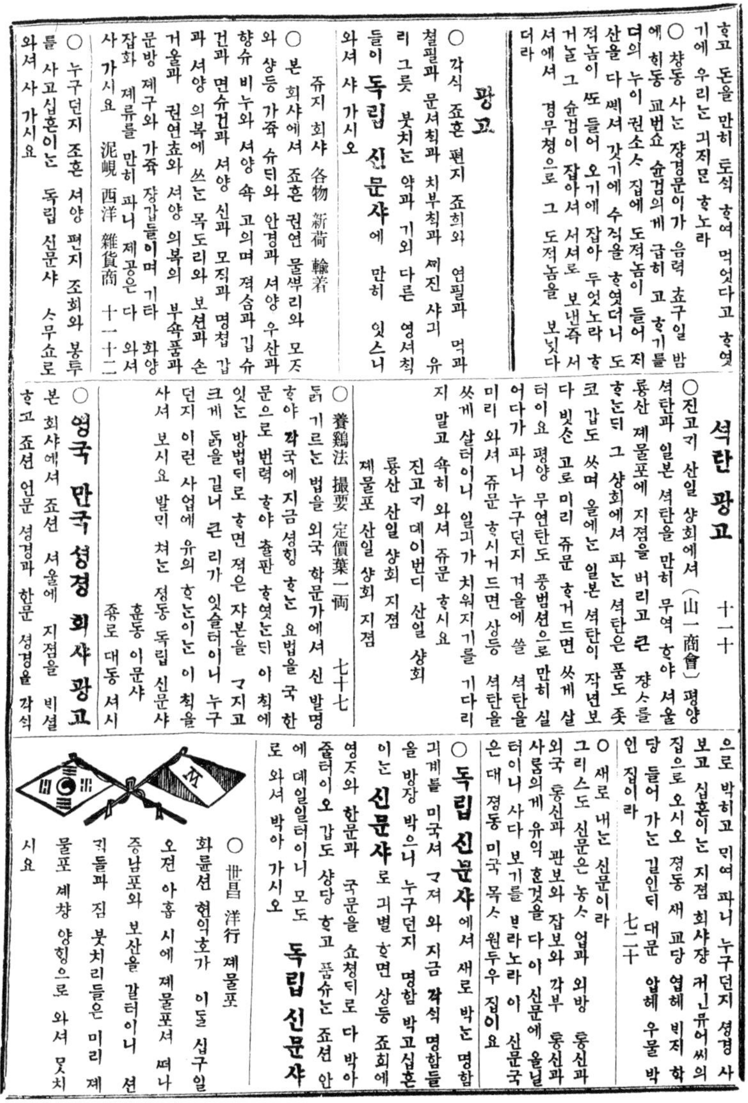

ᄒᆞ고 돈을 만히 토식 ᄒᆞ여 먹엇다고 ᄒᆞ엿기에 우리는 긔지믄 ᄒᆞ노라

○ 챵동 사는 쟝경문이가 음력 쵸구일 밤에 히동 교번쇼 슌검의게 급히 고 ᄒᆞ기를 뎌의 누이 권소ᄉᆞ 집에 도적놈이 들어 ᄌᆡ산을 다 ᄲᅦ셔 갓기에 수직을 ᄒᆞ엿더니 도적놈이 ᄯᅩ 들어 오기에 잡아 두엇노라 ᄒᆞ거놀 그 슌검이 잡아셔 서셔로 보낸즉 서셔에셔 경무청으로 그 도적놈을 보닛다더라

광고

○ 각식 죠흔 편지 죠희와 연필과 먹과 쳘필과 문셔칙과 치부칙과 ᄶᅵ진 샤긔 유리 그릇 붓치는 약과 기외 다른 영셔칙들이 **독립 신문샤**에 만히 잇스니 와셔 샤 가시오

쥬지 회샤 各物 新荷 輪着

○ 본 회샤에셔 죠흔 권연 물ᄲᅮ리와 모ᄌᆞ와 샹등 가쥭 슈듸와 안경과 셔양 우산과 향슈 비누와 셔양 쇽 고의며 젹삼과 깁슈건과 면슈건과 셔양 신과 모직과 명쳡 갑과 셔양 의복에 쓰는 목도리와 보션과 손거울과 권연쵸와 셔양 의복의 부쇽품과 문방 졔구와 가쥭 쟝갑들이며 기타 화양 잡화 졔류를 만히 파니 졔공은 다 와셔 사 가시요 泥峴 西洋 雜貨商 十一十二

○ 누구던지 조흔 셔양 편지 조회와 봉투를 사고십흔이는 독립 신문샤 ᄉᆞ무쇼로 와셔 사 가시요

셕탄 광고 十一十

○진고기 산일 샹회에셔 (山一商會) 평양 셕탄과 일본 셕탄을 만히 무역 ᄒᆞ야 셔울 룡산 졔물포에 지졈을 버리고 큰 쟝ᄉᆞ를 ᄒᆞ는듸 그 샹회에셔 파는 셕탄은 품도 죳코 갑도 싸며 올에는 일본 셕탄이 작년보다 빗슨 고로 미리 쥬문 ᄒᆞ거드면 싸게 살터이요 평양 무연탄도 풍범션으로 만히 실어다가 파니 누구던지 겨울에 쓸 셕탄을 미리 와셔 쥬문 ᄒᆞ시거드면 상등 셕탄을 싸게 살터이니 일긔가 치워지기를 기다리지 말고 쇽히 와셔 쥬문 ᄒᆞ시요

진고기 데이번디 산일 샹회
룡산 산일 샹회 지졈
졔물포 산일 샹회 지졈

○ 養鷄法 撮要 定價葉一兩 七十七

ᄃᆞᆰ 기르는 법을 외국 학문가에셔 신 발명 ᄒᆞ야 각국에 지금 셩힝 ᄒᆞ는 요법을 국한문으로 번력 ᄒᆞ야 츌판 ᄒᆞ엿는듸 이 칙에 잇는 방법듸로 ᄒᆞ면 젹은 자본을 ᄀᆞ지고 크게 ᄃᆞᆰ을 길너 큰 리가 잇슬터이니 누구던지 이런 사업에 유의 ᄒᆞ는이는 이 칙을 사셔 보시요 발미 쳐는 졍동 독립 신문샤

훈동 이문샤
죵로 대동 셔시

○ 영국 만국 셩경 회샤 광고

본 회샤에셔 죠션 셔울에 지졈을 빅셜 ᄒᆞ고 죠션 언문 셩경과 한문 셩경을 각식으로 박히고 민여 파니 누구던지 셩경 사 보고 십흔이는 지졈 회샤쟝 ᄏᆡᆫ뮤어씨의 집으로 오시오 졍동 새 교당 엽헤 비지 학당 들어 가는 길인듸 대문 압헤 우물 박인 집이라 七二十

○ 새로 내는 신문이라

그리스도 신문은 농ᄉᆞ 업과 외방 통신과 외국 통신과 관보와 잡보와 각부 통신과 사롬의게 유익 훈것을 다 이 신문에 올닐 터이니 사다 보기를 ᄇᆞ라노라 이 신문국은 대 졍동 미국 목ᄉᆞ 원두우 집이요

○ **독립 신문샤**에셔 새로 박는 명함

긔계를 미국셔 ᄀᆞ져 와 지금 각식 명함들을 방장 박으니 누구던지 명함 박고십흔이는 **신문샤**로 긔별 ᄒᆞ면 상등 죠희에 영ᄌᆞ와 한문과 국문을 쇼쳥듸로 다 박아 줄터이오 갑도 샹당 ᄒᆞ고 품슈는 죠션 안에 뎨일일터이니 모도 **독립 신문샤**로 와셔 박아 가시오

○ 世昌 洋行 졔물포

화륜션 현익호가 이돌 십구일 오젼 아홉 시에 졔물포셔 ᄯᅥ나 증남포와 보산을 갈터이니 션ᄀᆡᆨ들과 짐 붓치리들은 미리 졔물포 셰챵 양힝으로 와셔 뭇치시요

『독립신문』 광고란 문방구, 사무 용품 판매(1단)와 명함 인쇄(3단)를 광고하고 있다. 『독립신문』 1897년 10월 19일자 광고면.

개화기의 신문들에도 도입되었다. 『그리스도신문』이 창간 직후인 1897년 고종의 탄신일을 맞이하여 1년분 선금을 지불한 사람에게 고종의 석판 사진을 증정하였던 것이 대표적인 사례이다. 경품을 줌으로써 구독을 확장하려 시도했던 것이다.

뿐만 아니라 구독자를 확보해 오는 사람에게 반대급부(反對給付)를 주는 인센티브제도도 도입되었다. 『매일신문』 1898년 7월 7일자 '사중고백' 란을 보면 회사 경영상의 어려움을 호소하면서 "신문 볼 사람을 한 자리 얻어 오는데 동전 두 개씩 주기로 결정한 후로 수백 부가 늘어 가는 중"이라고 언급하고 있다. 즉 구독자 한 명을 확보해 오면 동전 두 개씩 반대급부를 주는 제도를 시행하여 독자를 수백 명 확장할 수 있었다는 말이다.

또한 홍보용 신문을 널리 배포하기도 하였다. 『대한매일신보』는 1906년 5월 25일자의 '특별사고(社告)'를 통해 "이 신문을 각도 관찰부와 각 군에까지 수일간 무료로 신문 3부씩을 보내니 이를 본 후 계속 구독하면서 백성들에게도 구독을 권유하여 문명 개진에 기여해 주기 바란다."고 밝히고 있다. 신문의 구독 확장을 위한 홍보용으로 각급 기관에 무료 배포하였던 것이다. 『만세보』도 창간호를 수만 부 인쇄하여 홍보를 위해 널리 배포하였다.

그러나 이러한 다각적인 노력에도 불구하고 개화기 신문들은 재정난을 극복할 수 없었다. 재정적인 어려움이 한계에 달하면 신문을 정간할 수밖에 없는 지경에 이르게 되는데 이때에는 독자들이 나서서 의연금을 보내는 방식으로 신문이 속간될 수 있도록 도와주었다.

독자들의 신문 살리기 운동

『황성신문』 살리기 운동

『황성신문』은 1903년 연초에 극심한 경영난을 겪으면서 정간 위기에 처하게 되었다. 이 사실이 지면을 통해 알려지자 뜻있는 독자들이 의연금을 보내 신문이 계속 발행될 수 있도록 도와주었다.

『황성신문』은 1903년 2월 5일자 사고란을 통해 신문 경영의 어려움을 호소하였다. 같은 날짜 논설에서는 '대호척필(大呼擲筆)' 이라는 제목의 비장한 글을 실었다.

> ……본사 신문을 창간한 지 6년 동안 어렵고 위험한 시기를 한마디로 다 말하기 어려우나 세상의 이해로 볼 때 본 신문의 유익함이 없다고는 하지 못할 것이

『황성신문』 대호척필 신문을 정간할 수밖에 없는 안타까운 사실을 호소하고 있다. 『황성신문』 1903년 2월 5일자 논설.

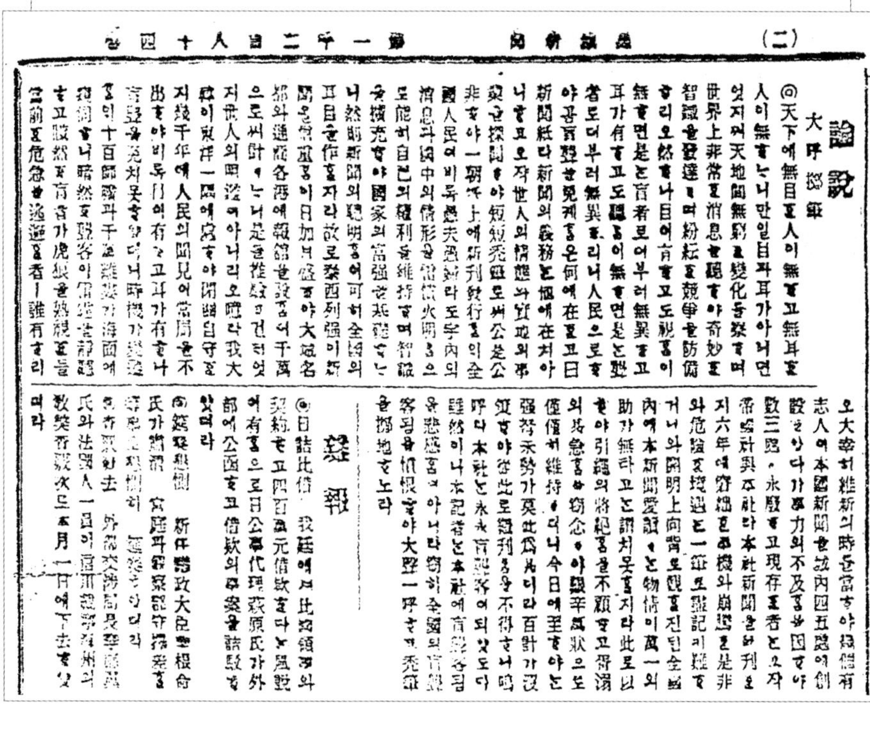

다…… 그러나 어려운 상태로 근근이 유지하다가 금일에 이르러 아주 위급한 상황이 되었다. 백 가지 묘책이 쓸데없어 신문을 계속 발행함이 어려우니 본사는 영영 눈귀가 어둡게 되었다. 그러나 본 기자는 본사가 장님, 귀머거리 되는 것을 비탄하기보다는 전국이 장님, 귀머거리가 됨을 분히 여겨 목놓아 울분을 토하며 붓을 던지노라.

이 글이 나가자마자 바로 독자들의 반응이 뒤를 이었다. 신문이 중단되어서는 안 된다는 격려의 편지와 후원금이 전국에서 답지하기 시작하였다. 4일 정도를 쉬다가 발행한 9일자를 보면 각지에서 정간을 비통해 한다는 내용의 독자 투고와 의연금이 들어왔음을 알리고 있다.

이러한 독자들의 반응에 대해 『황성신문』(1903년 2월 9일)은 장문의 사고를 실어 회사의 공식 입장을 밝혔다. 그 주된 내용은 "당초 신문을 정간하려 하였으나 독자들의 후원금을 가지고 부채만 갚는다거나 돌려줄 수는 없는 노릇이기에 다시 신문을 발간한다."는 것이었다. 또한 신문이 계속 발간되기 위해서는 재정적 측면에서 방책이 있어야 하니 이에 좋은 방안을 알려 달라는 뜻을 밝히고 있다.

성금 답지는 4월 중순경까지 이어졌다. 당시 신문에 게재된 독자 투고는 총 65통, 의연금 액수는 2,032원 20전에 달하였다고 한다. 이 금액은 『황성신문』이 창간할 당시에 모집된 자본금 액수에 맞먹을 만큼의 큰 돈이었다. 이 돈은 『황성신문』이 경영난을 극복하는 데 적지 않은 도움이 되었다.

『제국신문』 살리기 운동

『제국신문』의 사례도 『황성신문』과 비슷했다. 1907년 9월 들어 『제국신문』은 지면을 통해 신문사 운영의 어려움을 여러 차례 호소하였다. 9월 5, 6, 7일 3일에 걸쳐 '어찌 할 수 없는 일' 이라는 제목의 논설과 10일자의 '붓을 들고 통곡함' 이라는 논설이 그것이다.

신문을 구독하시는 여러분의 성의도 해이하고 신문을 사랑하는 사람도 적고 신문 대금을 내지도 않아 체납액이 산같이 쌓이니 아무리 생각하여도 신문을 계속 발간하기 매우 어렵다. 본 사장은 이 신문으로 인하여 십여 년 동안 청춘이 백발이 되었으나 애쓰던 공로도 보지 못하고 속절없이 세월만 가니 차라리 붓을 던지고……('어찌할 수 없는 일' 1907년 9월 7일자 논설).

한동안 신문 수효가 사천 장에 가깝더니 사오 개월 전부터 신문 나가는 수효가 날마다 줄고 신문 값도 거둬들일 방법이 없다…… 지금은 백척간두에 올라서 한 걸음을 나갈 수도 없고 물러갈 수도 없어 한 번 여러분께 질문함이오니 슬프다. 여러분이여 계속하여 서로 볼 수 있을지 과연 연결이 될는지……('붓을 들고 통곡함' 1907년 9월 10일 논설).

이 논설들이 나간 후 의연금이 들어왔으나 경영난을 해결하기에는 태부족이어서 결국 9월 20일자로 '붓을 던져 신문을 사랑하는 여러 동포에게 작별을 고함' 이라는 제목으로 신문이 더 이상 발간되지 못한다고 선언하기에 이르렀다.

『제국신문』이 정간에 들어가자 독자들이 나섰다. 9월 21일부터 신문이 발행되지 않자 속간을 위한 각계의 의연금이 답지하기 시작했다. 해외의 동포들까지 포함하여 그야말로 각계각층 독자들이 발 벗고 나서 의연금을 모금한 데 힘입어 『제국신문』은 10월 3일자로 속간할 수 있었다. 속간호에서 『제국신문』은 '본 신문 속간하는 일' 이라는 제목의 논설을 통해 신문사에 의연금을 보내 준 이들에게 사의를 표명하면서 계속 구독해 줄 것을 당부하였다.

이처럼 독자들이 자발적으로 나서서 어려운 지경에 처한 신문을 도우려 했다는 사실은 당시 신문에 대한 사회 인식과 관련하여 몇 가지 중요한 시사를 던져 주고 있다. 첫째, 독자들은 신문의 중요성에 대해서 상당히 확고한 인식을 가지고 있었다. 이러한 인식이 바탕이 되었기에 독자들의 자발적인 신문

살리기 운동이 가능했던 것이다. 둘째, 당시 신문들의 역할에 대해서 독자들이 긍정적으로 평가했다는 사실이다. 긍정적인 평가가 있었기에 신문이 재정적 어려움에 처하자 독자들의 자발적인 모금 운동이 펼쳐질 수 있었던 것이다.

신문에 대한 독자들의 인식과 평가가 이처럼 긍정적으로 형성될 수 있었던 것은 『독립신문』 이후 창간된 여러 신문들을 경험했기에 가능했을 것이다. 이들 신문들이 어려운 여건에서도 국민들을 개명 진보로 이끌기 위해 진력하였으며 제국주의 침략에 저항하는 모습들을 보였기에 이처럼 긍정적인 평가가 가능했던 것이다.

러일 전쟁 이후 신문의 항일 운동

청일 전쟁 이후부터 한반도를 둘러싸고 계속되어 온 러시아와 일본 간의 경쟁은 급기야 1904년 양국 간의 전쟁으로 비화되었다. 러일 전쟁에서의 승리를 계기로 일제는 한반도에 대한 독점적 지배 상태에 돌입하게 된다. 일제는 우선 1904년 2월 '한일 의정서'를 강제로 체결하여 일본 군대의 주둔을 가능하게 만들었다. 이를 바탕으로 무력을 앞세워 우리 언론에도 직접적인 탄압에 나섰던 것이다.

일제의 신문 탄압

한일 의정서가 체결된 직후부터 일본은 수차례에 걸쳐 한국 정부에 신문에 대한 통제를 강력히 요구하였다. 주한 일본 공사 하야시(林權助)는 그동안 한국의 신문들이 일본 군대에 대한 기사를 게재하여 군사 기밀을 누설한 경우가 많았다고 주장하면서 앞으로 통제 장치를 만들어 일본 군대의 움직임에 관한 내용이 신문에 보도되는 일이 없도록 할 것을 한국 정부에 요구하였다.

이어서 일본은 1904년 7월 20일 군사경찰 '훈령'을 반포하였다. 이 훈령에 의하면 한국 신문은 군사령부의 사전 검열을 받도록 되어 있었다. 10월 9일에는 군정 시행에 관한 '내훈'을 시달하여 치안 방해라는 명목으로 신문, 잡지의 정간과 발행 금지를 명할 수 있도록 하였다. 이처럼 일제는 러일 전쟁을 전후

한 시기부터 그들의 군사 경찰권을 앞세워 한국의 신문에 대해 직접적인 통제에 나서게 되었다.

벽돌신문

일제의 신문 사전 검열이 만들어 낸 역사적 유물이 바로 '벽돌신문' 이다. 일본군 사령부에 의한 사전 검열이 시행되면서 문제가 있는 기사의 경우 삭제 처분이 이루어졌다. 이럴 경우 해당 신문들은 그 난을 다른 기사로 채워 넣지 않고 해당 기사란에는 활자를 뒤집어서 인쇄하였다. 따라서 지면에는 활자가 아니라 직사각형 모양이 가지런히 인쇄되었던 것이다. 그 모양이 벽돌을 쌓아 놓은 것과 비슷하다고 하여 유래된 이름이 바로 '벽돌신문' 이다.

이는 일제가 무력을 앞세워 부당한 언론 통제를 감행하는 것에 대한 우리 신문들의 저항의 표시였다. 최초의 벽돌신문은 1904년 2월 24일자 『황성신문』

벽돌신문 『황성신문』 1906년 3월 8일자로서 이토 통감의 입국 관련 논설이 전부 삭제되어 있다.

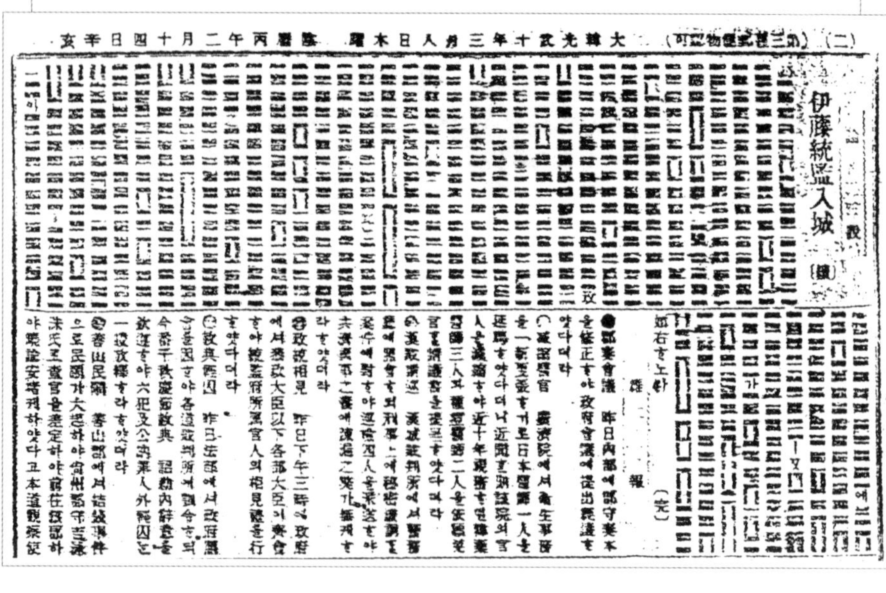
(二)
大韓光武十年三月八日木曜 陰曆丙午二月十四日辛亥
伊藤統監入城

이 한일 의정서 조인 내용을 기사화하였다가 삭제당한 것이었다. 이 사례를 시초로 하여 이 기간 중 우리 민간지들은 적지 않은 수의 벽돌신문 기사를 게재하였다. 특히 1905년 7월 이후로는 검열이 본격적으로 강화되면서 벽돌신문의 발생 빈도도 매우 높아졌다.

시일야방성대곡

일제의 침략 야욕은 1905년 11월 17일 제2차 한일협약(을사보호조약) 체결로 이어졌다. 이 조약으로 우리의 외교권이 박탈되고 통감 정치가 시행되었다. 이에 대해 『황성신문』은 1905년 11월 20일자 지면에서 일제의 사전 검열을 거부한 채 '시일야방성대곡(是日也放聲大哭)' 이라는 논설을 발표하여 일본 침략의 부당성과 조약의 무효를 정면으로 주장하고 나섰다. 또한 조약에 서명했던 대신들을 "개돼지(豚犬)만 못하다." 고 강도 높게 비판하였다.

……저 개돼지만도 못한 우리 정부의 대신이란 자들이 사사로운 영화를 바라고 위협에 겁을 먹고 벌벌 떨며 나라 팔아먹을 도적이 되기를 자처하여 사천 년 강토와 오백 년 종묘사직을 남에게 바치고 이천 만 동포를 몰아 남의 노예로 만들었다. 저 개돼지만도 못한 외무대신 박제순(朴齊純)과 각부 대신들은 깊게 나무랄 것도 못 되나 명색이 참정대신이란 자는 정부의 수상으로 단지 부(否) 자로써 책임만 때우고 명예를 구하는 밑천으로 삼으려 했단 말인가. 김청음(金淸陰)

장지연

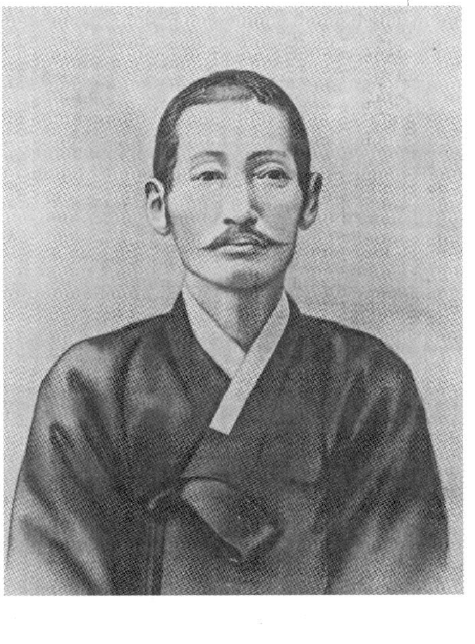

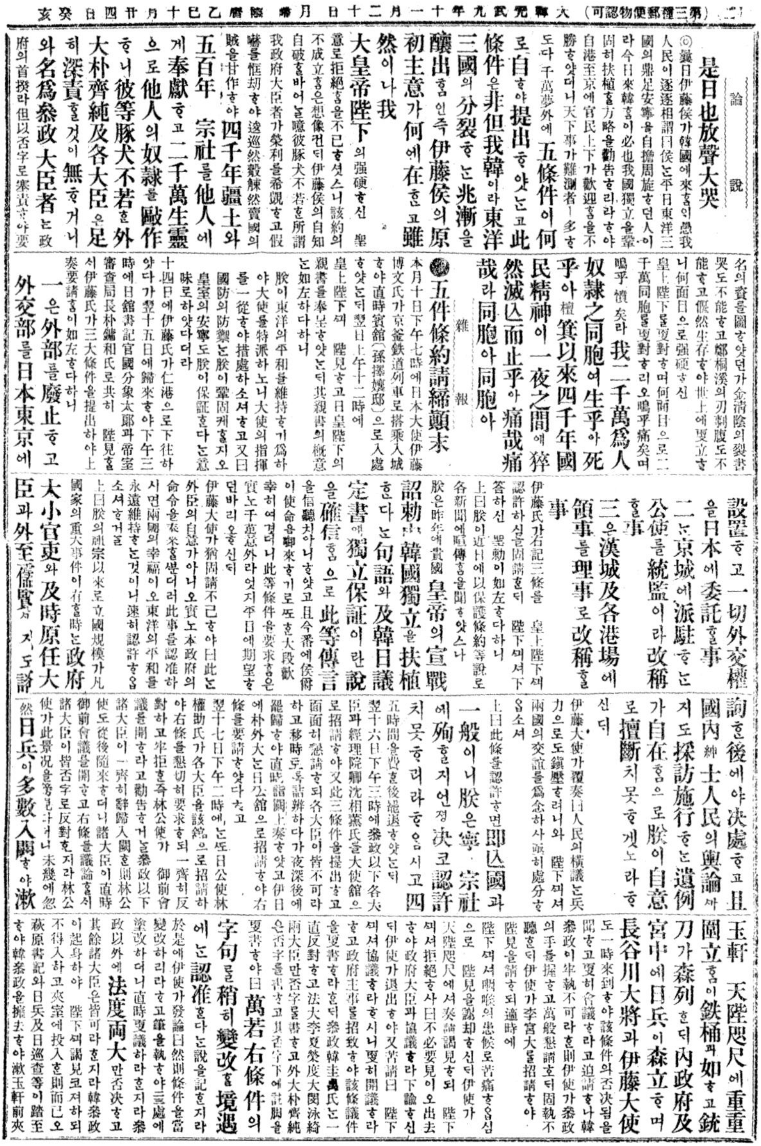

(二) (第三種郵便物認可) 大韓光武九年十一月二十日 月曜 陰曆乙巳十月廿四日 癸亥

論說

是日也放聲大哭

◎曩日伊藤侯가韓國에來ᄒᆞᆷ이愚我人民이逐逐相謂曰侯ᄂᆞᆫ平日東洋三國의鼎足安寧을自擔周旋ᄒᆞ던人이라今日來韓ᄒᆞᆷ이必也我國獨立을鞏固히扶植ᄒᆞᆯ方略을勸告ᄒᆞ리라ᄒᆞ야自港至京에官民上下가歡迎ᄒᆞᆷ을不勝ᄒᆞ얏더니天下事가難測者ㅣ多ᄒᆞ도다千萬夢外에五條件이何로自ᄒᆞ야提出ᄒᆞ얏ᄂᆞᆫ고此條件은非但我韓이라東洋三國의分裂ᄒᆞᄂᆞᆫ兆漸을釀出ᄒᆞᆷ인즉伊藤侯의原初主意가何에在ᄒᆞᆫ고雖然이나我大皇帝陛下의强硬ᄒᆞ신聖意로拒絶ᄒᆞᆷ을不已ᄒᆞ셧스니該約의不成立ᄒᆞᆷ은想像컨ᄃᆡ伊藤侯의自知自破ᄒᆞᆯ바어ᄂᆞᆯ噫彼豚犬不若ᄒᆞᆫ所謂我政府大臣者가榮利를希覬ᄒᆞ고假嚇를恇刦ᄒᆞ야逡巡然觳觫然賣國의賊을甘作ᄒᆞ야四千年疆土와五百年宗社를他人에게奉獻ᄒᆞ고二千萬生靈으로他人의奴隷를敺作ᄒᆞ니彼等豚犬不若ᄒᆞᆫ外大朴齊純及各大臣은足히深責ᄒᆞᆯ것이無ᄒᆞ거니와名爲叅政大臣者ᄂᆞᆫ政府의首揆라但以否字로塞責ᄒᆞ야要名의資를圖ᄒᆞ얏던가金淸陰의裂書哭도不能ᄒᆞ고鄭桐溪의刃割腹도不能ᄒᆞ고偃然生存ᄒᆞ야世上에更立ᄒᆞ니何面目으로强硬ᄒᆞ신皇上陛下를更對ᄒᆞ며何面目으로二千萬同胞를更對ᄒᆞ리오嗚乎痛矣며嗚乎憤矣라我二千萬爲人奴隷之同胞여生乎아死乎아檀箕以來四千年國民精神이一夜之間에猝然滅亾而止乎아痛哉痛哉라同胞아同胞아

雜報

◉五件條約請締顚末

本月十日下午七時에日本大使伊藤博文氏가京釜鐵道列車로搭乘入城ᄒᆞ야直時賓館(孫擇孃邸)으로入處ᄒᆞ얏ᄂᆞᆫᄃᆡ翌日上午十二時에 皇上陛下께 陛見ᄒᆞ고日皇陛下의親書를奉呈ᄒᆞ얏ᄂᆞᆫᄃᆡ其親書의槪意ᄂᆞᆫ如左하다하니

朕이東洋의平和를維持ᄒᆞ기爲하야大使를特派하노니大使의指揮를一從ᄒᆞ야措處하소셔ᄒᆞ고又曰國防의防禦ᄂᆞᆫ朕이鞏固케ᄒᆞᆯ지오皇室의安寧도朕이保證ᄒᆞᆫ다ᄂᆞᆫ意味로하얏다더라

十四日에伊藤氏가仁港으로下往하얏다가翌十五日에歸來ᄒᆞ야下午三時에日館書記官國分象太郞과帝室審査局長朴鏞和氏로共히 陛見ᄒᆞᆯ시伊藤氏가三大條件을提出하야上奏要請ᄒᆞᆷ이如左ᄒᆞ다하니

一은外部를廢止ᄒᆞ고外交部를日本東京에設置ᄒᆞ고一切外交權을日本에委託ᄒᆞᆯ事

二ᄂᆞᆫ京城에派駐ᄒᆞᄂᆞᆫ公使를統監이라改稱ᄒᆞᆯ事

三은漢城及各港場에領事를理事로改稱ᄒᆞᆯ事

伊藤氏가右記三條를 皇上陛下께 認許하심을固請ᄒᆞᆫᄃᆡ 陛下께셔下答하신 聖勅이如左ᄒᆞ다하니

上曰朕이近日에以保護條約等說로各新聞에宣傳ᄒᆞᆷ을聞ᄒᆞ얏스나朕은昨年에貴國 皇帝의宣戰詔勅中에韓國獨立을扶植ᄒᆞᆫ다ᄂᆞᆫ句語와及韓日議定書에獨立保證이란說을確信ᄒᆞᆷ으로此等傳言을信聽치아니ᄒᆞ얏고且今番에侯爵이使命을啣來ᄒᆞ기로또ᄒᆞᆫ大段歡幸히여겻더니此等條件을要求ᄒᆞᆷ은實노千萬意外라엇지平日에期望ᄒᆞ던바리오ᄒᆞ신ᄃᆡ

伊藤大使가猶固請不已ᄒᆞ야曰此ᄂᆞᆫ外臣의自意가아니오實노本政府의命令을奉來ᄒᆞᆷ뿐더러此事를認准하시면兩國의幸福이오東洋의平和를永遠維持ᄒᆞᄂᆞᆫ것이니速히認許ᄒᆞ옵소셔ᄒᆞ거ᄂᆞᆯ

上曰朕의祖宗以來로立國規模가凡國家의重大事件이有ᄒᆞᆯ時ᄂᆞᆫ政府大小官吏와及時原任大臣과外至儒賢ᄭᆞ지도詢諮ᄒᆞᆫ後에야決處ᄒᆞ고且國內紳士人民의輿論ᄭᆞ지도採訪施行ᄒᆞᄂᆞᆫ遺例가自在ᄒᆞᆷ으로朕이自意로擅斷치못ᄒᆞ겟노라ᄒᆞ신ᄃᆡ

伊藤大使가覆奏曰人民의橫議ᄂᆞᆫ兵力으로도鎭壓ᄒᆞ려니와 陛下께셔兩國의交誼를爲念하사亟히處分ᄒᆞ옵소셔

上曰此條를認許ᄒᆞ면卽亾國과一般이니朕은寧宗社에殉ᄒᆞᆯ지언졍決코認許치못ᄒᆞ리라ᄒᆞ옵시고四五時間을[illegible]ᄒᆞᆫ後辭退ᄒᆞ얏ᄂᆞᆫᄃᆡ

翌十六日下午三時에叅政以下各大臣과經理院卿沈相薰氏를大使館으로招請ᄒᆞ야又此三條件을提出ᄒᆞ고面面히懇請ᄒᆞ되各大臣이皆不可라ᄒᆞ고移時言辨하다가夜深後에罷歸ᄒᆞ야直時詣闕上奏ᄒᆞ얏고伊日에朴外大ᄂᆞᆫ日公館으로招請ᄒᆞ야右條를要請ᄒᆞ얏다ᄒᆞ고

翌十七日下午二時에ᄂᆞᆫ또日公使林權助氏가各大臣을該館으로招請하야右條를懇切히要求ᄒᆞ되一齊히反對하고牢拒ᄒᆞᆫ즉林公使가 御前會議를開ᄒᆞ라고勸告ᄒᆞ거ᄂᆞᆯ叅政以下諸大臣이一齊히辭歸入闕ᄒᆞᆫ則林公使도從後隨來ᄒᆞ더니諸大臣이直時 御前會議를開ᄒᆞ고右條를議論ᄒᆞᆯ시諸大臣이皆否字로反對ᄒᆞᆫ지라林公使가此景況을旁見ᄒᆞ거니未幾에忽然日兵이多數入闕ᄒᆞ야漱玉軒 天陛咫尺에重重圍立ᄒᆞᆷ이鐵桶과如ᄒᆞ고銃刀가森列ᄒᆞᆫᄃᆡ內政府及宮中에日兵이森立ᄒᆞ며長谷川大將과伊藤大使도一時來到ᄒᆞ야該條件의否決됨을聞ᄒᆞ고更히會議ᄒᆞ라고迫請ᄒᆞ나韓叅政이牢執不可라ᄒᆞᆫ則伊使가叅政의手를握ᄒᆞ고萬般懇請ᄒᆞ되固執不聽ᄒᆞᆫᄃᆡ伊使가李宮大를招請ᄒᆞ야 陛見을請ᄒᆞ되適時에 陛下께셔咽喉의患候로苦痛ᄒᆞ옵심으로 陛見을謝却ᄒᆞ신ᄃᆡ伊使가天陛咫尺에셔奏請謁見ᄒᆞ되 陛下께셔拒絶ᄒᆞ사曰不必要見이오出去ᄒᆞ야政府大臣과協議ᄒᆞ라 下諭ᄒᆞ신ᄃᆡ伊使가退出ᄒᆞ야又苦請曰 陛下께셔協議ᄒᆞ라ᄒᆞ시니更히開議ᄒᆞ라ᄒᆞ고政府主事를招致ᄒᆞ야該條議件을更書ᄒᆞ라ᄒᆞᆫᄃᆡ叅政韓圭卨氏ᄂᆞᆫ一直反對ᄒᆞ고法大李夏榮度大閔泳綺兩大臣만否字를書ᄒᆞ고外大朴齊純은否字를書ᄒᆞ고其否字下에註脚을更書ᄒᆞ야曰萬若右條件의字句를稍히變改ᄒᆞᆯ境遇에ᄂᆞᆫ認准ᄒᆞᆫ다ᄂᆞᆫ說을記ᄒᆞᆫ지라於是에伊使가發論曰然則條件을當變改하리라ᄒᆞ고筆을執ᄒᆞ야三處에塗改하더니直時更議하라ᄒᆞᆫ지라叅政以外에法度兩大만否決ᄒᆞ고其餘諸大臣은皆可라ᄒᆞᆫ지라韓叅政이起身하야 陛下께謁見코져하되不得入하고夾室에投入ᄒᆞᆫ則而已오萩原書記와日兵及日巡査等이踏至ᄒᆞ야韓叅政을擁去ᄒᆞ야漱玉軒前夾

시일야방성대곡 을사보호조약의 부당성을 폭로하며 사전 검열을 거부하고 배포되었던 『황성신문』 1905년 11월 20일자 논설.

처럼 항서를 찢고 통곡하지도 못하고 정동계(鄭桐溪)처럼 칼로 배를 가르지도 못한 채 뻔뻔스럽게 살아남아 세상에 다시 섰으니 무슨 낯으로 강경하신 황제 폐하를 다시 뵈올 것이며 무슨 낯으로 이천 만 동포를 다시 대할 것인가…….

평소 『황성신문』은 3천 부 정도 인쇄하였지만 이 날은 1만 부를 인쇄하여 경찰 당국의 사전 검열을 받지 않은 채 배포하였다. 이로써 『황성신문』은 인쇄기계와 활자에 봉인을 당하고 신문을 압수당했으며 무기 정간 처분을 받았다. 또한 논설의 집필자인 장지연을 비롯하여 10명의 사원이 체포되었다.

이 사건은 일제의 노골화되는 침략 야욕에 맞서 우리의 자주 독립 의지를 내외에 천명했던 역사적인 사례로 손꼽힌다.

신문의 항일 운동

『대한매일신보』와 국채 보상 운동

『황성신문』의 '시일야방성대곡' 논설을 계기로 하여 일제의 언론 탄압은 더욱 강화되었다. 이에 따라 한국 신문들의 저항 논조는 다소 무뎌지기 시작했다. 이러한 상황에서 영국인 배설(裵說, Ernest Thomas Bethell)이 1904년 7월 18일 창간한 『대한매일신보(大韓每日申報)』가 항일 언론의 전면에 부상하게 되었다. 이는 배설이라는 외국인이 발행인으로 되어 있어서 이 신문에는 일본의 탄압이 직접적으로 미치지 못하였기 때문이었다.

배설은 당시 일본 고베에 거주하며 무역업에 손을 댔으나 실패하였다. 러일전쟁이 발발하자 영국 신문 『데일리 크로니클(Daily Chronicle)』의 통신원으로 취재차 내한했다가 한국 정부와 연결되어 정부의 자금 지원을 받아 신문을 창간, 운영하게 된 것이다.

『대한매일신보』는 국영문판으로 창간되었다. 창간 당시의 지면 구성을 보

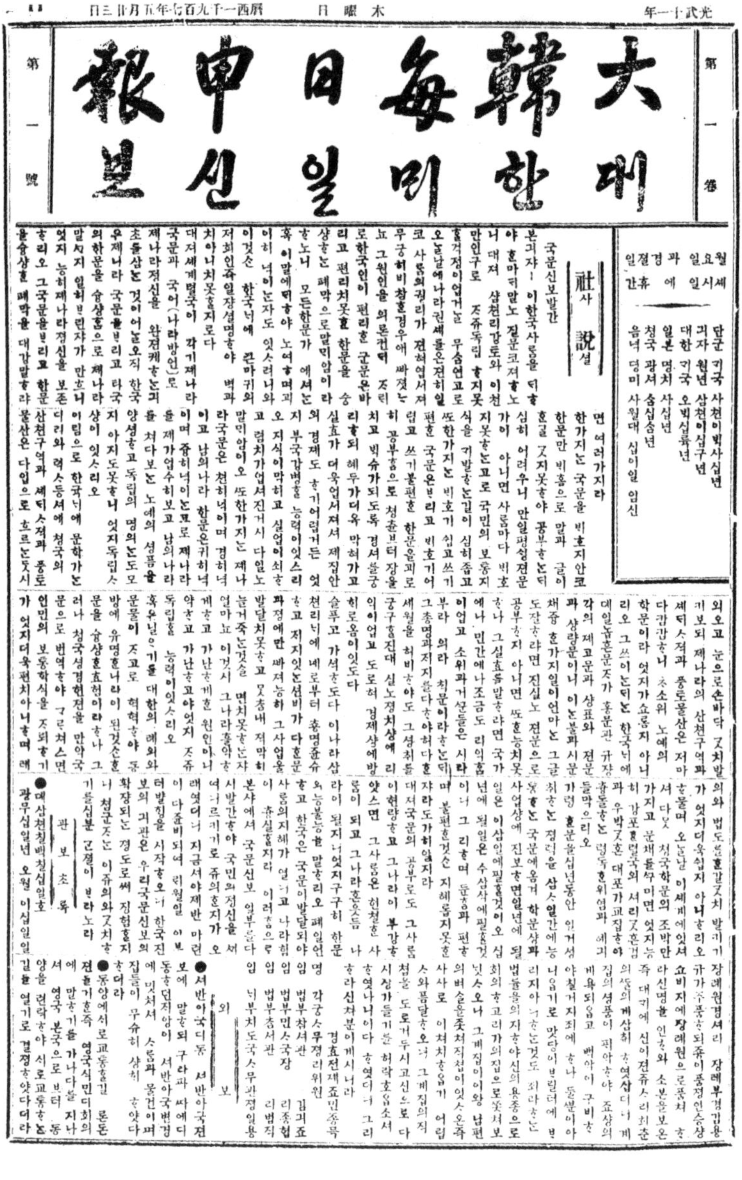

光武十一年　　木曜日　　西曆一千九百七年五月廿三日

第一卷　　第一號

大韓每日申報
대한매일신보

월요일과 경절일
셰시일에 휴간

단군 긔국 사천이빅사십년
긔자 원년 삼천이십구년
대한 긔국 오빅십륙년
일본 명치 사십년
청국 광셔 숨십숨년
음녁 뎡미 사월대 십이일 임신

社說 사셜

국문신보발간

『대한매일신보』의 한글판 창간호　1907년 5월 23일 1면 사설.

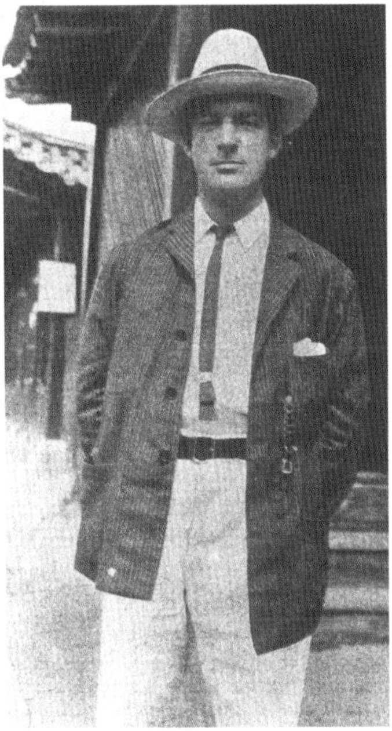

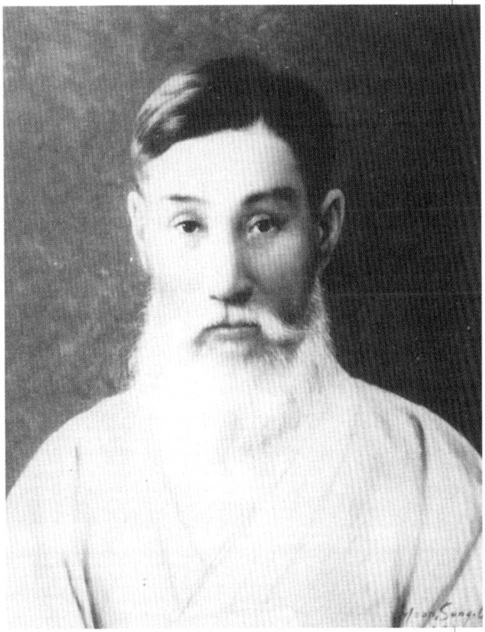

배설(왼쪽), **양기탁**(오른쪽)

면 영문 중심으로서 전체 6면 중 4면이 영문이었고 나머지 2면만이 한글판이었다. 이처럼 영문판 중심으로 제작된 것은 당시 일본의 침략이 노골화되는 상황에서 외교적 방법에 기대어 우리의 독립을 찾아보자는 의도에서였다.

이후 1905년 8월 11일부터는 영문판과 국문판을 따로 분리하여 발행하였으며 국문판은 국한문혼용체를 사용하였다. 1907년 5월 23일부터는 따로 순 한글판을 다시 4면으로 발행하였다. 이 신문에는 양기탁, 남궁억, 박은식, 신채호 등 당대의 쟁쟁한 논객들이 모여 일본의 침략에 저항하는 필봉을 휘둘렀다.

국채 보상 운동은 1907년에 시작되어 전국적으로 확산되었던 국권 회복 운동이다. 이 운동은 처음에는 민간인들에 의해 시작되었지만 진행 과정에서

『대한매일신보』를 중심으로 한 신문들이 주도하여 전개했던 '프레스 캠페인'이었다.

『대한매일신보』는 1907년 2월 21일자에 대구의 광문사라는 출판사의 사장 김광제와 부사장 서상돈의 이름으로 된 '국채 1천 3백만 원 보상 취지'를 게재하였고 2월 27일에는 '국채 보상 기성회 취지서'를 실었다. 그 주요 내용은 국채를 갚을 길이 없으므로 2천만 국민이 3개월간 담배를 끊어 국채를 보상하자는 것이었다. 다음날인 2월 28일에는 심의철이 쓴 '국채 보상에 대하여 경고 동포'라는 제목의 글을 논설란에 게재하였다.

『대한매일신보』는 이렇게 국채 보상 운동을 가장 먼저 보도하였을 뿐 아니라 2월 27일에는 신문사 사원들도 동맹을 결의하여 담배를 끊어 의연금을 내기로 다짐하였으며 3월 들어서는 의연금 모금에도 직접 앞장섰다. 이처럼 『대한매일신보』는 이 운동이 전국적으로 확산되는 데 중요한 공헌을 하였다.

『대한매일신보』의 편집 광경

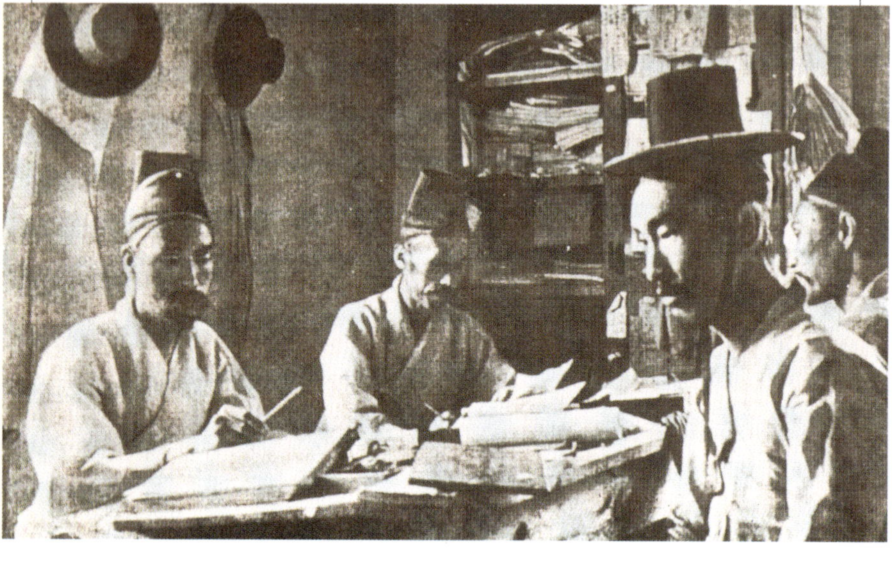

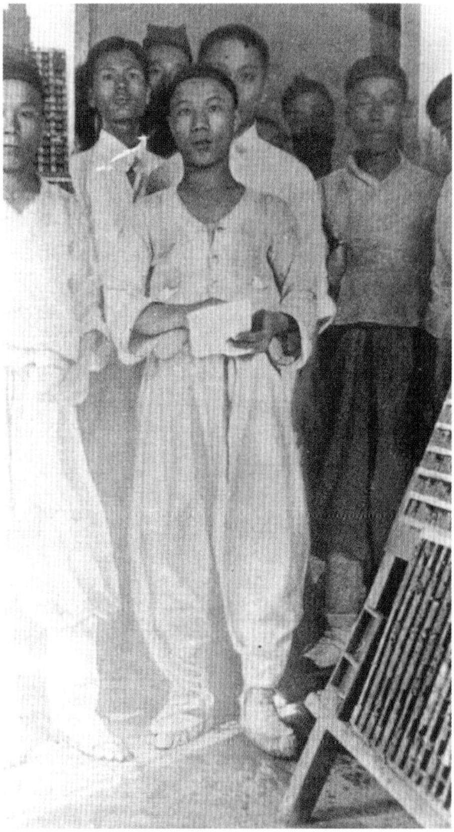

『대한매일신보』 공무국의 사람들

이에 일본은 『대한매일신보』의 예봉을 꺾을 수 있는 길을 모색하기 시작하였다. 그 일환으로 1908년 7월 12일에는 국채 보상 기금 횡령 사건을 조작하여 양기탁을 구속하였다. 대한매일신보사의 총무 양기탁이 국채 보상 지원금 총합소의 회계를 겸임하고 있었기에 그를 구속하여 『대한매일신보』와 국채 보상 운동을 한꺼번에 견제, 억압하려는 시도였다. 양기탁은 그 해 9월 29일 증거 불충분으로 무죄 선고를 받았지만 이로써 국채 보상 운동은 좌절되고 말았다.

배설에 대한 일제의 탄압

일제는 영국과의 동맹 관계를 이용하여 외교적 수단을 통해 배설에 대한 탄압을 시도하였다. 1907년 10월 12일 일제는 서울 주재 영국 총영사 헨리 콕번(Henry Cockburn)에게 배설의 처벌을 요구하는 소장을 제출하였다. 기소 사유는 일본군의 활약을 소상하게 공표했다는 것이다. 이 재판에서 배설은 6개월간 위배 행위를 하지 않는다는 약속으로 3천 원을 보증금으로 지불하라는 유죄 판결을 받았다. 배설은 무죄를 주장하며 항소하였다. 그러나 1908년 6월 15일부터 3일 동안 상하이 고등 법원의 판사가 와서 진행한 이 재판에서 배설은 3주일의 금고형과 6개월간의 근신을 언도받고 상하이에서 복역하였다.

상하이에서 돌아오자 배설은 그동안 휴간했던 영문판 『코리아 데일리 뉴스(The Korea Daily News)』를 속간하는 등 언론 활동에 복귀했으나 3개월 후인 1909년 5월 1일 서른여섯의 젊은 나이에 심장마비로 죽고 말았다. 이처럼 일제는 항일 언론의 선봉에 섰던 『대한매일신보』를 탄압하기 위해 외교적인 방법까지 동원하였다.

애국 계몽 운동

애국 계몽 운동이란 1905년 을사조약을 전후한 시기부터 1910년 일제에 의해 강점될 때까지 빼앗긴 국권을 회복하기 위해서 개화자강파가 중심이 되어 전개한 국권 회복 운동을 말한다. 이는 이 시기에 전개된 의병 운동과 함께 당시 민족 운동의 커다란 두 흐름을 형성하였다. 애국 계몽 운동의 내용은 신교육, 구국, 언론 계몽, 민족 산업 진흥, 국채 보상, 신문화, 국학, 민족 종교, 해외 독립군 기지 창건 등이었다.

통감부 시절 초기에 언론 통제의 주된 대상은 신문이었다. 시사적인 문제를 다루는 신문에 대한 탄압이 강화되자 이 탄압의 예봉을 피해 잡지의 발행과 단행본 출판을 통한 애국 계몽 운동이 전개되었다. 직접적인 저항보다는 실력 양성을 통해 장기적으로 국력을 키우자는 입장이었다. 그리하여 민족의식과 자주의식을 높이기 위해 위인전기와 외국의 역사 및 독립 운동에 관한 책들이 많이 출판되었으며, 각종 학회와 단체들은 잡지를 발행하여 이를 통한 문화 계몽 운동을 활발하게 전개하였다.

해외에서의 항일 운동

일제의 가혹한 언론 탄압에 직면하자 보호조약 이후 한국 신문의 민족 운동은 일제의 직접적인 탄압이 미치지 않는 해외로 그 활동 무대를 옮기게 되었다. 해외로 이민을 간 교포들이 현지에서 일본의 침략에 저항하는 논조의 신문을 발행하여 국내에 이를 반입하는 형태를 통해 국내 언론 항쟁의 공백을

『공립신보』 샌프란시스코의 한인 단체인 공립협회의 기관지로서 회장이었던 안창호가 초대 사장을 맡았다.(왼쪽)

『신한민보』 공립협회와 합성협회가 국민회로 통합됨에 따라 1909년 2월 10일부터는 『공립신보』가 『신한민보』라고 제호를 바꾸었다.(오른쪽)

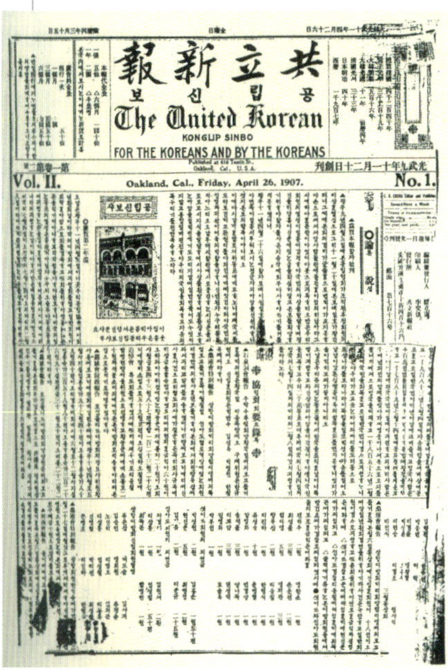
共立新報
공 립 신 보
The United Korean
KONGLIP SINBO
FOR THE KOREANS AND BY THE KOREANS
Vol. II.
Oakland, Cal., Friday, April 26, 1907.
No. 1.

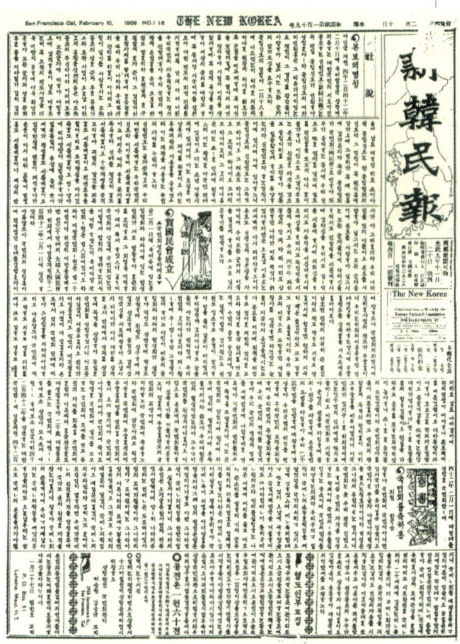
San Francisco Cal, February 10, 1909 NO. 118 THE NEW KOREA
新韓民報
The New Korea

메우려했던 것이다.

대표적인 신문으로는 샌프란시스코의 『공립신보(共立新報)』(1905년 11월 22일 창간, 1909년 2월 10일 『신한민보(新韓民報)』라 개제)와 하와이의 『신한국보(新韓國報)』(1909년 3월 1일 창간), 블라디보스토크의 『대동공보(大東共報)』(1908년 11월 18일 창간) 등이 있었다.

새로운 신문들

러일 전쟁 이후 일제가 직접적인 탄압에 나섰음에도 불구하고 새로이 여러 종의 신문들이 창간되었다. 이 시기에는 친일 세력도 신문을 내기 시작했으며 지방에서도 한국인에 의한 신문이 창간되었다.

1906년 6월 17일에는 『만세보(萬歲報)』가 창간되었다. 손병희, 오세창 등 천도교 세력이 중심이 되어 창간한 이 신문에는 주필을 맡았던 이인직의 신소설 '혈의 누(血의 淚)'가 50회에 걸쳐 연재되었다. 그러나 경영난 때문에 1907년 6월 29일자를 마지막으로 폐간되었다. 이 인쇄 시설과 사옥을 이인직이 사들여 1907년 7월 18일 『대한신문(大韓新聞)』을 창간하여 이완용 내각의 기관지로 발행하였다.

1906년 10월 19일에는 프랑스인 신부 안세화(安世華, Florian Demange)가 『경향신문(京鄕新聞)』을 창간하였다. 한글 전용의 주간지였던 이 신문은 종교기사뿐만 아니라 일반 기사도 실었다. 한일 합병 후인 1910년 12월 30일 폐간되었으며 1911년 1월 15일부터는 종교적인 내용을 중심으로 한 『경향잡지(京鄕雜誌)』로 이름을 바꾸어 발행하였다.

대표적인 친일 단체였던 일진회는 1906년 1월 6일 기관지로 『국민신보(國民新報)』를 창간하였다. 초대 사장은 일진회 회장이었던 이용구가 맡았다. 이 신문은 각 지방 관청에 강제로 신문을 보내어 한때는 지방 발송 부수가 7천 부까지 되었다. 1907년 7월 19일에는 친일 논조에 불만을 품은 시위 군중들이 신문사를 습격하여 사옥과 인쇄 시설이 모조리 파괴당하기도 하였다.

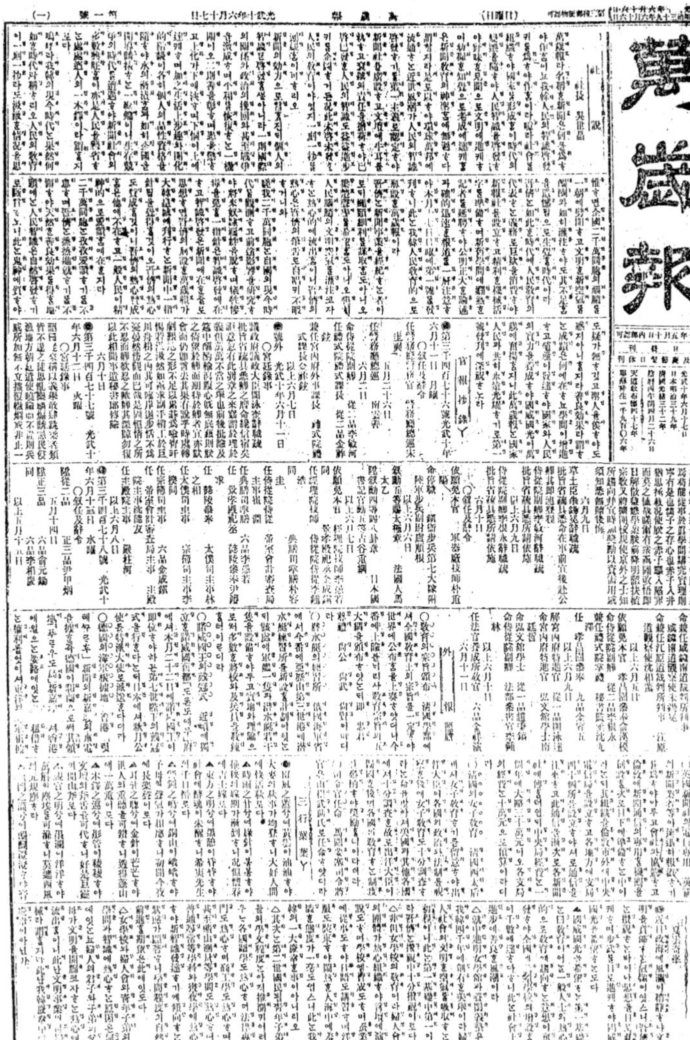
萬歲報

『만세보』 창간호　국한문을 혼용하면서 한자 옆에 자그만 활자로 한글 토를 달아 주었다. 1906년 6월 17일자.

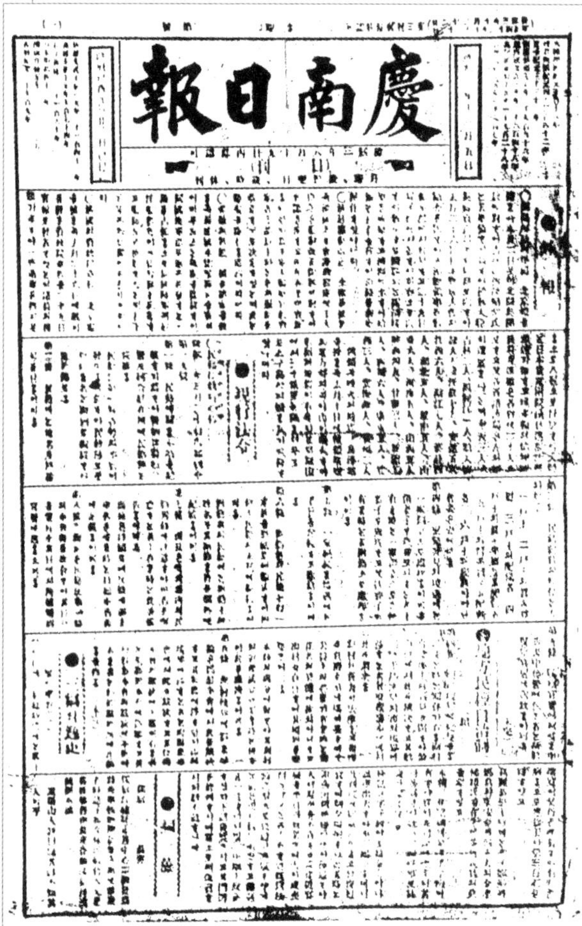
慶南日報

최초의 지방 신문 『경남일보』
타블로이드판으로 총 4면으로 발행되었다.

1909년 10월 15일에는 국내 최초의 지방지인 『경남일보(慶南日報)』가 창간되었다. 경남 진주 지역의 유지들이 뜻을 모아 회사를 설립하고 창간한 이 신문에는 『황성신문』의 사장을 역임한 장지연이 주필을 맡았으며 김홍조가 사장 겸 발행인이었다. 이 신문은 한일 합병 이후까지 발행되다가 1914년 말경 폐간되었다.

신문 편집의 발전

개화기의 신문들은 편집 면에서도 여러 가지 발전을 이루었다. 몇 가지 주요한 특징만을 살펴본다면 먼저 기사에 제목을 사용한 것이다. 기사에 제목을 달기 시작한 것은 『독립신문』부터인데 그 이전에는 제목이나 기타 구분 없이 기사가 바뀌면 줄만 바꾸어서 게재하였다. 『독립신문』이 1898년 7월 1일부터 격일간에서 일간으로 전환하면서 바로 다음날인 7월 2일자부터 제목을 달기 시작하였다. 이때부터 신문들은 모두 기사에 제목을 달아 사용하였다.

사진이 처음 사용된 것은 『그리스도신문』부터이다. 이 신문은 창간 직후부터 독자들에게 경품 형식으로 고종의 초상 사진 등을 제공하였지만 신문 지면에 사진을 직접 인쇄하는 것도 가장 먼저 시작하였다. 1901년 7월 18일자 지면에 '얼음에 엉긴 배' 라는 제목의 사진이 바로 그것이다. 그러나 초기의 사진들은 뉴스와 직접 관련 있는 사진이라기보다는 국내외의 풍물이나 과학 문물과 관련된 것들이 대부분이었다.

광고에 사진을 처음으로 사용한 것은 『대한민보』 1909년 8월 18일자에 게재된 '놀이 배 대여 광고' 이다. 『대한민보』는 인물 사진도 최초로 사용하였는데 1910년 6월 7일자 제호 바로 밑에 당시 시장이었던 오세창의 사진을 게재하였다.

『대한민보』는 우리 신문 역사상 만화를 최초로 사용한 신문이기도 하다. 1909년 6월 2일 창간한 이 신문은 창간호부터 1면에 삽화 형식의 시사만화를 게재하였다. 창간호에서는 신문의 창간 목적과 사명을 만화로 표현하였으며 이를 '삽화(1)' 로 표시하여 연속성을 부여하였다. 이후 이 난은 계속 시사적인 풍자성의 만화를 게재하여 '삽화(22)' 까지는 번호를 매기다가 그 이후에는 번호 없이 게재하였다.

개화기 신문들에서는 연재소설도 다양하게 등장하였다. 연재라는 형식이 처음 등장한 것은 『조선신보』와 『한성신보』 등 일본인들이 발행한 신문에서였다. 본격적으로 근대적 형식의 신소설이 연재된 것은 『만세보』부터이다.

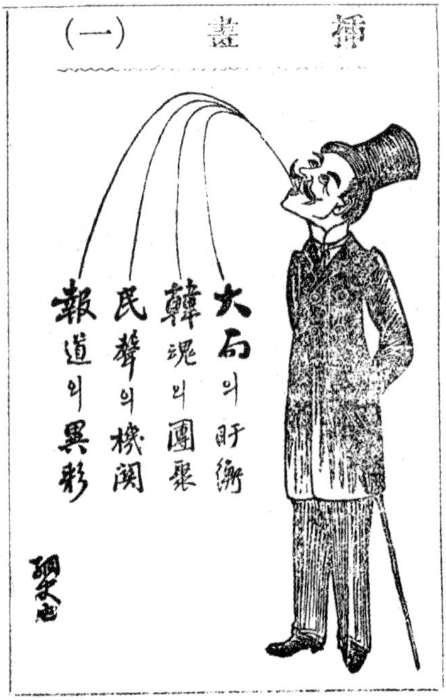

『대한민보』 창간호에 게재된 최초의 신문 만화 신문의 창간 목적을 大韓民報(대한민보) 글자를 이용하여 4행시로 만들었다. 大局의 盱衡(대국의 간형, 눈을 부릅뜨고 세상의 공평함을 지켜봄), 韓魂의 團聚(한혼의 단취, 한민족 혼의 단결), 民聲의 機關(민성의 기관, 백성의 소리를 전함), 報道의 異彩(보도의 이채, 뛰어난 보도).

1906년 7월 22일부터 이 신문의 주필을 맡았던 이인직이 집필한 '혈의 누'가 10월 10일까지 50회에 걸쳐 연재되었으며 이어 10월 14일부터는 '귀의 성(鬼의 聲)'이 1907년 5월 31일까지 연재되었다.

한편 『만세보』는 국한문혼용체를 사용하였는데 창간호부터 한자 옆에는 작은 크기의 토를 달아 한자를 모르는 사람들도 읽을 수 있도록 하였다.

광무신문지법과 출판법의 제정

일본의 신문 탄압은 이를 보다 근본적으로 제도화하려는 시도로까지 나아갔다. 이완용 내각으로 하여금 1907년 7월 24일 광무신문지법을 공포하도록 한 것이다. 이 법은 신문을 발행하려면 사전에 허가를 받도록 규정하였으며 보증금을 예치시키도록 하였다. 이는 신문 창간의 자유를 극도로 억압하는 규제 장치이다. 또한 신문 2부를 사전에 납부하도록 하여 사전 검열제를 규정하였다. 그 밖에도 그 내용이 외교나 군사상 비밀에 저촉되거나 사회의 안녕질서를 방해할 경우 그 발행의 정지와 원고의 검열을 할 수 있게 하였다. 이 법을 근거로 하여 일제는 신문의 발행 허가에서부터 사후 처벌에 이르기까지 언론 통제를 보다 근본적이고 체계적으로 가하기 시작하였다.

그 후 일제는 이 신문지법이 미치지 못하는 범위에 대해서는 법을 개정해 가면서까지 철저한 탄압 조치를 마련하였다. 『대한매일신보』는 외국인이 발행하는 신문이기에 한국의 법을 적용할 수 없었다. 해외 교포들이 발행한 신문에 대해서도 통제의 근거가 없기는 마찬가지였다. 이에 일제는 1908년 4월 29일 이완용 내각으로 하여금 신문지법을 개정하여 한국에서 발행하는 외국인의 신문, 그리고 외국에서 제작된 신문에 대해서도 발매·반포 금지 또는 압수가 가능하도록 하였다.

이 개정 이후 『대한매일신보』는 한일 합병 직후 통감부에 매수되기까지 국한문판 24차례, 국문판 21차례의 압수를 당했으며 2차례 정간 처분을 받았다. 교포들이 발행한 신문도 마찬가지로 1908년에 모두 49차례에 걸쳐 발매 금지를 당했으며 총 13,043부가 압수되었다. 1909년에는 123회 발매 금지에 총 4,633부가 압수 조치를 당했다.

한편 애국 계몽 운동의 흐름 속에서 출판 부문이 활성화되자 일제는 이 부문에 대해서도 탄압의 칼을 뽑았다. 1909년 2월 23일 출판법을 공포하여 출판 부문에 대해서도 통제를 시도한 것이다. 출판법 시행 이후 일제는 『월남망국사(越南亡國史)』, 『금수회의록(禽獸會議錄)』, 『유년필독(幼年必讀)』, 『중등교과동국사략』, 『20세기조선론(20世紀朝鮮論)』 등의 저서를 압수하기 시작하여 시행 이후 10개월 동안에 총 5,767권을 압수하는 탄압 조치를 자행하였다.

일제 강점기의 신문

무단 통치기의 신문

한일 합병과 언론 통폐합

1910년 8월 29일 강제로 합병 조약을 공포하여 한국을 그들의 식민지로 만든 일본은 일차적으로 식민지를 통치할 수 있는 기구를 정비, 신설하는 작업에 착수하였다. 초대 총독으로 부임한 데라우치(寺內)는 철저한 식민지 수탈을 위해, 그리고 한국 민중들의 반발을 억누르기 위해 이른바 억압 일변도의 무단 통치를 펼쳐 나갔다. 그 과정에서 일제는 그들의 제국주의적 이익을 일방적으로 대변하기 위한 기관지들만을 남기고 한국인들이 발행하는 신문들은 강제로 폐간시키고 말았다.

조선 총독부는 그들의 기관지로 『매일신보(每日申報)』와 『경성일보(京城日報)』 그리고 영자 신문 『서울 프레스(The Seoul Press)』를 발행하였다. 『매일신보』는 통감부 치하 초기에 반일 언론의 선봉에 섰던 『대한매일신보』의 후신으로서 1910년 8월 30일부터 한글로 발행되었다.

『경성일보』는 청일 전쟁 직후부터 일본 외무성의 기관지 역할을 하였던 『한성신보』와 일본인 발행의 『대동일보』를 이토 히로부미가(伊藤博文) 매수, 통합하여 1906년 9월 1일 통감부 기관지로 창간하였던 것으로서 합병 후에는 총독부의 일본어 기관지가 되었다.

『서울 프레스』는 영국인 하지(John Hodge)가 1905년 6월 3일에 창간한 것을 통감부가 매수하여 1906년 12월 5일부터 기관지로 발행하였던 영자 신문

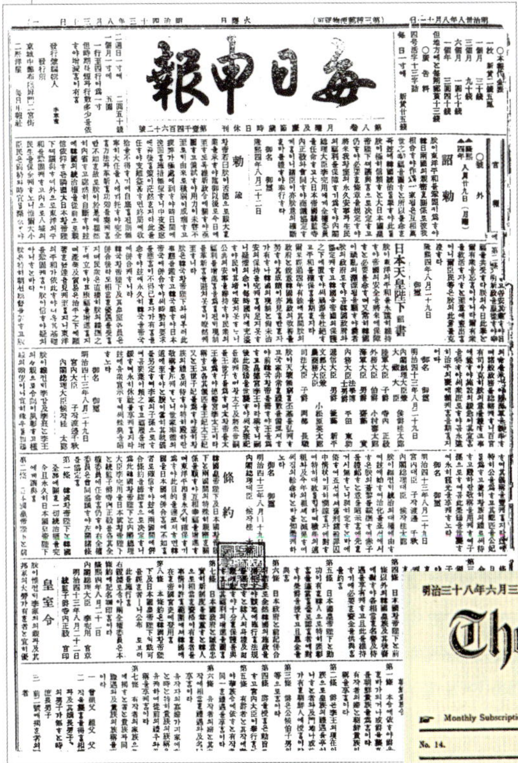

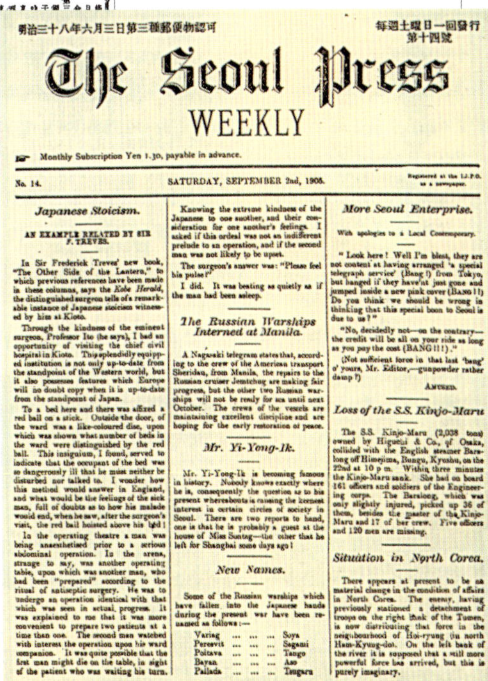

明治三十八年六月三日第三種郵便物認可

每週土曜日一回發行
第十四號

The Seoul Press
WEEKLY

Monthly Subscription Yen 1.30, payable in advance.

No. 14. SATURDAY, SEPTEMBER 2nd, 1905. Registered at the I.J.P.O. as a newspaper.

Japanese Stoicism.

AN EXAMPLE RELATED BY SIR F. TREVES.

In Sir Frederick Treves' new book, "The Other Side of the Lantern," to which previous references have been made in these columns, says the *Kobe Herald*, the distinguished surgeon tells of a remarkable instance of Japanese stoicism witnessed by him at Kioto.

Through the kindness of the eminent surgeon, Professor Ito (he says), I had an opportunity of visiting the chief civil hospital in Kioto. This splendidly equipped institution is not only up-to-date from the standpoint of the Western world, but it also possesses features which Europe will no doubt copy when it is up-to-date from the standpoint of Japan.

To a bed here and there was affixed a red ball on a stick. Outside the door, of the ward was a like-coloured disc, upon which was shown what number of beds in the ward were distinguished by the red ball. This insignium, I found, served to indicate that the occupant of the bed was so dangerously ill that he must neither be disturbed nor talked to. I wonder how this method would answer in England, and what would be the feelings of the sick man, full of doubts as to how his malade would end, when he saw, after the surgeon's visit, the red ball hoisted above his bed!

In the operating theatre a man was being anaesthetised prior to a serious abdominal operation. In the arena, strange to say, was another operating table, upon which was another man, who had been "prepared" according to the ritual of antiseptic surgery. He was to undergo an operation identical with that which was seen in actual progress. It was explained to me that it was more convenient to prepare two patients at a time than one. The second man watched with interest the operation upon his ward companion. It was quite possible that the first man might die on the table, in sight of the patient who was waiting his turn.

Knowing the extreme kindness of the Japanese to one another, and their consideration for one another's feelings, I asked if this ordeal was not an indifferent prelude to an operation, and if the second man was not likely to be upset.

The surgeon's answer was: "Please feel his pulse!"

I did. It was beating as quietly as if the man had been asleep.

The Russian Warships Interned at Manila.

A Nagasaki telegram states that, according to the crew of the American transport Sheridan, from Manila, the repairs to the Russian cruiser Jemtchug are making fair progress, but the other two Russian warships will not be ready for sea until next October. The crews of the vessels are maintaining excellent discipline and are hoping for the early restoration of peace.

Mr. Yi-Yong-Ik.

Mr. Yi-Yong-Ik is becoming famous in history. Nobody knows exactly where he is, consequently the question as to his present whereabouts is raising the keenest interest in certain circles of society in Seoul. There are two reports to hand, one is that he is probably a guest at the house of Miss Sontag—the other that he left for Shanghai some days ago!

New Names.

Some of the Russian warships which have fallen into the Japanese hands during the present war have been renamed as follows:—

Variag ... ... Soya
Peresvit ... ... Sagami
Poltava ... ... Tango
Bayan ... ... Aso
Pallada ... ... Tsugaru

More Seoul Enterprise.

With apologies to a Local Contemporary.

"Look here! Well I'm blest, they are not content at having arranged 'a special telegraph service' (Bang!) from Tokyo, but banged if they have'nt just gone and jumped inside a new pink cover (BANG!!) Do you think we should be wrong in thinking that this special boon to Seoul is due to us?"

"No, decidedly not—on the contrary—the credit will be all on your side as long as you pay the cost (BANG!!!)."

(Not sufficient force in that last 'bang' o' yours, Mr. Editor,—gunpowder rather damp?)

AMUSED.

Loss of the S.S. Kinjo-Maru

The S.S. Kinjo-Maru (2,038 tons) owned by Higuchi & Co., of Osaka, collided with the English steamer Baralong off Himejima, Bungo, Kyushu, on the 22nd at 10 p.m. Within three minutes the Kinjo-Maru sank. She had on board 161 officers and soldiers of the Engineering corps. The Baralong, which was only slightly injured, picked up 36 of them, besides the master of the Kinjo-Maru and 17 of her crew. Five officers and 120 men are missing.

Situation in North Corea.

There appears at present to be no material change in the condition of affairs in North Corea. The enemy, having previously stationed a detachment of troops on the right bank of the Tumen, is now distributing that force in the neighbourhood of Hoi-ryung (in north Ham-Kyung-do). On the left bank of the river it is supposed that a still more powerful force has arrived, but this is purely imaginary.

『매일신보』 창간호 조선 총독부 한글판 기관지이다. 1910년 8월 30일.(위)

서울 프레스(아래)

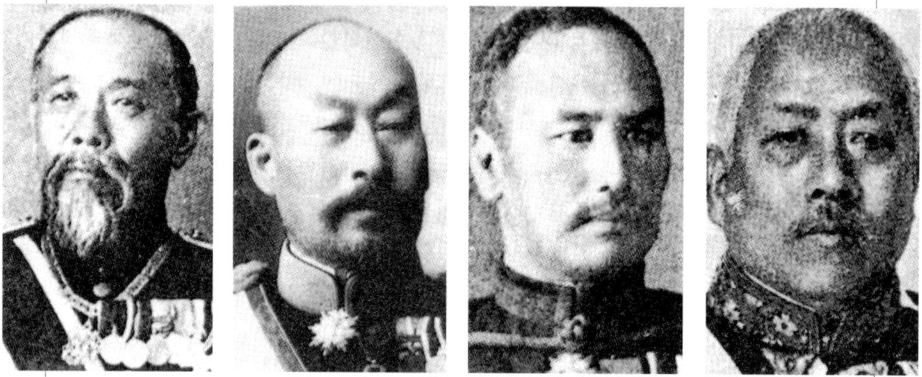

역대 총독들 왼쪽부터 초대 통감 이토, 초대 총독 데라우치, 2대 하세가와 3대 사이토. 사진 김민남 외(1993, 189쪽).

으로서 합병 후에도 총독부의 기관지 역할을 하였다.

이와 같이 일제는 그들의 식민 정책을 선전하고 제국주의적 이익을 대내외적으로 대변하기 위한 기관지를 각 언어별로 완비하였다.

반면 한민족의 이익을 대변하는 신문이나 일본인이 발행하더라도 식민 정책에 대해서 비판적 논조를 펼치는 신문들은 전부 폐간시켜 그들의 제국주의적 이익에 반하는 언론의 존재 가능성을 원천적으로 봉쇄하려 하였다. 한국 내에 거주하는 일본인들이 발행하는 신문들 중에는 1도 1사의 원칙을 적용하여 각 도마다 1개 신문만을 남기고 나머지는 모두 통폐합하였다. 한국인들이 발행하는 신문 중에는 경남 진주의 『경남일보』만을 남겨둔 채 나머지는 모두 강제로 폐간시켰다.

출판 활동에서도 독립 정신이나 민족의식을 고취시키는 내용을 담고 있는 단행본들은 모두 판매 금지 조치를 당하였다. 또한 이 시기에 발행된 잡지들은 거의 대부분이 신문지법이 아니라 출판법에 의해 발행 허가를 받은 것들로서 정치 문제나 시사에 관한 내용은 다루지 못하고 종교 잡지나 문예지가 태반을 이루었다.

3 · 1운동과 지하 신문의 활동

식민 지배라는 모순 구조를 무자비한 억압으로 유지하려던 일제의 무단 통치는 그 자체가 우리 민족의 거족적인 민족 운동을 가져오는 토양이 되었다. 1919년 3 · 1운동으로 우리 민족의 독립 의지와 역량이 집약적으로 표출되는 것과 함께 그동안 억눌려 왔던 우리 언론의 민족 운동도 활발히 전개되기 시작하였다.

국내에서는 여러 민족 운동 단체들이 3 · 1운동과 관련된 각종 선언문과 운동의 전개 양상을 알리기 위해서 만든 인쇄물들이 활발히 나타나기 시작하였

3 · 1운동 당시 동대문을 메운 군중들 사진 한국프레스센터(1995, 55쪽).

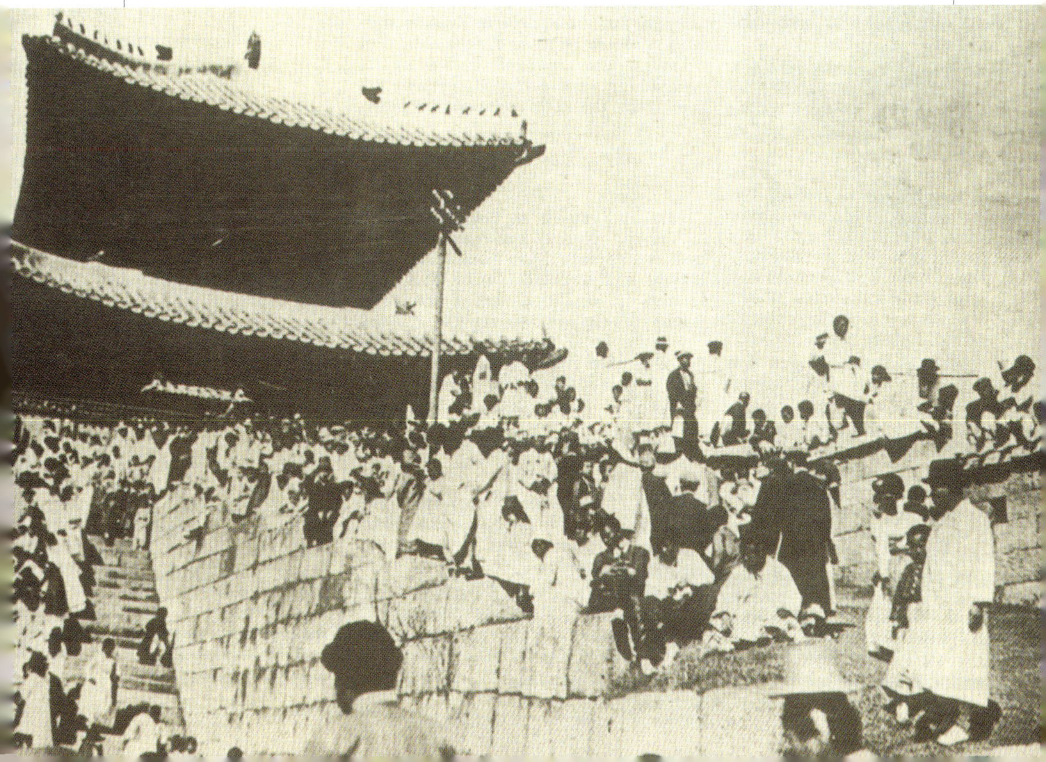

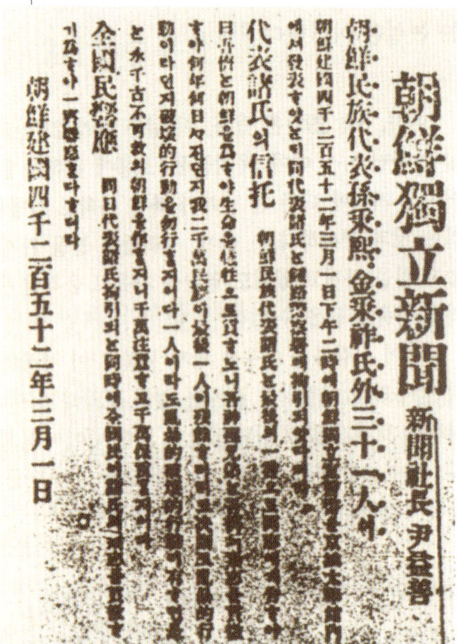
朝鮮獨立新聞 新聞社長 尹益善

朝鮮民族代表孫秉熙金秉祚氏外三十一人이

朝鮮建國四千二百五十二年三月一日

『조선독립신문』 3·1운동 당일에 발행된 대표적인 지하 신문으로 3·1운동 발발 소식을 전하고 있다. 사진 김민남 외(1993, 203쪽).(위)

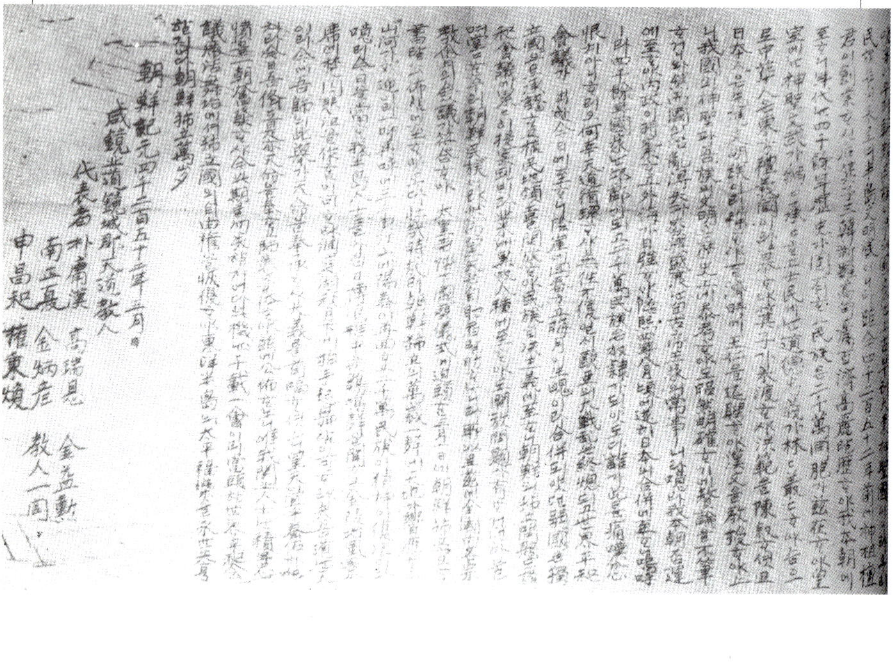

조선독립선언서 필사본 함경북도 경성의 천도교 대표들이 작성, 배포한 것이다. 사진 한국독립유공자협회(1983, 120쪽).(아래)

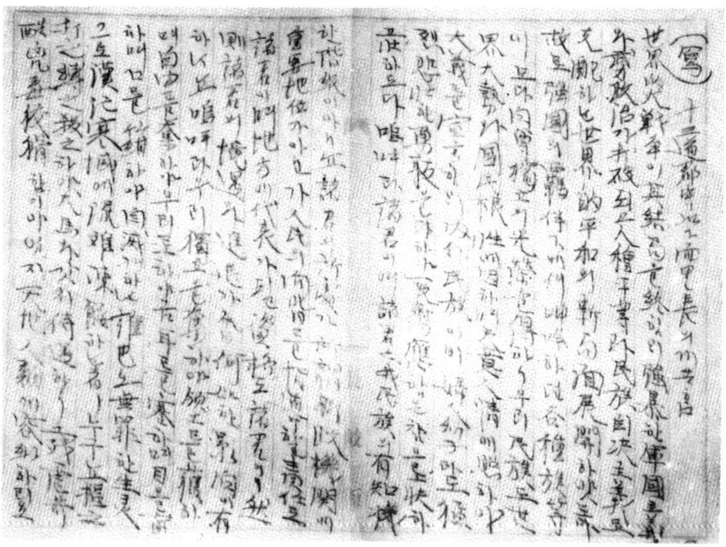

13도 군수 이하 면리장에게 고함 3·1운동 당시 배포된 것으로 '민족 평등과 민족 자결주의가 지배하는 세계 평화의 새로운 국면을 맞아 궐기를 촉구' 하는 내용을 담고 있다. 사진 한국독립유공자협회(1983, 121쪽).

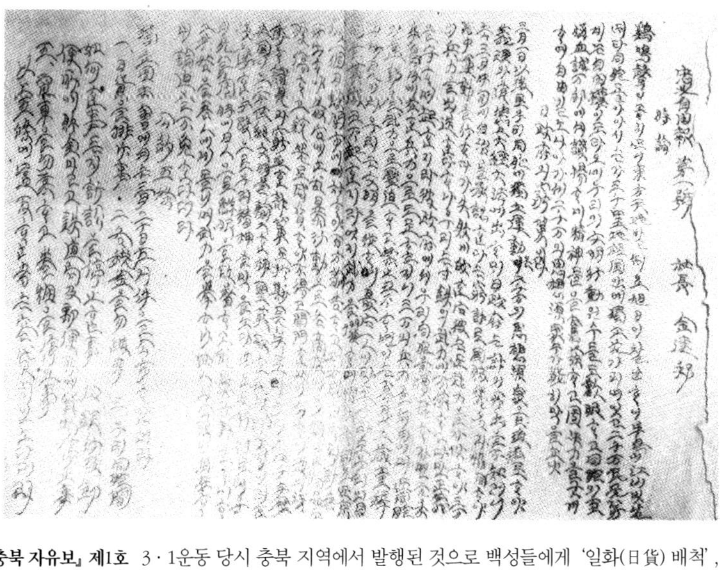

『충북 자유보』 제1호 3·1운동 당시 충북 지역에서 발행된 것으로 백성들에게 '일화(日貨) 배척', '세금 분납' 등의 5가지 행동 강령을 제시하고 있다. 사진 한국독립유공자협회(1983, 121쪽).

다. 해외에서도 을사조약 이후부터 계속되어 온 언론 활동이 국내의 3·1운동과 때를 맞추어 더욱 활기를 띠기 시작하였다.

국내에서 이때 나타난 신문 중에 대표적인 것으로는 『조선독립신문(朝鮮獨立新聞)』이 있다. 이 신문은 1919년 3월 1일 독립 선언서를 인쇄한 보성사가 창간하였다. 1898년에 『제국신문』을 창간한 바 있던 이종일을 중심으로 하여 이종린, 윤익선, 박인호 등이 주도하였다. 3월 1일의 창간호에서는 민족 대표들이 독립 선언문을 발표하여 이 운동이 전국적으로 전개될 것임을 알렸다. 곧바로 주동자들이 일제에 의해 체포되었으나 이에 굴하지 않고 후계자들이 나타나 비밀리에 계속 발행하였다. 당시 국내에서 발행된 신문의 수는 『조선독립신문』 외에도 『국민회보』(3월 1일), 『각성호회보』(3월 1일), 『국민신보』(3월 1일), 『신조선민보』(3월 5일) 등 현재까지 알려진 것만 하더라도 29종이나 된다.

한편 해외에서도 여러 종류의 신문이 발행되었다. 이 중에는 을사보호조약 이후 교포 사회에서 꾸준히 발행되어 오던 것이 3·1운동을 계기로 더욱 활성화된 것도 있으며 또한 3·1운동을 계기로 새로이 창간된 신문들도 다수 있었다.

해외에서 발행된 대표적인 신문으로는 중국의 상하이에서 대한민국 임시정부가 1919년 8월 21일에 창간한 『독립(獨立)』과 미국에서 발행되던 『신한민보』가 있다. 『독립(獨立)』은 이광수와 주요한이 중심이 되어 만들었으며 1920년 10월 25일부터 『독립신문(獨立新聞)』으로 개제되었다.

이들 외에도 많은 신문들이 3·1운동을 계기로 발행되기 시작하였다. 현재까지 알려진 것만 보더라도 서북간도 등 만주에서 발행된 것이 13종, 연해주 지방이 9종, 상하이 및 미주 지역이 9종에 이르고 있다. 특히 해외에서 발행된 신문들은 국내에까지 유입되어 반포됨으로써 민중들의 독립 정신 고취에 기여하였다. 일제는 이 신문들을 '불온' 한 것으로 간주하여 발견되는 대로 배포 금지 및 압수 처분하여 탄압하였다.

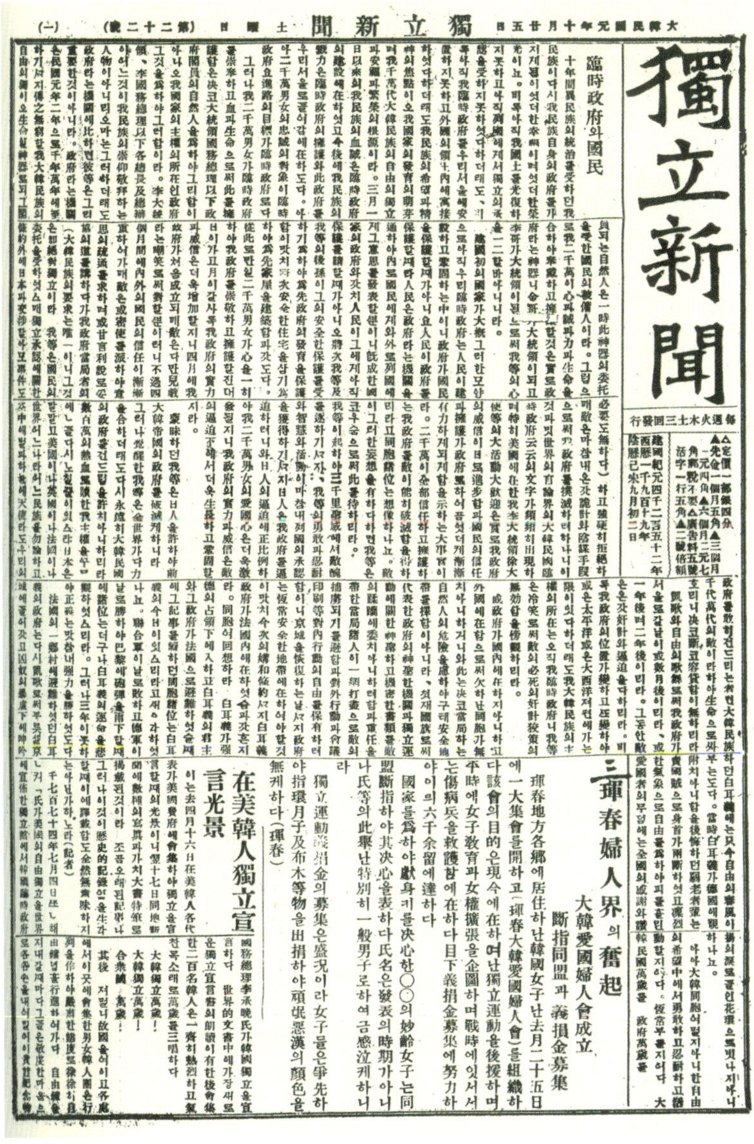

『독립신문』 1919년 8월 21일부터 1925년 10월 5일까지 발행된 상하이 임시정부의 기관지이다. 창간 초기에는 주 3회 발행하다가 1920년 5월부터는 주 2회, 6월부터는 주 1회 발행되었다. 국내에는 주로 임시정부의 연통제(聯通制) 조직을 이용하여 비밀리에 배포되었다.

식민 정책의 변화와 민간 신문의 창간

무단 통치에서 문화 정치로

3·1운동을 겪은 일제는 그들의 식민 정책을 전환하지 않을 수 없었다. 억압 일변도의 무단 통치를 포기하고 회유와 통제를 시도하는 문화 정치로 전환한 것이다. 이러한 정책적 변화 속에서 언론에 대한 정책도 바뀌었다. 무단 통치하에서 한국인들이 발행하던 신문들을 강제로 폐간시키고 한국인 발행의 새로운 신문 창간을 일체 허용하지 않던 종래의 방침이 바뀌었던 것이다.

일제의 제3대 총독 사이토(齋藤實)는 1919년 9월 3일 훈시를 통해 "언론, 출판, 집회 등에 대하여는 질서와 공안 유지에 무방한 한 상당히 고려를 가하여 민의 창달을 허하여야 한다."면서 민간지 창간을 허용할 방침임을 밝혔다. 이를 계기로 국내의 여러 세력들은 신문 창간을 위해 움직이기 시작하였다. 그리하여 총독부에 10여 건의 신문 허가 신청이 접수되었다.

그러나 총독부는 1920년 1월 4일 『동아일보(東亞日報)』, 1월 5일에는 『조선일보(朝鮮日報)』와 『시사신문(時事新聞)』에 대해서만 창간을 허용하였다. 그리하여 그 해 3월 5일 『조선일보』가 가장 먼저 창간되었으며 4월 1일에는 『동아일보』와 『시사신문』이 창간되어 일제 강점기 민간 신문의 시대가 막을 올렸다.

이와 같이 1920년도에 한국인에 의한 신문 창간이 허용된 것은 일제의 소위 문화 정치의 본질적이고 핵심적 측면을 구성하는 것이라고 하겠다. 다시 말해 민간지의 창간은 민족의 이익을 대변할 수 있는 언론을 허용한 것이라기보다

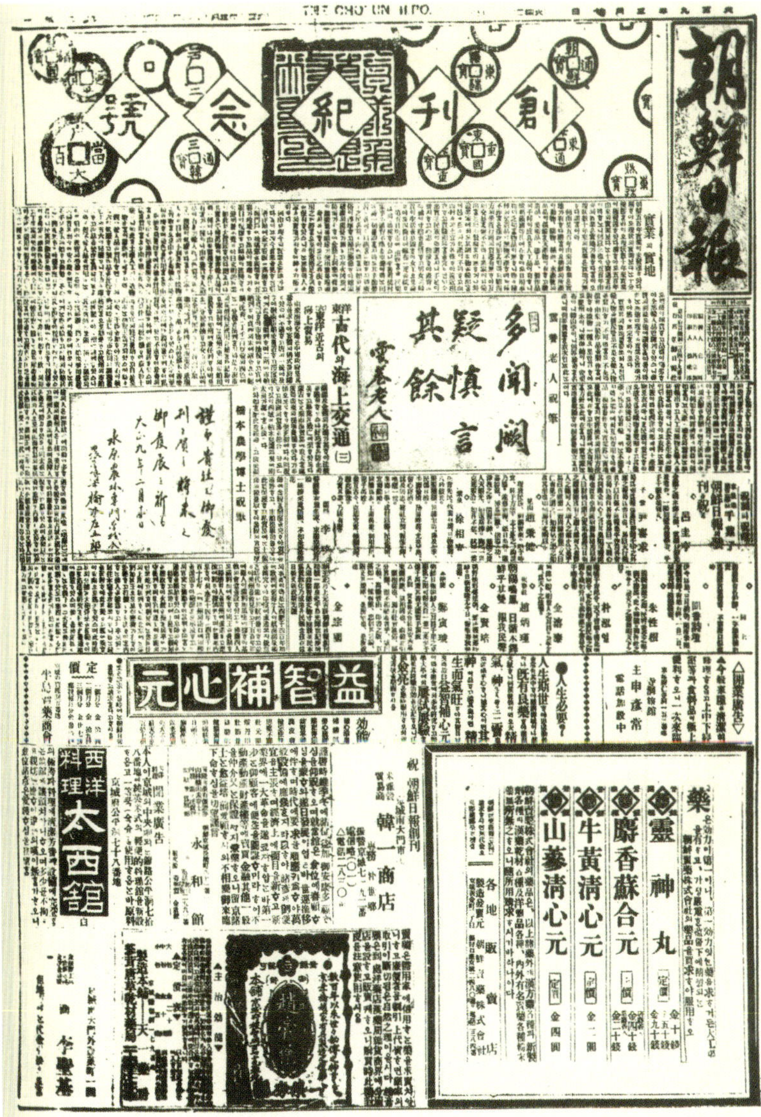
THE CHOSUN ILBO

朝鮮日報

創刊紀念號

多聞闕疑 愼言其餘

雲養老人

東洋古代와海上交通(三)

益智補心元

西洋料理 太西館

靈神丸

麝香蘇合元

牛黃淸心元

山蔘淸心元

『조선일보』 제3호

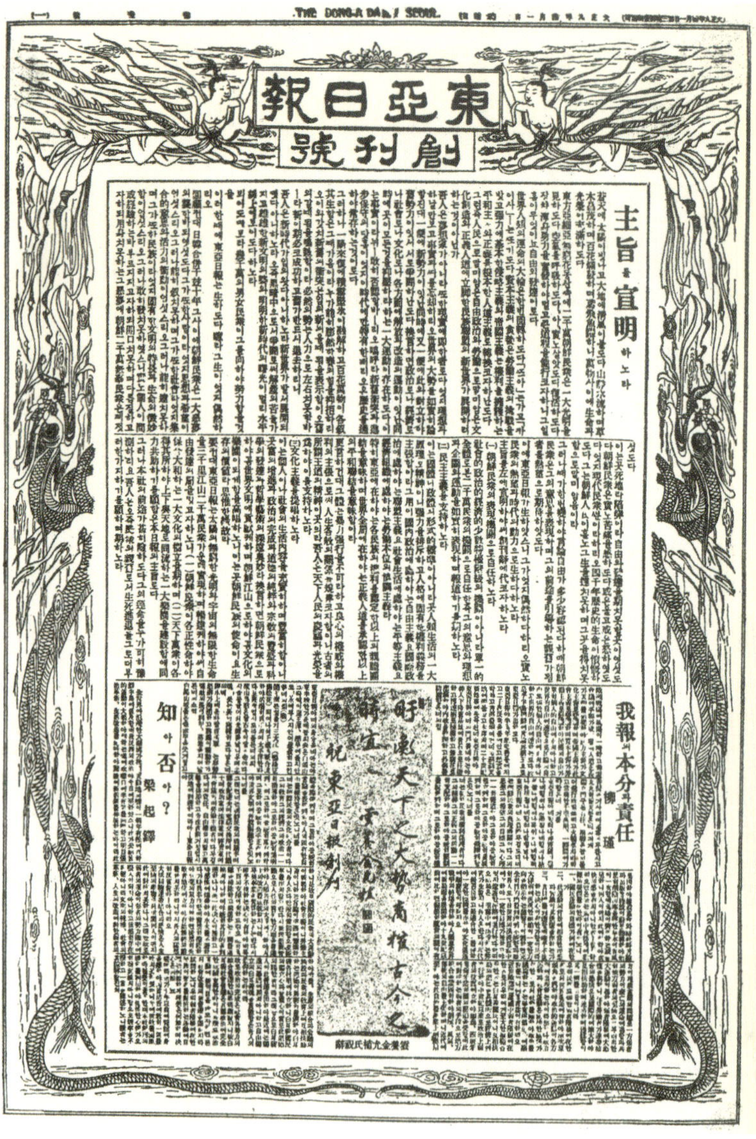
THE DONG-A DAILY SEOUL.

東亞日報

創刊號

主旨를 宣明하노라

我報의 本分과 責任

柳 瑾

知아 否아?

梁起鐸

『동아일보』 창간호 '주지(主旨)를 선명(宣明)하노라' 라는 창간사와 '우리 신문의 본분과 책임(我報의 本分과 責任)' 이란 제목의 유근의 글과 양기탁의 글이 실려 있다.

는 유화 정책의 일환이면서 동시에 이 신문들을 통해 민심의 동향을 파악하려는 일제의 정책적 의도가 반영된 것이었다.

한국인에 의한 신문 창간을 허용하게 된 배경을 구체적으로 살펴보면 첫째, 식민지 민중들의 환심을 사는 정책적 효과를 기대할 수 있다는 점이다. 그동안 제도적으로 완전히 봉쇄해 왔던 신문의 창간을 허용하는 것은 자신들의 입장을 대변해 줄 언론 매체를 애타게 기다려 왔던 식민지 민중들에게는 충분히 유화 조치의 성격을 지닐 수 있었다.

두 번째는 신문이라는 공개적 언론 매체를 허용함으로써 이를 통해 민심의 동향을 파악하려는 정책적 의도가 반영된 것이다. 3·1운동이라는 거족적인 저항 운동에 직면했던 일제는 왜 이러한 대사건이 터지도록 민심의 동향을 까마득히 몰랐던가 하는 점에 대해 정책적인 차원에서 재검토를 하게 되었다. 무단 통치 기간 중 우리 민족의 언로를 봉쇄했던 것은 일제 당국으로서도 우리 민족의 민심의 동향을 파악할 수 있는 통로를 막아 버리는 결과를 초래했던 것이다. 민간에 의한 신문 창간을 허용함으로써 지면을 통해 드러나는 민심의 동향을 파악하고 때로는 그들의 정책적 필요에 따라 여론을 유도 내지 조작하려는 의도가 작용했던 것이다.

이러한 정책적 입장은 3·1운동 당시의 총독이었던 하세가와(長谷川)의 술회에서도 확인할 수 있다. 그는 총독에서 물러나면서 「사무인계의견서」에서 "언론 집회의 억압은 종래 조금 혹독하게 지나친 감이 있다. 차제에 2~3개 언문 신문의 간행을 허락해서 이것을 이용하여 민심의 통일과 시정의 선전용으로 제공할 필요가 있다고 인정한다."고 말하였다.

세 번째는 신문을 허용하는 것이 지식인들의 동향을 파악하고 사상을 통제하는 데에도 매우 유용한 수단이 될 것으로 총독부 당국이 판단했다는 점이다. 3·1운동을 전후하여 지하 신문이라는 형태로 비합법적 공간에서 이루어졌던 지식인들의 언론 활동을 민간지 창간을 허용하여 합법적인 공간으로 끌어들임으로써 동태를 파악하고 통제하려 했던 것이다.

민간 신문 창간의 주체

이때에 세 신문에만 창간이 허용된 것도 친일 진영에 2개, 그리고 민족 진영에 하나의 신문을 허용한다는 일제의 정책적 계산이 작용한 것이었다. 이러한 성격은 세 민간지의 창간 주체들을 보면 알 수 있다.

『조선일보』와 『시사신문』은 친일 진영에 의해 창간된 신문이다. 1920년 3월 5일 가장 먼저 창간된 『조선일보』를 보면 '조일동화주의' 를 표방하고 나선 친일 단체인 대정실업친목회(大正實業親睦會)에 의해 창간되었다. 대정실업친목회는 1916년 설립된 친일 기업인들의 단체로서 민영기, 조진태, 예종석 등이 중심 인물이었다. 이들이 자신들의 단체명에 당시 일본의 연호였던 '대정' 을 사용하고 있는 것만 보더라도 그 성격을 충분히 알 수 있을 것이다. 『조선일보』의 창간 당시 진용을 보면 사장에 조진태, 발행인 예종석, 편집국장 최강 등으로 모두 대정실업친목회의 중견 인물들이었다.

1920년 4월 1일 창간된 『시사신문』도 역시 '신일본주의' 를 표방하던 친일 단체 국민협회(國民協會)의 기관지로 출발하였다. 초대 사장은 국민협회의 대표이던 민원식이 맡았다. 이 신문은 친일적 색채가 너무 강해 국민협회 회원을 제외하고는 대부분의 사람들이 구독을 거절하였다고 한다. 구독 거절의 의사 표시로 대문 앞에 '시사신문 불견(不見)' 이라고 써 놓은 집들이 많았다 하여 '불견 신문' 이라는 불명예스러운 명칭까지 얻을 정도였다. 이 신문은 사장 민원식이 1921년 2월 16일 참정권 요구 청원 운동을 위해 일본에 갔다가 민족주의자 양근환에게 암살당하자 신문 발행이 중단되었으며 이듬해인 1922년 월간 잡지 『시사평론(時事評論)』으로 이름을 바꾸었다.

한편 『동아일보』는 외견상 민족 진영을 대표하는 신문이라는 명분으로 허용되었다. 그러나 창간의 주역이 된 김성수 일가의 재산은 일제의 지원과 비호 속에 그들과 타협하는 식민지 토착 자본의 성격을 지니고 있었다. 창간 당

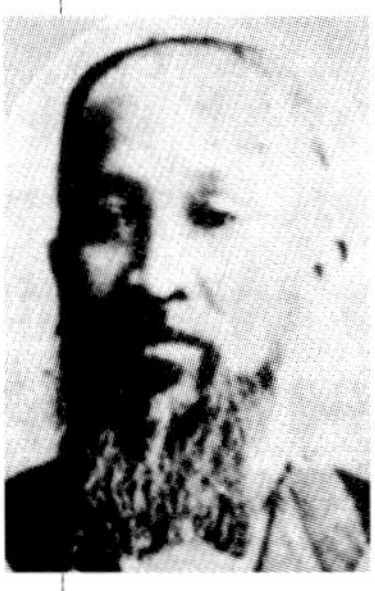
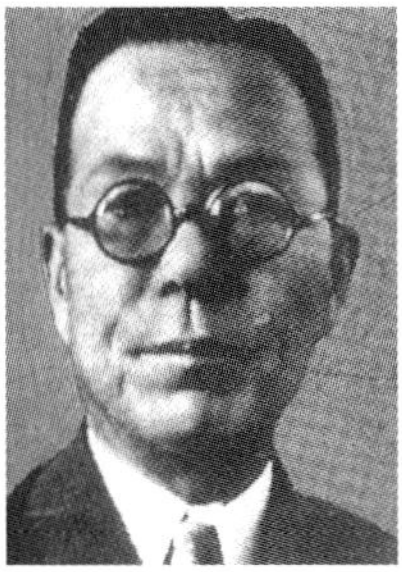
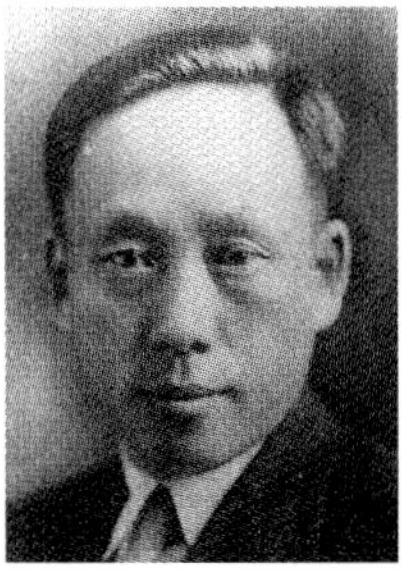

『조선일보』 초대 사장 조진태(왼쪽) 사진 김민환(1996, 216쪽).
『동아일보』 창간의 주역 김성수(가운데), **『동아일보』 초대 편집국장 이상협**(오른쪽) 사진 한국프레스센터(1995, 69; 84쪽).

시의 진용을 보더라도 일제와 밀착된 성격이 드러난다. 개화기 이래 친일파의 거두이며 합병 후에는 일본으로부터 작위를 수여받은 박영효가 초대 사장을 맡았으며 총독부 기관지 『매일신보』에 있었던 이상협이 편집국장으로 제작의 총책임을 맡고 있었다.

당시 박영효를 사장으로 내세웠던 것은 일제와 밀착된 그의 이미지를 이용하여 신문 발행의 허가를 보다 용이하게 얻기 위한 것이었다. 이와 관련하여 『동아일보사사』는 "신문 발행의 허가가 용이하지 않을 것을 고려하여 박영효를 사장으로 추대하기로 하였던 것이다. 김성수는 경성방직을 설립할 때, 그 설립 허가가 꽤 까다로워 역시 박영효를 사장으로 하여 겨우 설립 허가를 얻었던 경험을 가지고 있었다."고 서술하고 있다.

그 외에 편집감독엔 유근과 양기탁, 주간에 장덕수, 영업국장에 이운 등이 창간 당시 『동아일보』의 간부진을 구성하였다.

민간 신문의 논조와 경영

『동아일보』의 논조

창간과 함께 『동아일보』는 '조선 민중의 표현 기관임을 자임하노라' '민주

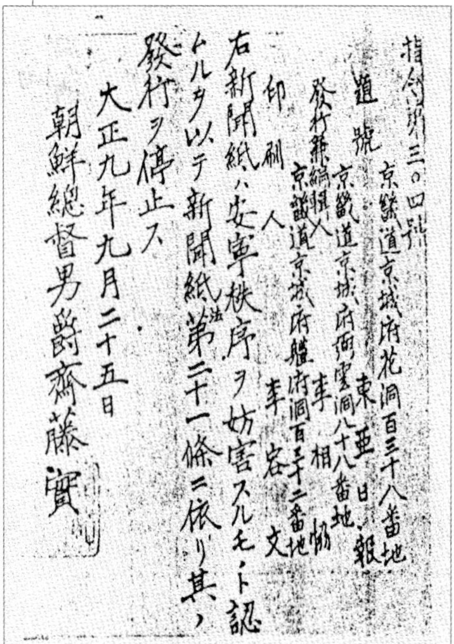
指令第三〇四號
題號 東亞日報
京畿道京城府花洞百三十八番地
發行兼編輯人 京畿道京城府雲洞八十八番地 李相協
印刷人 京畿道京城府體府洞百三十二番地 李容文
右新聞紙ハ安寧秩序ヲ妨害スルモノト認ムルヲ以テ新聞紙法第二十一條ニ依リ其ノ發行ヲ停止ス
大正九年九月二十五日
朝鮮總督男爵齋藤實

『동아일보』에 대한 정간 명령서 당시 문제가 된 것은 1920년 9월 24일과 25일 2회에 걸쳐 게재한 '제사문제를 재론하노라'는 제목의 논설이었다. 이 논설에서 일본인들이 떠받드는 3종 신기(神器), 검(劍), 경(鏡), 새(璽)를 우상숭배라고 비판하였다 해서 정간을 당하였다. 사진 한국프레스센터(1995, 68쪽).

주의를 지지하노라' '문화주의를 제창하노라'를 3대 주지로 천명하면서 출범의 닻을 올렸다. 이 사시에서도 식민지 언론으로서 『동아일보』가 갖는 한계가 드러난다. 두 번째 사시인 '민주주의를 지지하노라'의 내용을 보면 "국내 정치에 처하야는 자유주의요, 국제 정치에 처하야는 연맹주의요." 하는 구절이 보인다. 당시 일제가 입버릇처럼 주장하는 연맹주의를 표방함으로써 식민 지배의 모순을 연맹주의라는 말로 호도하고 있는 것이다. 세 번째 사시인 문화주의는 당시 총독부가 표방하고 있던 '문화 정치'라는 슬로건과 일치하고 있다.

이와 같이 『동아일보』는 민족의 이익을 대변하여 일본의 식민 지배에 직접 저항하기보다는 식민 지배를 인정하는 한계를 보여 주었다. 이러한 측면은 다른 관점에서 보면 식민지 내의 합법적 공간에서 발행되는 언론이 벗어나기 힘든 태생적 한계라고 하겠다.

초기의 『동아일보』는 총독부의 정책을 비판하는 항일 논조를 전개하였다. 이 당시 일제의 언론 탄압도 심하지 않아서 명백하거나 직접적인 항일 기사 외에는 대체로 가혹한 탄압을 가하지 않았다. 그래서 『동아일보』가 1920년부터 1923년까지 당한 조치는 1회의 정간과 해마다 10~20건의 압수에 그쳤다.

『동아일보』의 경영

민족지임을 표방하고 주식을 공개 모집하면서 출발한 『동아일보』는 『조선일보』보다 많은 독자들의 성원을 받았으며 이런 성원 속에서 착실한 기업적 성장을 할 수 있었다. 출범 이후 『동아일보』는 1920년대에는 계속 흑자를 기록하였으며 1930년대에도 무기 정간을 당했던 해를 제외하고는 흑자 경영을 유지하였다.

표 1. 『동아일보』의 손익 계산서 (단위: 원)

기	연월일	수익	비용	순이익
1	1921. 10. 1 ~ 1922. 9. 30	264,546.85	260,630.55	3,916.27
2	1922. 10. 1 ~ 1923. 9. 30	296,261.41	292,415.11	3,846.30
3	1923. 10. 1 ~ 1924. 9. 30	263,996.90	260,720.71	3,276.19
4	1924. 10. 1 ~ 1925. 9. 30	300,445.07	299,182.40	1,262.67
5	1925. 10. 1 ~ 1926. 9. 30	321,777.01	321,093.41	683.60
6	1926. 10. 1 ~ 1927. 9. 30	370,593.97	368,567.36	2,026.61
7	1927. 10. 1 ~ 1928. 9. 30	380,762.05	377,992.83	2,769.22
8	1928. 10. 1 ~ 1929. 9. 30	399,901.71	396,756.27	3,145.44
9	1929. 10. 1 ~ 1930. 9. 30	267,145.86	276,380.62	-9,234.76
10	1930. 10. 1 ~ 1931. 9. 30	392,093.06	388,798.87	3,294.19
11	1931. 10. 1 ~ 1932. 9. 30	453,789.00	450,383.19	3,405.81
12	1932. 10. 1 ~ 1933. 9. 30	551,069.10	544,106.94	6,962.16
13	1933. 10. 1 ~ 1934. 9. 30	560,032.58	554,945.07	5,087.51
14	1934. 10. 1 ~ 1935. 9. 30	600,777.33	596,374.61	4,402.72
15	1935. 10. 1 ~ 1936. 9. 30	615,708.57	612,375.18	3,333.39
16	1936. 10. 1 ~ 1937. 9. 30	255,219.78	281,266.44	-26,046.66
17	1937. 10. 1 ~ 1938. 9. 30	612,414.85	619,221.02	2,193.83

자료: 동아일보사 편(1975, 405쪽).

『동아일보』의 수입 구성을 보면 구독료 수입이 광고보다 큰 비중을 차지하였다. 발행 부수도 꾸준한 증가세를 유지하였지만 광고의 양은 이보다 더 큰 비율로 증가하였다. 그리하여 1920년대 초반에는 광고 수입이 30~35% 정도의 비중을 차지하였고 1930년대 후반에 오면 45% 정도까지 확대된다. 이는 1930년대 여러 차례 증면되면서 이와 함께 광고량도 증가한 결과라 할 수 있다.

광고주는 주로 국내와 일본의 광고주가 대부분이었다. 창간 초기에는 국내 광고주가 더 많아서 1923년에는 63.9%를 차지하였다. 그러나 이후 국내 광고주의 비중은 계속 줄어들고 일본 광고주의 비중이 꾸준히 증대되었다. 1924년 국내 광고주가 51.2%였던 것을 기점으로 일본 광고가 더 많아져서 1930년대 후반이 되면 국내 광고주는 30%를 약간 상회하는 정도였고 나머지 60% 이상을 일본 광고주가 차지하였다. 『조선일보』의 경우는 자료가 없어서 분석할 수 없지만 『동아일보』와 큰 차이는 없을 것으로 보인다.

이와 같이 일본 광고주가 다수를 차지한다는 것은 그만큼 일본 상품과 자본의 침투를 도와주는 매개체 역할을 하였다는 것을 의미한다. 이에 대해 당시 사회에서도 비판적인 인식이 존재하였다. 『개벽』 1935년 3월호를 보면 이러한 사실을 "오사카에서 광고료로 만 원이 조선으로 건너오면 그 광고의 덕으로 조선인의 주머니에서 10만 원이 도로 오사카로 건너간다."고 지적하면서 이는 "한 손에 조선 민족을 들고 한 손에 도쿄, 오사카의 상품을 들고 나가는 것"이라고 강도 높게 비판하였다.

『조선일보』의 논조와 경영

반면 『조선일보』는 친일계의 신문으로 출발하였으며 『동아일보』에 비해 자본력도 미약하였고 독자들의 호응도 얻기가 어려웠다. 그래서 『조선일보』 사내에 분파가 생겨 온건파와 과격파 사이의 대립이 빚어졌다. 그리하여 1920년 8월 14일 조진태, 예종석 등의 온건파가 물러나고 유문환이 사장, 권병하가 발

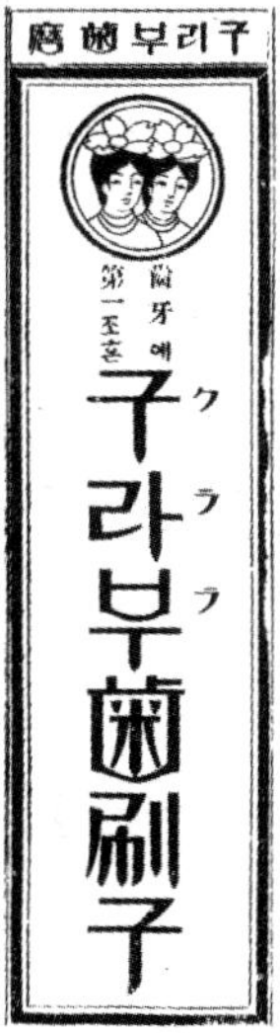

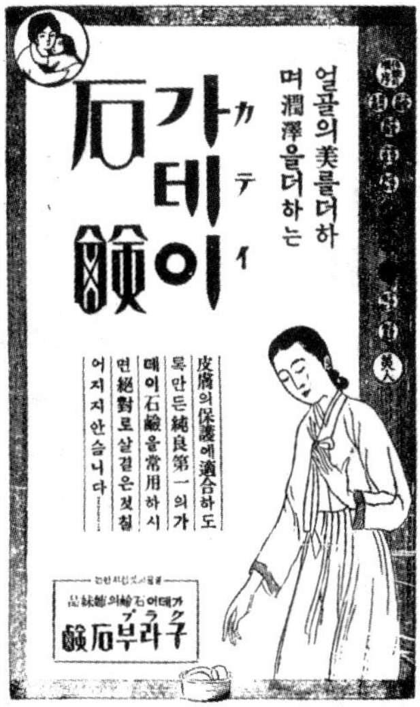

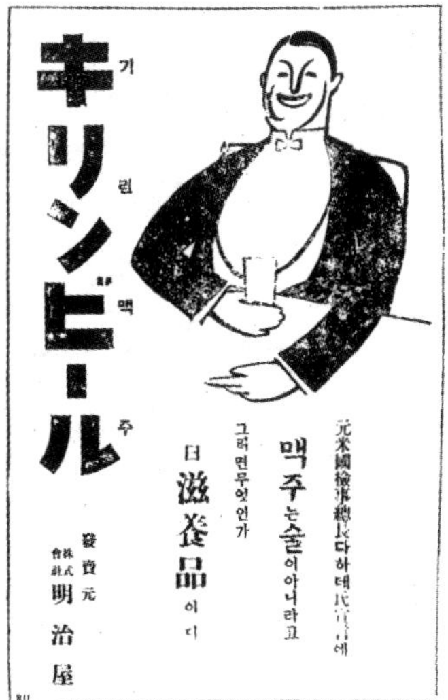

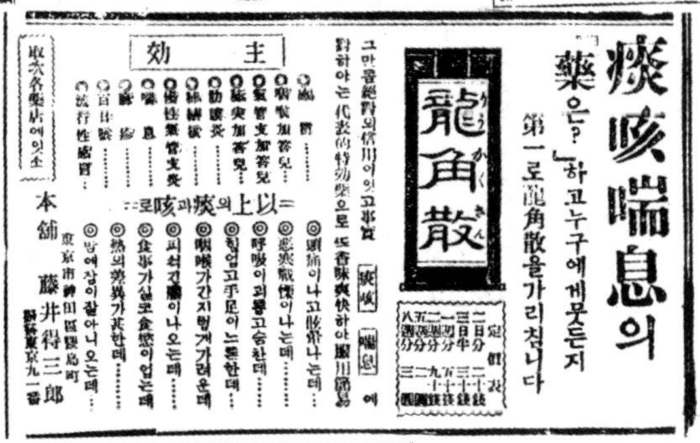

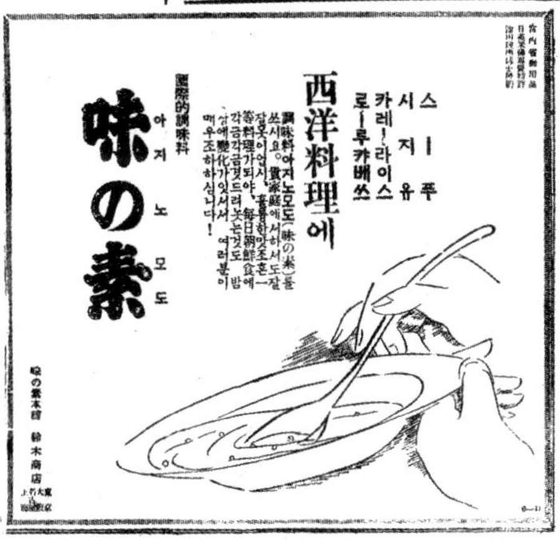

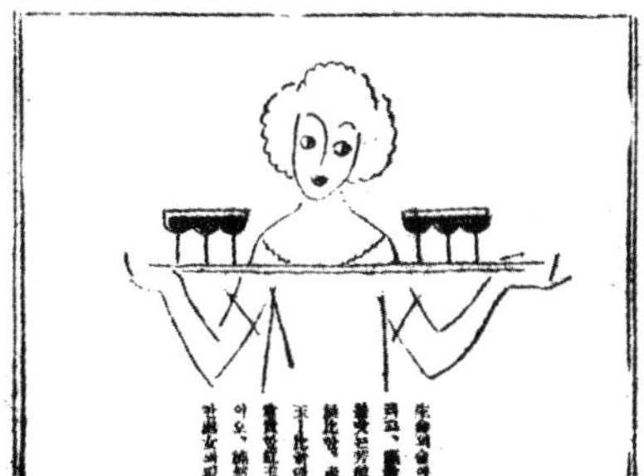

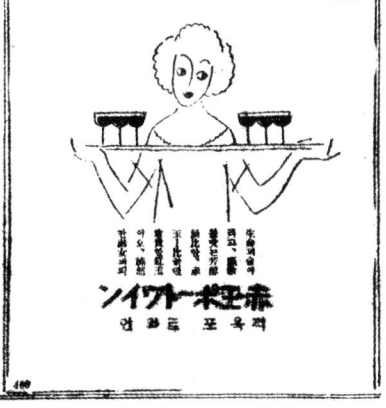

1920년대 『동아일보』와 『조선일보』에 실린 일본 제품 광고들 사진 신인섭(1986, 120쪽).

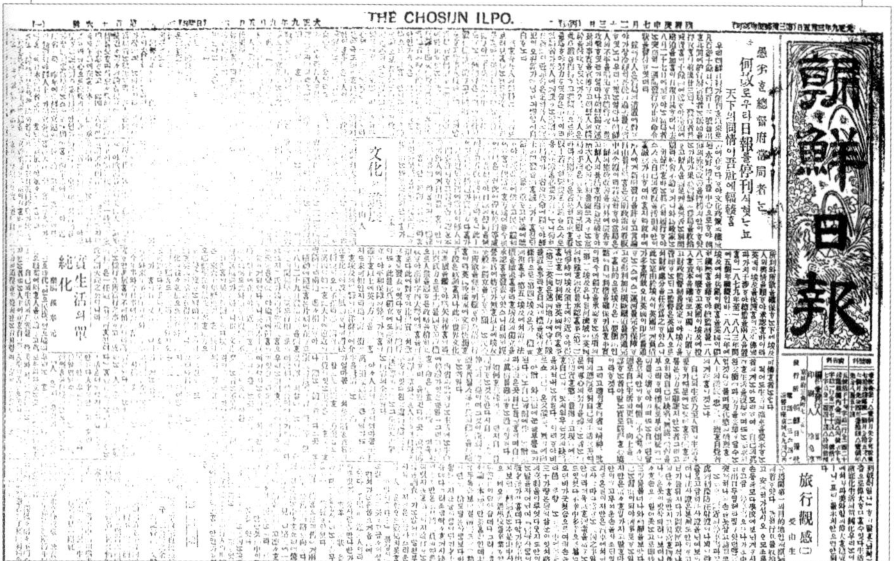

『조선일보』가 두 번째 정간을 당하게 된 사설 '우열한 총독부 당국자는 하고(何故)로 본보에 정간을 명하였나뇨' 라는 제목으로 1차 정간 사실을 강하게 비판함으로써 다시 정간 당하였다(1920년 9월 5일자 사설).

행인이 되면서 대정실업친목회와 관계를 끊고 독자들에게 새로운 면모를 보여 주려 시도하였다.

이후 『조선일보』는 『동아일보』보다 강도 높은 항일 논조로 독자들의 호응을 얻으려 시도하였다. 다시 말해 친일 신문이라는 독자들의 인식을 극복하기 위해 경쟁지인 『동아일보』보다 더 강력한 논조로 총독부의 정책을 비판하려 했다. 그리하여 친일 진영의 신문으로 출발한 『조선일보』가 민족 진영의 신문으로 출발한 『동아일보』보다 초기에는 오히려 더 많은 압수와 정간을 당하였다. 참고로 1920년대 『동아일보』와 『조선일보』가 총독부로부터 당했던 압수와 정간 처분을 정리해 보면 다음 표(107쪽)와 같다.

표 2. 1920년대 압수 처분 현황

연도	동아	조선
1920	16	24
1921	15	23
1922	15	12
1923	14	20
1924	56	48
1925	57	56
1926	33	53
1927	44	54
1928	26	21
1929	28	21

자료: 정진석(1990, 451쪽).

표 3. 신문에 대한 정간 처분 일람표

	구분	동아	조선
1차	문제 기사 기간	〈제사 문제를 재론하노라〉 1920. 9. 25~1921. 1. 10(108일)	〈자연의 화〉 1920. 8. 27~1920. 9. 2(7일)
2차	문제 기사 기간	국제농민본부로부터의 전문 1926. 3. 7~1926. 4. 19(44일)	〈우열한 총독 당국은……〉 1920. 9. 5~1920. 11. 5(62일)
3차	문제 기사 기간	〈조선의 현상하에……〉 1930. 4. 17~1930. 9. 1(138일)	〈조선과 노국과의 정치적 관계〉 1925. 9. 8~1925. 10. 15(38일)
4차	문제 기사 기간	일장기 말소 사건 1930. 8. 27~1937. 6. 2(279일)	〈제남 사건의 벽상관〉 1928. 5. 9~1928. 9. 19(133일)
계		569일(1년 6개월 22일)	240일(8개월)

자료: 정진석(1990, 456쪽)

위의 표를 보면 친일 세력에 의해 창간되었던 『조선일보』가 민족 진영에 의해 창간되었던 『동아일보』보다 오히려 압수당한 횟수도 더 많으며 정간 조치도 먼저 당하였음을 알 수 있다. 이와 같이 『조선일보』는 『동아일보』보다 더한 항일 논조로 독자들의 호응을 얻으려 시도하였지만 압수와 정간이 거듭되면서 야기되는 신문 발행의 불연속성으로 오히려 경영난은 가중되었다.

신문계의 변화

1924년은 민간지들의 역사에 있어 중대한 의미를 지니는 해이다. 『동아일보』는 1924년 연초에 실린 사설과 이에 대한 각계의 비난을 계기로 그 성격과 논조에서 중대한 변화를 가져오게 되었다. 『조선일보』는 신문의 소유권과 경영권이 민족 진영으로 넘어가 인적 구성과 지면상에 여러 가지 혁신을 시도하였다. 또한 최남선에 의해 『시대일보』가 창간됨으로써 『시사신문』의 폐간 이후 다시 민간 3지의 시대로 들어서게 되었다. 따라서 1924년은 식민지 시대 언론사상 여러 가지 측면에서 중대한 의미를 지니는 해라고 할 수 있다.

『동아일보』의 민족적 경륜 사건

1924년 1월 2일부터 6일까지 5회에 걸쳐 『동아일보』 지면에는 '민족적 경륜' 이라는 제목의 사설이 연재되었다. 이광수가 집필한 것으로 알려진 장문의 이 사설로 『동아일보』는 각계의 격렬한 비난에 직면하게 되는 등 커다란 사회적 파문을 일으켰다.

1월 2일자에서 국가 백년대계(百年大計)를 세우기 위해 토론이 필요하다며 시작한 이 사설에서 『동아일보』는 조선 민족의 백년대계를 위해 정치적 결사와 산업적 결사, 교육적 결사가 필요함을 주장하였다. 그 중 특히 문제가 된 부분은 1월 3일자의 논설에서 정치적 결사에 대해 언급한 부분이었다.

……지금까지 해왔던 정치적 운동은 일본을 적국시 하는 운동뿐이었다. 그러므로 이런 종류의 정치 운동은 해외에서나 만일 국내에서 한다 하면 비밀 결사적

일 수밖에 없었다. 그러나 우리는 무슨 방법으로나 조선 내에서 전 민족적인 정치 운동을 하도록 새로운 국면을 전개할 필요가 있다. 우리는 조선 내에서 허락하는 범위 내에서 일대 정치적 결사를 조직하여야 한다는 것이 우리의 주장이다…….

요컨대 일제의 식민 지배를 인정하면서 그 범위 내에서 자치권을 확보하기 위한 운동을 펼쳐 나가자는 것이었다. 여기서 말하는 정치적 결사의 주장이 연정회 조직 움직임과 연결되면서 더욱 논란과 의혹을 부채질했던 것이다.

연정회(硏政會)란 1923년 가을경부터 김성수와 송진우가 주동이 되어 결성하려 했던 단체였다. 『동아일보』의 세력이 주체가 되었던 단체인 것이다. 연정회는 "지금 정세하에서는 직접적인 독립 운동은 불가능하다."고 판단하여 인도의 국민의회 같은 합법적인 정치 단체 구성에 나서 그 명칭을 연정회라 하였다. 이러한 움직임이 있었던 터에 이 사설이 게재되자 더 큰 의혹을 불러일으켰던 것이다.

이 사설이 지면을 통해 공개되자 『동아일보』는 각계로부터 비난과 성토의 여론에 직면하게 되었다. 2월에는 동경 유학생들이 중심이 되어 『동아일보』에 대한 불매 운동을 전개하기로 결의하는 한편, 성토문을 작성하여 국내 각지에 발송하였다. 북경의 북경한인 임시선전회도 성토문을 발송하였다. 국내에서도 천도교 구파 등 민족 진영을 비롯해 조선노농총동맹과 당시의 대표적인 잡지 『개벽』 등도 이에 가담하였다. 특히 조선노

이광수(왼쪽)**와 송진우**(오른쪽) 사진 한국프레스센터(1995, 63쪽), 정진석 (1995, 194쪽).

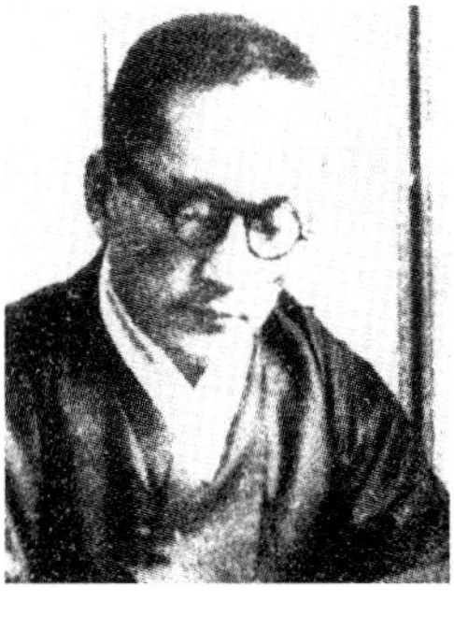

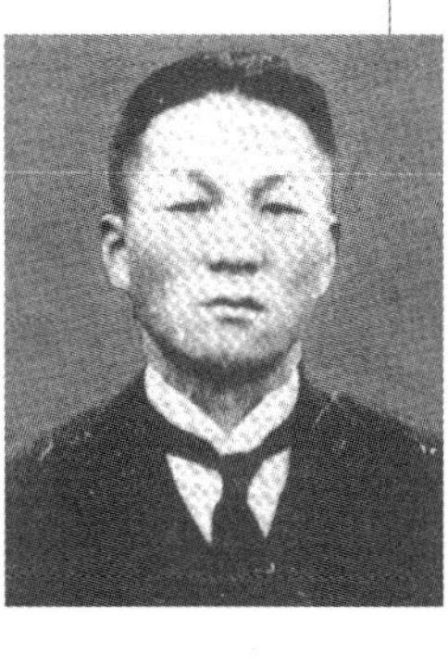

농총동맹은 『동아일보』에 대한 불매 운동을 결의하고 각지에서 성토 강연을 할 것 등을 결의하였다.

이처럼 각계의 비난이 쏟아지자 『동아일보』는 지면을 통해 해명하기에 이르렀다. 그리하여 1월 29일자 사설을 통해 당대의 대표적 소설가인 이광수가 쓴 글임에도 문제의 원인이 "수사(修辭)의 졸(拙)에 있다."고 해명하였다.

> ……만일 우리가 제창하는 '정치적 결사와 운동'이라는 논지를 한 사람이라도 다른 의미로 오해한다 하면 이는 그 책임이 수사(修辭)의 졸(拙)에 있는 것이지 결코 논문의 주지가 아니다. 그래도 그 논법이 불철저하므로 일반 사상계의 오해를 일으킨 점이 있다면 우리는 이에 대해 해명하고 사과하는 것에 결코 주저하지 않을 것이다. 따라서 그동안 직접 간접으로 비평과 질의를 가하여 주신 여러분의 우국개세(憂國慨世)의 성리(誠裏)를 감사하여 마지아니하노라.

한편 상하이의 임시정부에서 발행되고 있던 『독립신문』은 그 해 4월 26일자 사설에서 '동아보(東亞報)에 고(告)함'이라는 제목으로 『동아일보』를 강도 높게 성토하였다. 『독립신문』은 『동아일보』의 이 사설이 주장하는 바가 과연 우리 민족이 추구해야 할 경륜인가에 대해서도 의문이 들지만 특히 "제3일에 게재한 소위 정치적 결사라는 문자에 지(至)하여는 실로 요외(料外)요 소망하던 그 신문의 것이라는 점은 더욱 놀라운 일"이라고 비판하였다. 이어서 변명으로 넘어가려 하지 말고 회사의 대표가 나서서 해명하고 이를 만회할 방법을 강구하라고 촉구하였다.

당시 『동아일보』의 지면에 이러한 사설이 실림으로써 사회적 파문을 불러일으켰던 것은 일제의 이른바 문화 정치의 맥락과 밀접하게 맞물려 있었다. 일제는 문화 정치라는 명분을 내걸고 유화적인 제스처를 보이기도 하였지만 실제 그들의 핵심적 정책 의도는 다른 데 있었다.

일제의 새로운 정책 중에는 친일 세력을 육성 · 보호 · 이용하고 이들을 통해 참정권 문제를 제기하고 참정권 청원 운동을 전개한다는 것이 중요한 몫을 차지하고 있었다. 그리하여 1920년대 초반에는 친일 단체와 친일 인사들을 중심으로 참정권 청원 운동이 전개된 바 있다. 이러한 흐름이 1920년대 중반부터는 '자치론' 이라는 형태로 모습을 바꾸어 나타나기 시작하였다. 이러한 배경 속에서 1924년 초 『동아일보』 지면에 이광수 집필의 '민족적 경륜' 이라는 사설이 실려 자치론을 주장하게 되었던 것이다.

친일 단체 각파유지연맹 박춘금의 협박 사건

민족적 경륜 사설의 파장이 채 가라앉기도 전인 1924년 4월, 『동아일보』는 또 다른 회오리에 휘말리게 되었다. 4월 2일 친일 단체인 각파유지연맹의 박춘금이 『동아일보』의 김성수와 송진우를 협박한 사건이 벌어진 것이다.

각파유지연맹(各派有志聯盟)은 1924년 1월부터 총독부의 후원 아래 각종 친일 단체가 연합하여 결성한 단체이다. 이들은 "일선(日鮮) 양 민족의 혼연일체를 도(圖)하야 내(內)로는 민생의 강복과 외(外)로는 동양의 평화를 보장하여 세계의 진운에 순응코자 한다."는 명분을 내걸고 11개 친일 단체의 유지 34명이 모여 3월 25일 발족하였다. 이 단체가 발족하자 『동아일보』는 3월 30일과 4월 2일 두 차례에 걸쳐 '관민야합의 어리(漁利) 운동' 이라는 제목의 사설로 이 단체를 규탄하고 비난하였다.

> ……이것도 역시 일종의 직업 심리다. 이익을 쫓아가는 소위 야합이다. 이 점에 있어 또한 당국자의 태도를 구태여 논란코자 아니한다. 사냥꾼은 사냥에 목적이 있고 낚시꾼은 낚시에 목적이 있다. 다만 이 사냥꾼과 낚시꾼의 냄새나는 다툼에 많은 민중의 희생이 있는 것만 가히 애석한 일이다. 어느 일본 신문에 이와 같은 비평이 있다. 일선 융화업자의 호구책을 허락하는 것보다 그러한 시간과 금전이 있으면 산업 장려나 힘쓰라고……(1924년 4월 2일 논설).

이 사설이 공개되자 각파유지연맹의 간부인 박춘금이 『동아일보』의 사주인 김성수와 사장 송진우를 식도원이라는 요릿집으로 불러내어 친일파를 공격한 것을 사과하고 돈 3천 원을 내라고 권총으로 협박한 사건이 발생했다. 이러한 협박에 대해 송진우는 '사담(私談)'이라는 제목으로 "주의 주장은 반대하나 인신공격한 것은 온당치 못한 줄로 인(認)함"이라는 내용의 쪽지를 건네주고 풀려날 수 있었다. 다음날 김성수는 박춘금이 요구했던 돈 3천 원을 전하려 하였으나 그들이 거부함으로써 사건은 일단락되었다.

이 사건은 곧바로 민족 진영의 커다란 반발을 불러일으켰다. 각계의 지도자들이 모여 폭력 단체를 묵인하고 비호하는 총독부 당국을 비난하는 한편 각파유지연맹을 규탄하기 위한 '언론집회압박탄핵회(言論集會壓迫彈劾會)'라는 명칭의 민중 대회를 개최하였다.

이 민중 대회는 원래 각파유지연맹에 대한 규탄 의도로 시도되었지만 한걸음 더 나아가 일제의 언론 탄압 사례를 조사하고, 1924년 6월과 7월 두 차례에 걸쳐 이를 탄핵하는 대규모 집회를 기도하였다. 그러나 일제의 강제 진압으로 집회가 개최되지는 못하였다.

기자들의 개혁 요구

민족적 경륜 사건과 박춘금 사건은 『동아일보』의 기자들이 중심이 된 내부 개혁 운동으로 이어졌다. 특히 언론 자유에 대한 중대한 위협의 성격을 지닌 박춘금 사건을 당하고도 애써 감추기만 하려는 『동아일보』 경영진의 태도는 기자들의 의혹과 반발을 불러일으키기에 충분하였다. 기자들은 1924년 4월 24일 사장 송진우를 비롯한 간부 다섯 사람에 대한 불신임안을 결의하고 사내 민주화 등을 요구하였다.

이러한 기자들의 요구에 의해 사장 송진우와 이사 김성수 등 간부진의 사표는 수리되었으나 새로운 간부진의 구성은 사원들의 의사는 전혀 무시된 채 김성수의 의사대로만 구성되었다. 이는 사원들의 더 큰 반발을 불러일으키고 말았다. 많은 수의 기자들이 사표를 제출했던 것이다.

기자들의 강력한 민주화 요구에 대해 김성수는 3·1운동 대표 33인 중의 한 사람인 이승훈을 사장에, 홍명희를 주필 겸 편집국장에 앉혀 대외적인 이미지를 개선하려 하였다. 그러나 대내적으로는 기자들의 민주화 요구를 계속 무시하는 자세를 견지하였다. 이때에 사표를 제출했던 많은 기자들은 결국 『동아일보』를 떠날 수밖에 없었다. 이때의 주요 인물들이 결국 『조선일보』로 옮겨 『조선일보』의 변화를 주도하게 되었다.

이렇듯 기자들의 대량 사직으로 『동아일보』의 사태가 일단락되자 1924년 10월 김성수는 대외용으로 추대했던 이승훈을 고문으로 밀어내고 자신이 직접 사장으로 취임하여 경영과 편집의 전권을 장악하였다. 그리고는 송진우도 고문에 앉혔다가 1925년 4월 홍명희가 『시대일보』 주필로 옮기자 바로 송진우를 주필에 임명하였다. 그리하여 『동아일보』 기자들의 개혁 운동은 별다른 가시적인 성과를 거두지 못하고 좌절되고 말았다.

이러한 우여곡절들을 거치면서 『동아일보』는 많은 변모를 겪게 되었다. 즉 일제와 더욱 타협적인 자세를 보이게 되었으며 지면의 항일 논조도 점차 약화되어 갔다. 그리하여 1920년 출범 당시에는 외형적이나마 민족 운동 진영을 대변하는 신문으로 출발하였지만 이 사건을 계기로 하여 민족주의 우파 세력의 대변지로 성격이 굳어져 갔으며 그 밖의 민족 운동 진영과는 결별하는 모습을 보여 주게 되었다.

『조선일보』의 변화

1924년 『조선일보』는 그 소유주가 친일계에서 민족 진영으로 바뀌었다. 그 해 9월 12일 『조선일보』의 소유권이 송병준에서 신석우로 넘어가게 되었던 것이다. 새로운 경영진은 월남 이상재를 사장에 앉히고 신석우는 발행인 겸 부사장에, 그리고 안재홍, 이상협 등이 이사로 취임하였다. 편집국장에 민태원을 앉히고 『동아일보』에서 개혁 운동을 벌이면서 사표를 제출한 바 있던 여러

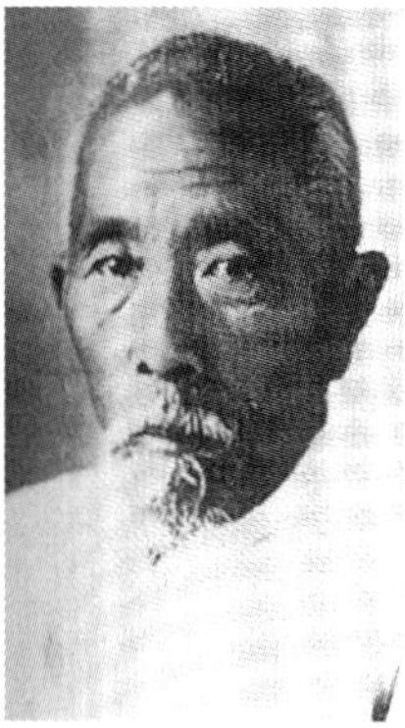

1924년 『조선일보』 사장에 취임한 이상재 사진 한국프레스센터(1995, 81쪽).(위)

『조선일보』의 신사명 『조선일보』의 혁신을 알리는 1924년 11월 1일자 사설. 민중과 함께 하는 신문이 되겠다는 의지를 밝히고 있다.(아래)

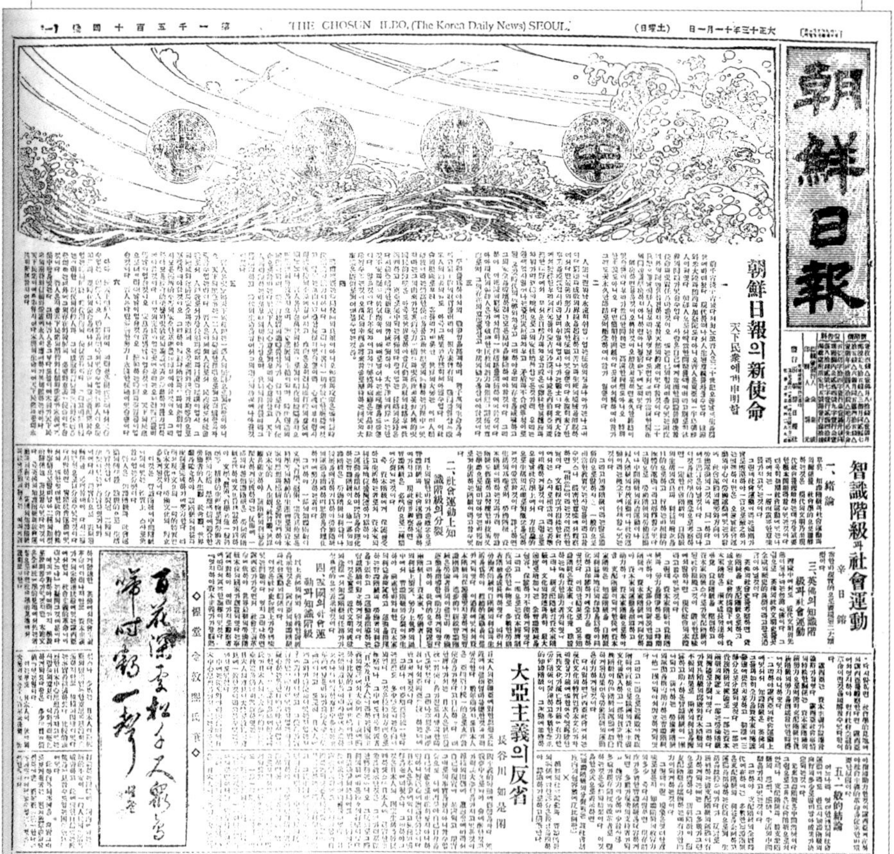

THE CHOSUN ILBO, (The Korea Daily News) SEOUL

大正十三年十一月一日 (土曜)

朝鮮日報

朝鮮日報의 新使命

天下民衆에게 申明함

智識階級과 社會運動

大亞主義의 反省

長谷川如是閑

명의 기자들이 자리를 옮겨 『조선일보』의 편집 진용을 갖추고는 '조선 민중의 신문' 이라는 새로운 슬로건을 내걸고 전면적으로 인사 및 지면 개편을 단행하였다.

이때에 『조선일보』에는 좌익계 인사들이 대거 참여하게 되었다. 1917년의 러시아혁명을 계기로 1920년대 이후로는 식민지 조선의 학생과 청년, 지식인층뿐만 아니라 근로자 대중에 이르기까지 사회주의 세력이 형성되기 시작하였다. 이들이 합법적 공간인 언론으로 활동 무대를 넓히기 시작한 것이다. 당시 『조선일보』에 입사한 사회주의 계열의 인사들은 박헌영, 김단야 등의 화요회 멤버들이 주축을 이루었다.

이렇게 새로운 진용을 갖춘 『조선일보』는 지면에서도 새로운 시도를 보여 주었다. 최초로 아침과 저녁에 모두 신문을 발행하는 조석간제를 단행하고 1면을 뉴스 중심으로 구성하였다. 이외에도 본격적인 연재 시사만화 '멍텅구리 헛물켜기' 란을 신설하는 등 다양한 시도로 지면 개선을 꾀하였다.

『조선일보』에 사회주의 세력이 대거 참여하였던 것이 지면에도 반영되어 해외의 사회주의 운동 동향, 이론 소개 등의 사회주의 관련 기사들이 많이 게재되었다. 이상재가 사장에 취임한 이후 제3차 정간에 이르기까지 사회주의적인 내용으로 말미암아 압수를 당한 것이 13건에 이르고 있다.

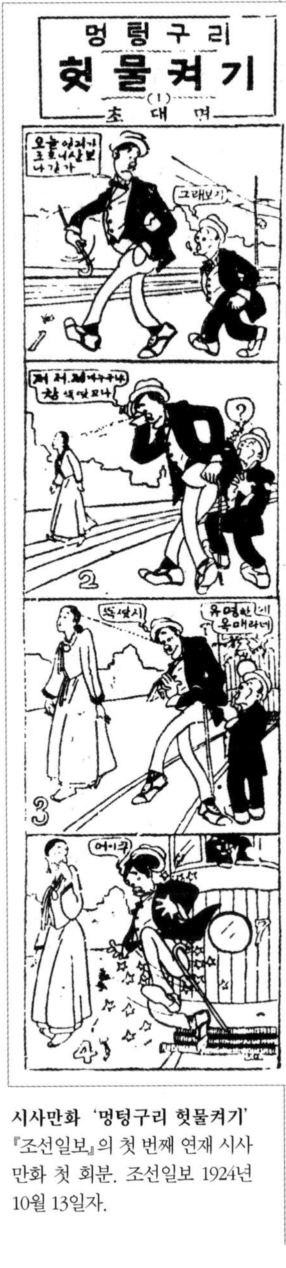

시사만화 '멍텅구리 헛물켜기'
『조선일보』의 첫 번째 연재 시사만화 첫 회분. 조선일보 1924년 10월 13일자.

그리하여 당시 『조선일보』는 사회주의 신문이라는 세평을 받기에 이르렀다.

그러나 당시는 러시아혁명 이후 일제도 사상 문제에 대해서는 극도로 신경을 곤두세우고 있던 터였다. 그러던 중 1925년 9월 8일자 『조선일보』에 실린 '조선과 노국과의 정치적 관계'라는 제목의 사설이 문제가 되어 세 번째 무기정간을 당하게 되었다. 이 사설은 소련 영사관이 서울 정동 러시아 공사관 자리에 부활된 것을 계기로 게재되었다.

이 논설에 대해 당시 총독부는 "극단적으로 조선 통치에 대한 불평불만을 시사했을 뿐만 아니라 제국의 국체와 사유 재산 제도를 부인하고 그 목적을 이루는 실행 수단으로서 적로(赤露)의 혁명 운동의 방법에 의해 현상을 타파할 것을 강조한 기사"라는 이유로 즉시 발행 정지를 명하였다. 당시 『조선일보』를 치기 위해 기회를 엿보던 총독부로서는 좋은 기회를 포착했던 셈이다. 그리하여 발행 정지와 동시에 윤전기를 차압하고 논설 집필자였던 신일용과 김동성, 김형원 등 세 명을 구속하는 조치가 취해졌다.

이 정간 조치는 38일 만인 1925년 10월 15일 해제되었다. 당시 총독부는 『조선일보』의 정간을 해제시켜 주는 조건으로 사회주의 성향의 기자들을 해고할 것을 요구하였다. 총독부의 이러한 압력에 굴복하여 『조선일보』는 정간 해제와 더불어 17명의 기자를 무더기로 해고하고 말았다.

1920년대 후반의 신문

신간회의 결성과 『조선일보』

『동아일보』의 '민족적 경륜' 사설을 둘러싸고 야기되었던 민족 진영의 대립과 갈등은 1920년대 후반의 민족 운동 전개에도 적지 않은 영향을 미쳤다. 타협적 민족주의 세력들은 이때 이후 자치 운동을 전개하였다. 반면 비타협적 민족주의자들과 사회주의 세력들은 이 자치론을 맹렬히 비난하면서 '민족협동전선'의 필요성을 주장하고 나섰다. 『조선일보』가 이 민족협동전선론에 주도적인 역할을 하였다. 이러한 맥락에서 민족주의 세력과 사회주의 세력이 연합하여 1927년 2월 15일 출범을 선언한 범민족적 성격의 단체가 바로 '신간회(新幹會)'이다.

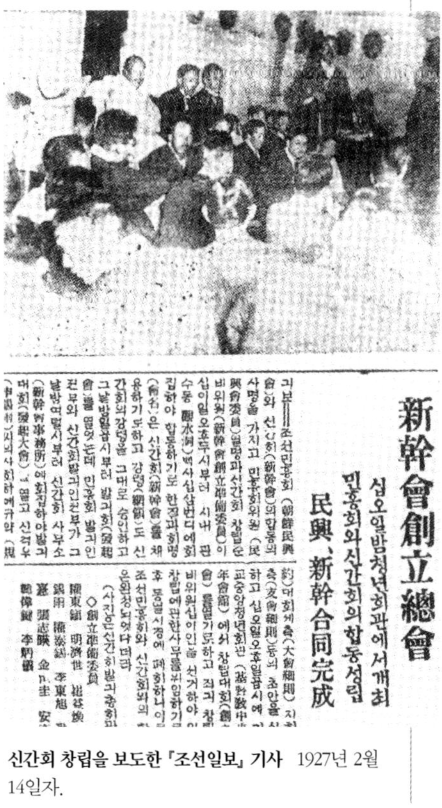

신간회 창립을 보도한 『조선일보』 기사 1927년 2월 14일자.

『조선일보』는 민족협동전선론의

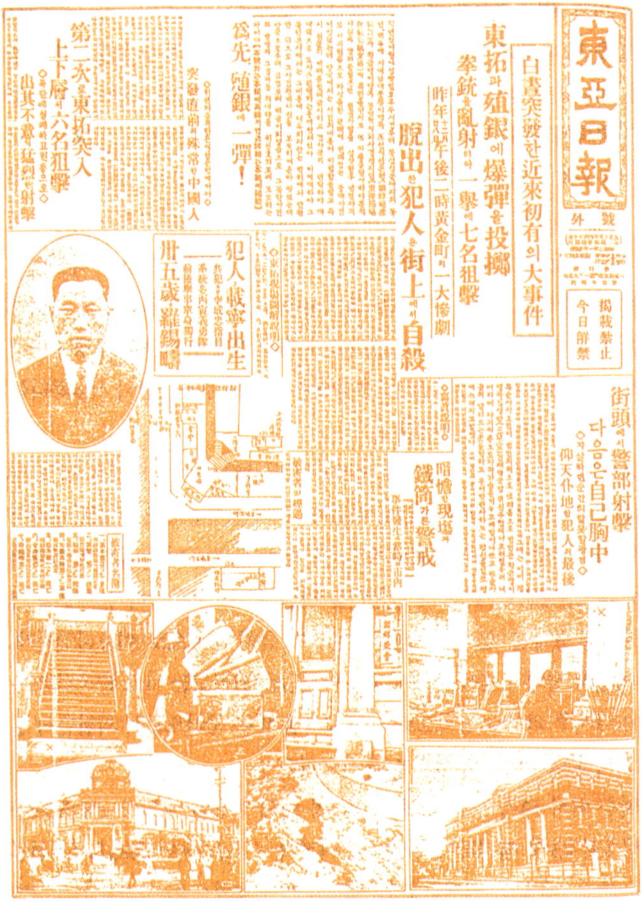

東亞日報 號外

白晝突發한 近來初有의 大事件

東拓과 殖銀에 爆彈을 投擲

拳銃을 亂射하야 一擧에 七名狙擊

昨年十二月廿八日午後二時黃金町의 一大慘劇

脫出한 犯人은 街上에서 自殺

揭載禁止 今日解禁

街頭에서 警部射擊 다음은 自己胸中

仰天仆地한 犯人의 最後

第二次로 東拓突入 上下層의 六名狙擊

出其不意 猛烈한 射擊

爲先 殖銀에 一彈!

突發直前에 殊常한 中國人

犯人 載寧出生 卅五歲 羅錫疇

喧噪한 現場과 鐵筒같은 警戒

나석주 의사의 거사를 알린 『동아일보』 호외 이 사건은 원래 1926년 12월 28일에 거행되었으나 일제의 통제로 보도되지 않다가 1927년 1월 23일에 해제되자 두 신문은 대형 호외로 보도하였다.

입장에서 이 신간회의 결성에도 주도적인 역할을 하였다. 이상재와 신석우, 안재홍 등 주요 간부가 신간회의 핵심적인 인물들로 참여하였고, 본사 및 지방의 기자들도 주요 간부 혹은 회원으로 참여하였다. 또한 신간회의 활동에 관해서도 지면을 통하여 다른 신문들보다 훨씬 자세하게 보도하는 등 적극적인 자세를 보였다. 반면 『동아일보』는 신간회의 결성과 이후의 활동에 대하여 계속 소극적인 태도를 보였다.

400여 명의 회원으로 시작한 신간회는 단결된 모습의 민족 운동을 갈망하던 민중들의 열망과 맞아떨어지면서 커다란 호응을 불러일으켰다. 그리하여 창립 후 4년 만인 1931년에는 전국 141개 지회에 39,410명의 회원이 참여하는 조직으로 성장하였다. 그리하여 신간회는 지방의 조직들을 중심으로 활발한 민족 운동을 펼쳐 나갔다.

1929년 11월 광주에서 시작된 학생들의 항일 운동이 삽시간에 전국으로 번져 나가자 신간회를 중심으로 한 각 단체에서는 이 운동을 전국적인 차원의 민족 운동으로 승화시켜 나갈 것을 결의하였다. 이에 일제는 12월 13일 거사 직전에 신간회 본부를 포위하고 주요 간부들에 대한 검거에 나섰다.

이와 같이 핵심 간부들이 일제에 의해 검거되자 신간회는 1930년 11월 새로운 집행부를 구성하였다. 그러나 새 집행부가 급속히 우경화되면서 자치 운동과의 연합을 시사하기까지 하자 1930년 신간회의 각 지회들이 해체론을 들고 나오게 되었다. 그리하여 1920년대 후반 민족 운동의 구심점으로서 역할을 해 온 신간회는 1931년 5월 해체되고 말았다.

기자들의 항일 운동

무명회와 철필구락부

식민지 언론이라는 제한된 공간 속에서 민간지들이 나타나면서 기자 운동의 싹도 형성되기 시작하였다. 창간을 허용한 직후부터 일제가 우리의 민간지에 대해 압수와 정간 등의 탄압을 가하자 이에 조직적으로 대항하기 위해서 기자들 차원에서 단체가 생겨나게 되었던 것이다.

1921년 11월 27일 언론인 48명이 모여 결성한 무명회(無名會)가 바로 최초의 기자 단체이다. 무명회는 문화 보급의 촉진, 언론 자유 신장, 여론 선도, 회원의 명예와 권리의 옹호, 그리고 회원 상호 친목을 목적으로 하는 언론 단체였다. 회원 자격은 '조선인 기자' 라고 광범위하게 규정하여 기자부터 발행인까지 현역 언론인들이 이에 참여하였다. 창설 이듬해인 1922년 1월 26일에는 무명회의 첫 월례회 겸 임시총회가 열려 '신문과 잡지에 대한 검열 및 허가 제도를 철폐하도록 노력할 것' 을 결의하기도 하였다.

이들은 총독부의 탄압에 맞서 언론 자유를 신장한다는 이상을 가지고 출발하기는 하였지만 실제 조직 구성에 있어서 총독부 기관지인 『매일신보』의 기자도 포함하는 등 여러 가지 문제를 안고 있었다. 결국 일제에 의해 허용된 합법적 영역의 언론인 단체라는 한계를 극복하지 못하고 실제 활동은 부진을 면치 못하였다.

그러던 중 1924년도에 언론계에서 벌어진 박춘금 사건과 언론집회압박탄핵회 등에 직면하면서도 무명회가 아무런 구실을 못하자 그 해 8월 17일 언론인 30여 명이 다시 모여 무명회를 부활시킬 것을 결의하였다. 그러면서 회원의 자격을 새로이 규정하여 '민중의 정신과 배치되지 아니하는 신문 기자' 만 입회를 가능케 함으로써 『매일신보』를 배제하였다. 이와 같이 새로운 변모를 시도한 무명회는 이후 보다 적극적이 활동 모습을 보여 주었다.

한편 무명회에 한계를 느낀 각 신문의 사회부 기자들이 모여 1924년 11월 19일 철필구락부(鐵筆俱樂部)를 결성하였다. 이 단체는 창립 목표를 '서로 친목하며 결속하여서 기자 생활의 향상을 도모한다.' 고 밝히고 있다. 결성 이후 철필구락부는 무명회와 더불어 언론계의 양대 단체로서 많은 활동을 벌였다. 특히 철필구락부는 기자의 권익 옹호에 보다 적극적인 활동을 벌여 1925년에는 사회부 기자의 급료 인상을 요구하는 투쟁을 벌이기도 하였다.

1925년에는 무명회와 철필구락부 두 단체가 중심이 되어 최초의 전조선기자대회가 열렸다. 전국에서 463명의 기자가 참석한 가운데 열린 전조선기자대회(全朝鮮記者大會)는 4월 15일부터 3일간 계속되었다. 이 대회에서는 기자들이 친목과 협동을 공고히 하여 언론의 권위를 신장하고 발휘할 것을 천명하면서 신문 및 기타 출판물에 관한 현행 법규의 개정과 언론집회 및 결사의 자유를 구속하는 모든 법규의 철폐를 요구하는 결의문을 채택하였다.

지사로서의 기자

일제 강점기의 기자 운동은 그 특성을 지사형(志士型) 지식인 운동이라는 데서 찾을 수 있다. 민족의식과 지사적 성격으로 저임금을 감내하면서 언론을 통해 민족 운동에 동참하고 기자의 권익 옹호와 임금 인상을 위해 노력했던 것이 일제하 기자 운동의 특성이었던 것이다. 식민지라는 특수한 상황 속에서 형성된 이러한 인식이 우리 사회의 언론인관을 형성하는 데 중요한 영향을 미쳤다. 다시 말해 언론인을 단순한 직업인으로 보기보다는 공적인 역할을 담당하는 지사적 지식인으로 본다는 것이다. 이러한 인식의 뿌리는 바로 초창기 언론의 역사적 상황 속에서 형성된 것이었다.

그러나 일제 강점기의 기자 운동은 일제하 민간 언론이라는 틀 속에서 진행된 것이기에 당시의 민간지들이 안고 있었던 제반 한계로부터 자유로울 수는 없었다.

잡지의 항일 운동과 신문 비평

잡지의 항일 운동

민간지들은 우리 민족의 입장을 대변해 주리라는 기대를 안고 출발했지만 출발 직후부터 그 기대에 부응하는 모습을 보여 주지 못하고 여러 가지 한계를 드러내고 말았다. 이러한 민족 언론의 빈자리를 메워 나가고 견제의 역할을 자임했던 것이 바로 잡지 언론이다.

문화 정치기에는 잡지 언론도 활성화되어 많은 종류의 잡지가 창간되었다.

그 중에는 신문지법에 의한 잡지도 다수 있었다. 당시의 잡지들은 신문지법에 의해 발행 허가를 받을 수도 있었고 출판법에 의해 발행할 수도 있었다. 그러나 이 양자 사이에는 커다란 차이가 존재했다. 이때에 신문지법에 의해 발행되는 잡지는 총독부 당국의 사전검열을 받지 않아도 되었기 때문에 시사적인 문제에 대해서도 다룰 수 있는 반면 출판법에 의한 잡지는 당국의 사전 검열을 거쳐야만 했다. 일제는 무단 통치 기간 중에는 신문지법에 의한 잡지의 창간을 전혀 허용하지 않았지만 3·1운동 이후의 문화 정치 기간 중에는 신문지법에 의거한 잡지의 창간도 일부 허용해 주었던 것이다.

또한 이 시기의 잡지는 그 수적인 면에서도 많은 증가를 보여 주었다. 이러한 수적 증가는 일차적으로는 일제 식민 정책의 전환이 가장 중요한 요인이 되었다. 그러나 그 외에도 우리 민족의 문화적, 정치적 자각의 고조와 매스컴에 대한 인식 및 독자 수의 증가 없이는 기본적으로 불가능했을 것이다. 또한 이 시기에는 한국 연구에 대한 자각이 싹트게 되어 학술 전문지가 다수 출현하였으며 문예지도 전단계의 계몽주의에서 벗어나 본격적인 근대 문학 활동을 전개하였다.

이 시기 잡지는 무단 통치기의 잡지가 보여 주었던 미온적인 계몽성을 벗어나 민족 운동과 결부된 투쟁성을 띠었으며 대표적인 잡지가 바로 『개벽(開闢)』이다. 1920년 6월 25일 신문지법에 의해 창간된 『개벽』은 천도교 세력을 바탕으로 나온 잡지였다. 1926년 8월 1일 통권 72호가 압수되면서 강제 폐간될 때까지 『개벽』은 창간호가 반포 금지를 당한 것부터 시작하여 압수 처분 34회, 정간 1회, 벌금형 1회 등의 탄압을 겪어야 했다. 이후 1934년 11월 『개벽』은 출판법에 의해 속간되었다.

『개벽』 외에 사회주의 경향의 잡지도 60여 종 발행되어 민족 운동의 중요한 부분을 점유하였다. 이렇듯 사회주의적인 잡지가 많이 발간된 것은 당시 지성사의 흐름을 반영한 것으로서 일제에 대한 저항의 양식이 이론뿐 아니라 조직상으로도 다양해졌음을 의미한다.

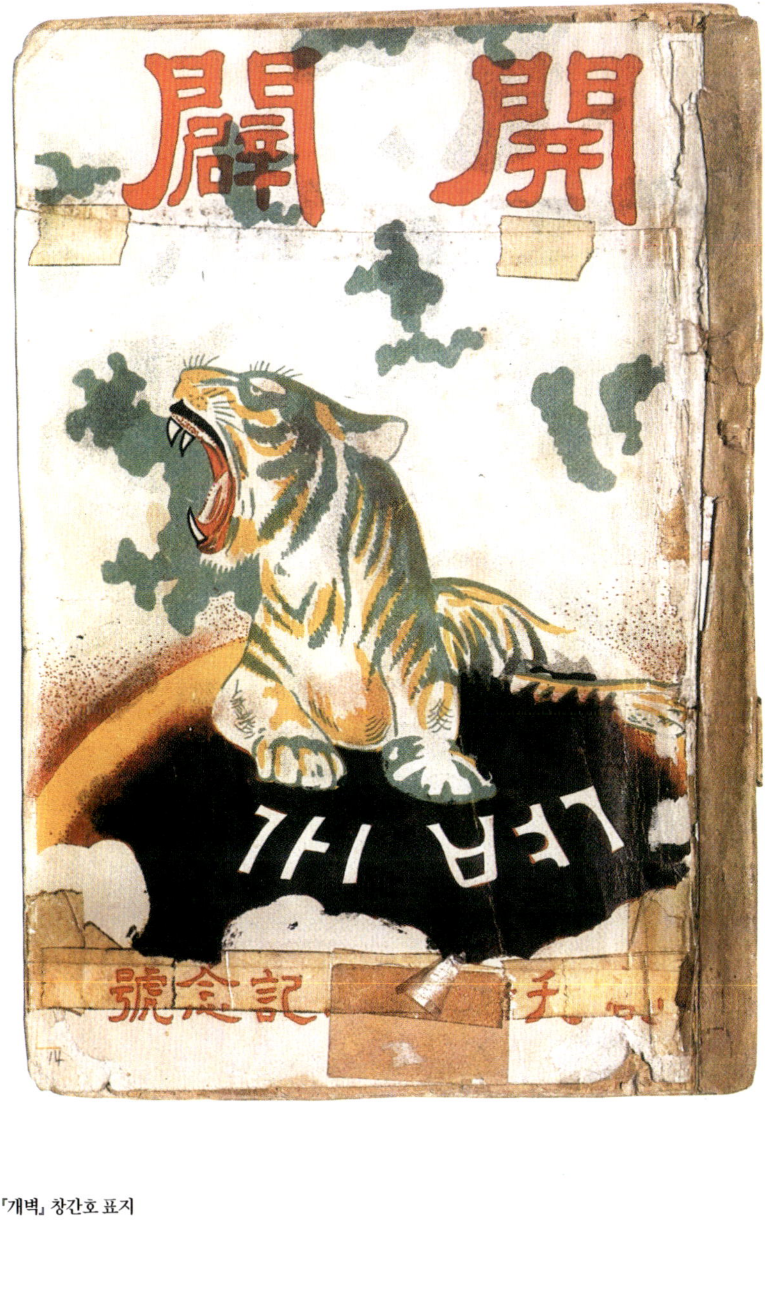

「개벽」 창간호 표지

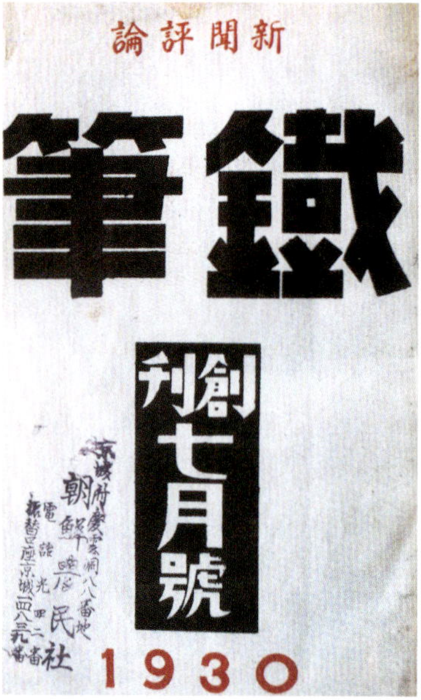

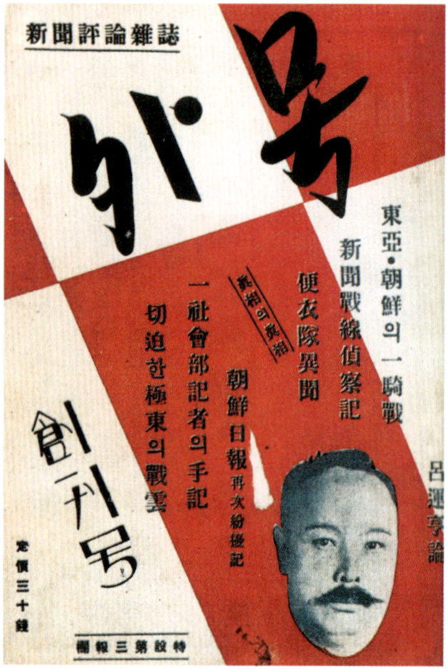

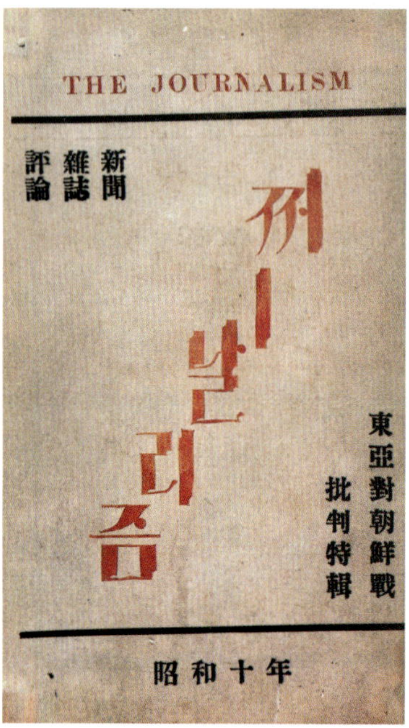

언론비평지 『철필』 창간호 표지(위 왼쪽)

언론비평지 『호외』 창간호 표지(위 오른쪽)

언론비평지 『쩌날리즘』 창간호 표지(아래)

잡지의 신문 비평

1920년에 『동아일보』와 『조선일보』를 비롯한 신문들의 창간이 허용되어 민간지의 시대가 열리면서 뒤이어 잡지들의 언론 비평 활동이 시작되었다. 1920년대에는 『개벽』지가 중심이 되었으며 1930년대로 접어들면서는 여러 잡지들이 언론 비평에 참여하였다. 새로이 언론 비평에 참여한 주요 잡지들로는 『동광(東光)』, 『삼천리(三千里)』, 『별건곤(別乾坤)』, 『제일선(第一線)』, 『비판(批判)』, 『혜성(彗星)』 등이 있다.

1928년에는 『신문연구(新聞硏究)』라는 언론 관련 전문 잡지가 창간되었다. 이 잡지는 1928년 5월에 결성된 『조선신문연구회(朝鮮新聞硏究會)』라는 연구 단체가 창간한 것으로서 대중을 상대로 한 잡지라기보다는 학술 잡지의 성격을 지니고 있었다.

1930년대에는 언론 비평 전문지라 할 잡지들도 창간되었는데 『철필(鐵筆)』과 『호외(號外)』, 『쩌날리즘』이 그것이다. 『철필』은 1930년 7월 9일 창간된 언론 전문지로서 언론인을 대상 독자로 하였다. 이러한 성격은 창간호에 실린 '사천여 직업 동지에게 격(檄)함' 이라는 제목의 글에서 "본지는 조선의 신문인 다시 말하면 조선의 쩌날리스트 제군을 위하야 세상에 나온 것이다."라고 한데서도 명백히 드러난다. 그러나 철필은 4호까지만 발행되고는 더 이상 발행되지 못했다.

1933년 12월에 창간된 『호외』는 '신문의 신문(新聞之新聞)' 을 표방하고 나선 언론 비평 전문지이다. 『쩌날리즘』은 1935년 창간된 잡지로서 창간호의 편집 후기를 보면 잡지의 발행 목적을 '일반에게 신문 잡지의 과학적 지식을 보급' 하자는 데에 두고 있다. 이 두 잡지는 일반 대중을 상대로 한 언론 비평 전문지의 성격을 지닌다고 할 수 있으나 창간호만 내고는 발행되지 못하고 말았다.

일제 강점기 잡지들의 신문에 대한 비평의 주요 내용은 신문의 사회적 역할에 대한 것과 자본과 경영에 대한 것, 그리고 내용에 대한 비판 세 가지로 나눌 수 있다. 1920년대에는 신문의 지도적, 비판적 역할에 대한 주장이 강하게 제

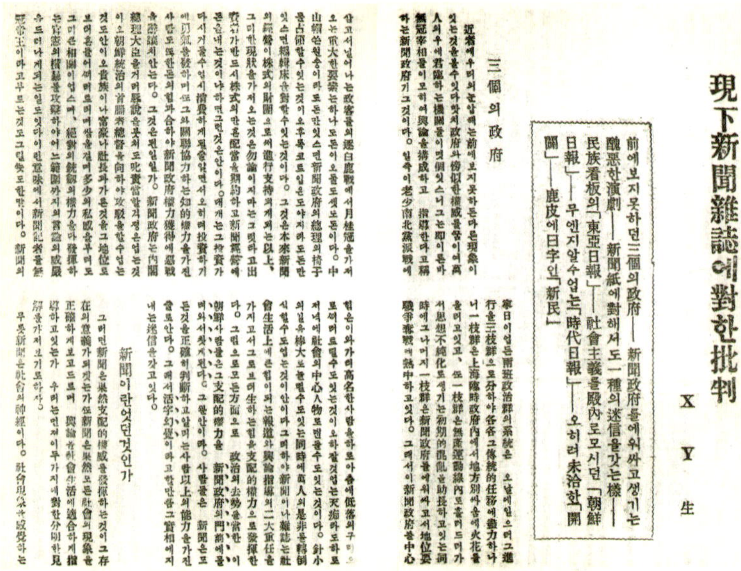

現下新聞雜誌에 對한 批判

X Y 生

前에보지못하던三個의政府 — 新聞政府를에워싸고생기는 醜惡한演劇 — 新聞紙에對해서도一種의迷信을갓는樣 — 民族看板의「東亞日報」 — 社會主義를殿內로모시던「朝鮮日報」 — 무엔지알수업는「時代日報」 — 오히려未洽한「開闢」 — 鹿皮에日字인「新民」

三個의 政府

新聞이란 어떤것인가

『개벽』의 언론 비평 기사 XY생이라는 필명의 이 기사는 신문의 권력을 '정부' 에 비유하여 신문들에 대한 당시 사회의 인식을 보여 주고 있다. 즉 '민족 간판의 동아일보', '사회주의를 전내로 모시던 조선일보', '무언지 알 수 없는 시대일보' 라고 평하고 있다. 1925년 11월호.

기되었으나 1930년대 들어서면서 이 논점은 거의 사라지게 되었다. 신문의 기업화나 상품화에 대해서는 초기에는 매우 비판적이었지만 1930년대에는 하나의 필연적인 추세로 받아들이게 되었다. 반면 신문의 홍미 위주의 논조에 대해서는 일관되게 비판적이었다.

이 시기 언론 비평에서 나타나는 특징 중의 하나는 상당수의 글이 필자의 본명을 밝히지 않고 필명을 사용하였다는 점이다. 몇 가지만 예를 들어보면 경운동인(慶雲洞人, 『개벽』 1926년 2월호), 무명거사(『동광』 1931년 12월호), 만담자(『제일선』 1932년 9월호), 벽상생(壁上生, 『혜성』 1931년 3월호) 등이다. 이처럼 필명이 많았던 것은 당시 여러 가지 사회적 분위기상 공개적으로 비판하기에 다소 껄끄러운 점이 많았기 때문이 아닌가 한다. 언론인들이나 비평자들이나 대부분 제한된 지식인 그룹 내의 인물들이었기에 신분을 드러내지 않기 위해 필명을 사용하였던 것 같다.

신문 독자들의 권리의식

당시 잡지들이 이처럼 신문 비평에 대해 적극적이었던 것은 신문이 본 궤도를 벗어나는 것을 감시하고 독려하는 것은 독자들의 권한이라는 인식 때문이었다. 『개벽』 1923년 7월호에 벽아자(壁啞子)라는 필명으로 쓴 『동아일보』에 대한 논평을 보면 이런 생각이 잘 반영되어 있다.

> 신문 발행의 본령은 영리 추구가 아니라 그 사회의 공론을 대표하며 각종 사건을 공평한 태도로 보도하는 것이 그 사명이다. 이 본령을 망각한 신문은 지극히 위험하야 우리가 예상치 못할 죄악을 사회에 미친다. 그러고 보면 우리 일반 독자는 이를 감시하고 독려할 권한이 있다. 기회 있는 대로 비평을 가하여 신문으로 하여금 충실한 태도를 가지게 함이 오히려 당연한 일이다.

이와 같이 수용자로서 독자의 권한 의식이 생거나기 시작했다는 점은 매우 주목할 만하다. 이러한 수용자의 권리의식을 바탕으로 언론에 대한 비평 활동이 이루어졌던 것이다.

『동광』 1931년 12월호에 실린 무명거사가 쓴 글은 언론 비평의 의의를 "신문의 지위를 정확히 인식하야 재래식의 숭배적 신문 독자를 비판적 신문 독자로 훈련하는 과정"이라고 자평하고 있다. 수용자의 역할과 그 능동적 역할의 중요성에 대해 매우 잘 인식하고 있음을 알 수 있다. 이러한 인식들이 밑바탕에 있었기에 당시 잡지들은 이처럼 신문 비평에 대해 적극적이었던 것이다.

1930년대의 신문

일제의 언론 통제 강화

일제는 1920년대 말부터 전 세계적으로 몰아닥친 경제 대공황의 위기를 대륙 침략으로 타개하려 했다. 그리하여 1931년에는 급기야 만주 사변을 일으키면서 식민지 조선을 대륙 침략의 병참 기지로 만들려는 정책을 펼쳐 나갔다. 또한 1929년의 광주학생의거를 계기로 해서 국내의 민족 운동에 대해서도 탄압의 고삐를 더욱 조여 나갔다. 일제는 황국신민화(皇國臣民化), 내선일체(內鮮一體) 등을 내세우며 한국 민중에 대한 선전 활동을 보다 강화해 나가며 한국의 언론에 대해서도 탄압의 기준을 더욱 강화하였다.

이러한 통제 강화에 대해 민간지들은 별다른 저항의 움직임을 보여 주지 못했다. 신문들은 과거와 달리 발행 부수도 많아졌고 지면도 늘어 압수를 당하면 손실이 많아지고 또 압수가 거듭되면 정간 또는 폐간의 가능성도 커지므로 이러한 기업적 측면을 고려하여 자연히 검열에 걸리지 않도록 하려는 경향이 짙어 갔다.

〈표 4〉에서 보는 바와 같이 1930년대 이후로는 검열의 강화에도 불구하고 총독부에 의해 압수 처분을 받은 기사의 건수는 현저히 줄어들었다. 1920년대에는 많은 해에는 50건이 넘기도 하였지만 1930년대 들어서면서는 점차 감소하여 대부분 연간 10건 미만을 기록하고 있다.

표 4. 1930년대 압수 처분 현황

연도	동아	조선
1930	21	16
1931	17	9
1932	7	8
1933	6	9
1934	12	4
1935	2	3
1936	9	13
1937	2	8
1938	5	7
1939	8	5

자료: 정진석(1990, 451쪽).

당시 총독부의 언론 검열 실무를 맡고 있던 한 관리는 민간지들의 협력 관계에 탄복하면서 "총독 정치와 잘 공명하여 조선의 개발 지도 기타 문화의 향상 발전에 노력하고 있다는 실로 반가운 경지에 들어가고 있다."는 말을 할 정도였다. 총독부 관리가 이러한 말을 할 정도였으니 당시의 언론 상황이 어떠했는지 단적으로 짐작할 수 있을 것이다.

당시의 민간 신문들에서 민족성이나 항일 논조를 기대하기는 어려운 것이었다. 그래서 당시 사회에는 제도권 언론에 대비되는 대항 매체로서 유인물 등의 지하 신문들이 많이 등장하였던 것으로 보인다.

총독부는 1936년 8월 9일 「불온문서임시취체령」을 공포하여 적용토록 하였다. 이 법의 시행에 즈음하여 총독부는 "요즈음 소위 괴문서란 것의 횡행은 특히 심하여 이것 때문에 현저하게 사회 인심의 불안을 조성하고 치안상에 중대한 지장을 초래"한다면서 이를 규제하여 "인심의 불안을 제거하고 치안을 확보하려는 취지에서 이 법을 시행한다."고 담화를 발표하였다.

이 담화문에서 말하는 괴문서란 곧 지하 신문의 형태를 말하는 것으로 해석할 수 있으며 당시에 이 지하 신문이 꽤 융성했었음을 알 수 있다. 이러한 지하 신문의 융성은 바로 당시 제도권 언론인 민간지들이 제 소임을 다하지 못하여 민중들의 정보 욕구를 제대로 채워 주지 못했기에 나타난 현상이었다.

민간 3지의 상업적 경쟁

『동아일보』와 『조선일보』의 상황

당시의 민간지들은 항일 운동이라는 민족적, 시대적 과제는 뒷전에 둔 채 기업 경영의 측면에서 상호간의 경쟁에만 몰두하였다. 먼저 당시 언론계의 전반적인 상황부터 살펴보기로 하자.

『동아일보』는 앞에서도 논한 바 있지만 1920년대 후반과 1930년대에 들어서도 경영 면에서는 계속 안정을 유지하였다. 반면 『조선일보』는 계속되는 재정난과 회사 내의 내분으로 어려움이 계속되었다. 1932년 11월에는 흥사단계의 조병옥과 주요한이 인수하여 조만식을 사장으로 추대하였으나 다음해 3월 사원들의 배척 운동으로 3월 5일부터 휴간에 들어갔다.

이러한 난맥상의 『조선일보』를 1933년 3월에 방응모가 인수하였다. 『조선일보』는 방응모가 인수하면서 오랜 경영난과 내분을 종식시키고 안정된 경영을 유지하면서 『동아일보』와 경쟁 체제로 돌입하였다.

방응모 1933년 『조선일보』를 인수하였다. 사진 정진석(1995, 207쪽).

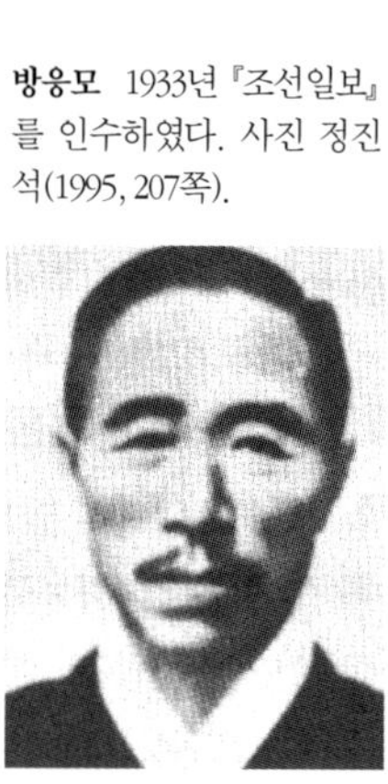

방응모는 『동아일보』 정주 지국장을 하다가 금광으로 일약 부를 축적한 사람이었다. 그는 1933년 1월 16일 주식회사 조선일보를 세워 1933년 3월에 인수를 완료하면서 이광수 등 『동아일보』의 인사를 초빙하여 지면 강화에 힘썼다. 이때에 사시도 정비하여

정의 옹호, 문화 건설, 산업 발전, 불편부당을 4대 사시로 내걸었다.

여기서 주목할 것은 바로 '불편부당'이다. 이는 서구 신문의 역사적 발전 과정에서 보면 정당 신문의 시대를 넘어서 상업화되기 시작하는 단계면 어김없이 나타나는 슬로건이다. 즉 정파를 초월하여 두루두루 독자층으로 삼아 판매의 극대화를 노린다는 상업적 전략이 밑바탕에 자리하고 있는 것이다. 1930년대 『조선일보』가 이를 표방하였다는 사실은 이러한 측면에서 여러 가지를 시사해 주고 있다.

제3의 신문

한편 『시사신문(時事新聞)』 이래 제3의 신문은 오래 지속되지 못하고 자주 얼굴이 바뀌었다. 1924년 3월 31일 최남선에 의해 『시대일보(時代日報)』가 창간되었다가 1926년 8월에 폐간되고 말았다. 1926년 11월 15일에는 이상협이 『중외일보(中外日報)』를 창간하였으나 경영난으로 1931년 9월 2일 폐간되고 말았다.

1931년 11월 27일에는 노정일이 『중외일보』의 지령을 계승하고 제호를 『중앙일보(中央日報)』라 바꾸어 속간하였다. 『중앙일보』는 1933년 2월, 사장에 여운형, 부사장에 이상협이 취임하면서 1933년 3월 7일부터는 '민중의 신문'을 표방하고 제호도 『조선중앙일보(朝鮮中央日報)』로 개제하였다.

최남선(왼쪽), **여운형**(오른쪽) 사진 한국프레스센터(1995, 72쪽), 정진석(1995, 207쪽).

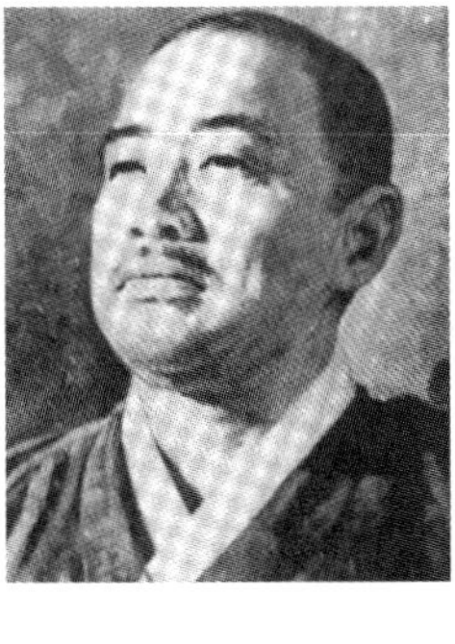

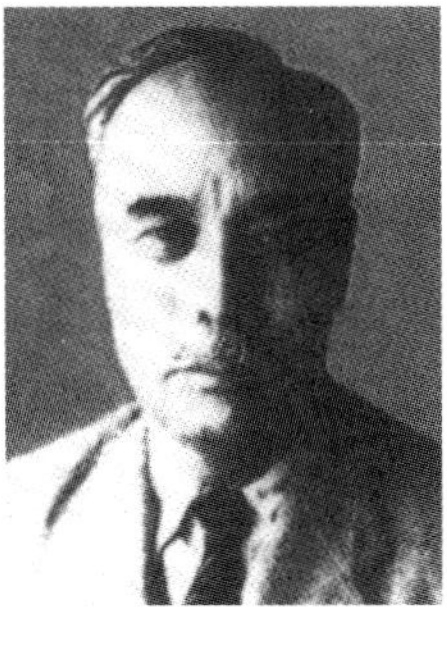

제3의 신문들은 대부분 『조선일보』나 『동아일보』에 비해 열세를 면치 못하였다. 시장의 후발 주자라는 점 때문에 불리한 점도 있는데다가 자본력의 열

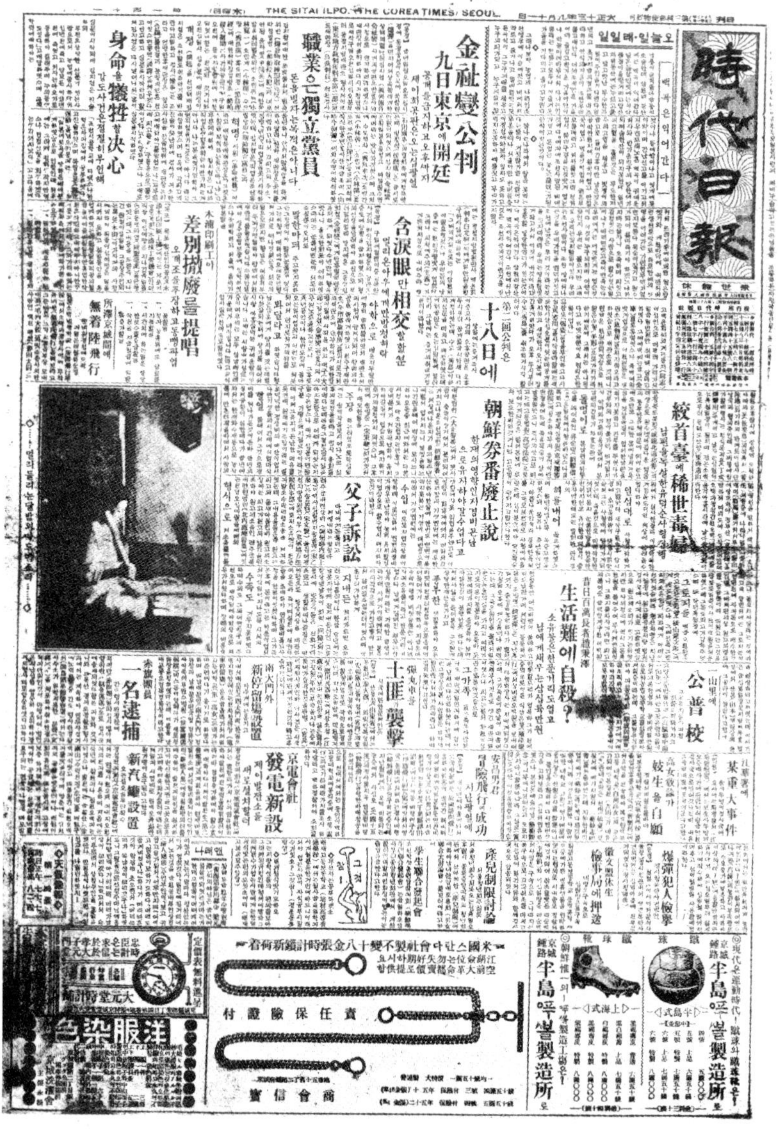

THE SITAI ILPO. THE COREA TIMES. SEOUL.

時代日報

오늘·일·매일

金社變公判

九日東京에開廷

職業은獨立黨員

身命을犧牲할決心

差別撤廢를提唱

含涙眼만相交

十八日에

朝鮮券番廢止說

絞首臺에稀世毒婦

父子訴訟

生活難에自殺?

公普校

土匪襲擊

一名逮捕

發電新設

某重大事件

爆彈犯人檢擧

妓生을自願

冒險飛行成功

洋服染色

半島운동製造所

『시대일보』 최남선이 1922년에 창간했던 시사 주간지 『동명(東明)』을 일간지로 전환하는 허가를 받아 1924년 3월 31일에 창간한 신문이다. 정치 기사를 많이 실었던 조선, 동아와는 달리 연문체의 사회 기사를 많이 실었다.

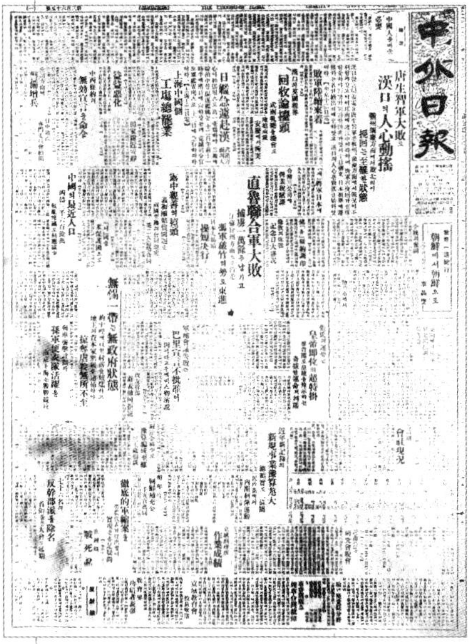

中外日報

唐生智軍大敗로

漢口의人心動搖

直魯聯合軍大敗

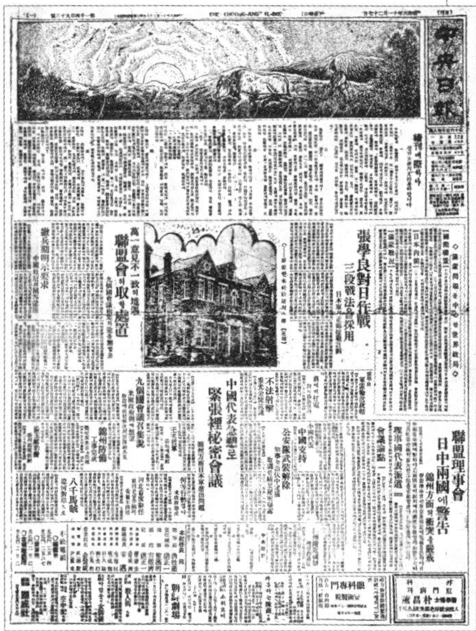

中央日報

張學良對日作戰

聯盟理事會

日中兩國에警告

中國代表急遽로

緊張裡秘密會議

『중외일보』 가장 값싸고 가장 좋은 신문이라는 모토를 내걸고 월 1원 받던 구독료를 60전으로 하여 기존 신문들과 맞섰다. 그러나 계속되는 압수와 정간 처분으로 재정은 계속 악화되었고 급기야 1928년 12월 '직업화(職業化)와 추화(醜化)' 라는 사설로 말미암아 총독부로부터 무기 정간을 당하여 극심한 경영난에 빠지고 만다. 1929년과 1930년에 안희제 등이 속간 노력을 하였으나 경영난을 극복하지 못하고 1931년 9월 2일에 폐간되고 말았다.(위 왼쪽)

『중앙일보』 『중외일보』가 폐간되자 김찬성이 『중앙일보』로 개제하여 총독부로부터 발행허가를 받았다. 발행 당시 사장은 노정일, 편집국장은 강매였다. 발행 후 계속되는 경영난으로 1932년 5월부터 자진 휴간에 들어가고 만다.(위 오른쪽)

세 때문에 경영난을 겪으면서 오래 지속되지 못했던 것이다. 그 중에서는 『조선중앙일보』만이 1930년대 전반기 안정된 기조 속에서 『동아일보』 및 『조선일보』와 치열한 경쟁을 벌일 수 있었다.

당시 세 신문들 간에 벌어졌던 치열한 경쟁을 일컬어 '3증 경쟁' 이라 했다. 3증 경쟁이란 자본 증자와 증면, 그리고 사옥 증축의 3가지 부문에서의 치열했던 경쟁 양상을 일컫는 말이다. 세 신문 간의 증면 경쟁은 결국 1936년 조석간 12면 체제로까지 이어졌다.

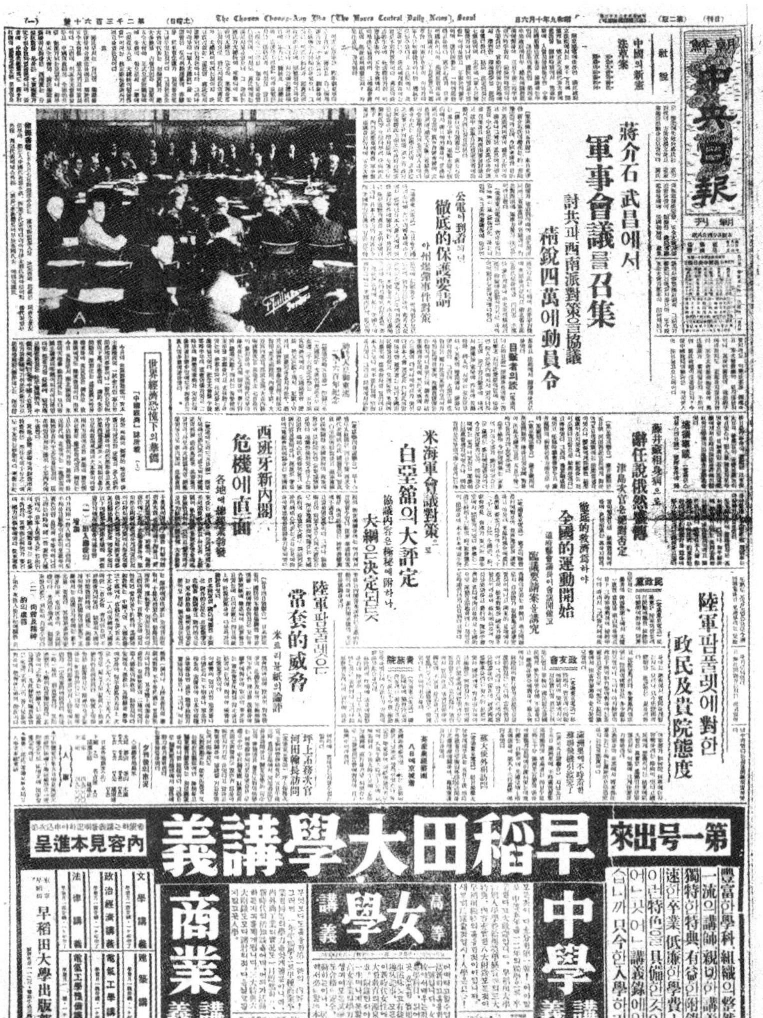

中央日報

蔣介石 武昌에서 軍事會議를召集

討共과西南派對策을協議

精銳四萬에動員令

徹底的保護要請

米海軍會議對策으로

白堊館의大評定

大綱은決定된듯

西班牙新內閣

危機에直面

陸軍팜플렛으론

常套的威脅

陸軍팜플렛에對한

政民及貴院態度

全國的運動開始

第一号出來

早稻田大學講義

內容見本進呈

中學講義

高等女學講義

商業講義

早稻田大學出版部

『조선중앙일보』 1933년 3월 7일부터 『중앙일보』가 제호를 바꾸어 새로이 발행한 신문이다. 1933년 7월에는 자본금 30만 원으로 신문사의 체재를 주식회사로 개편하고 안정된 경영을 바탕으로 조선, 동아와 경쟁하였다. 그러나 1936년 8월 일장기 말소 사건이 문제가 되어 『동아일보』가 정간당하자 자진 휴간에 들어갔다가 끝내 복간되지 못하고 폐간되고 말았다.

문화 사업의 전개

이 시기의 세 민간 신문들은 각종 문화 사업을 경쟁적으로 전개하였다. 1930년대 민간지들이 문화 사업을 통한 계몽 운동에 주력하게 된 것은 당시 독립 운동의 한 분파인 실력양성론과 맥이 닿아 있다. 당시는 일제의 식민 지배에 직접 대항하여 독립의 쟁취를 노렸던 독립운동론들이 일제의 탄압과 전반적인 민족 운동의 침체 속에서 지하화되면서 오직 실력양성론만이 일제에 의해 보호, 장려되고 있었다. 신문들의 문화 운동도 실력을 양성하여 독립에 대비하자는 것이었다.

당시 민간지들이 벌였던 문화 사업을 보면 먼저 『동아일보』는 1931년부터 문맹 타파를 위한 '브나로드 운동'을 전개하였다. 브나로드란 '민중 속으로'라는 의미를 지닌 러시아말로서 1850년대 러시아에서 전개된 바 있는 농민 계몽 운동을 모델로 한 것이었다. 그 외에도 『동아일보』는 '조선의 노래 공모'(1931), '만주 재해민 구호 금품 모집'(1931), '한글 강습회'(1931~1932) 등의 문화 사업을 벌였다.

『동아일보』의 브나로드 운동 포스터 사진 한국프레스센터(1995, 100쪽).

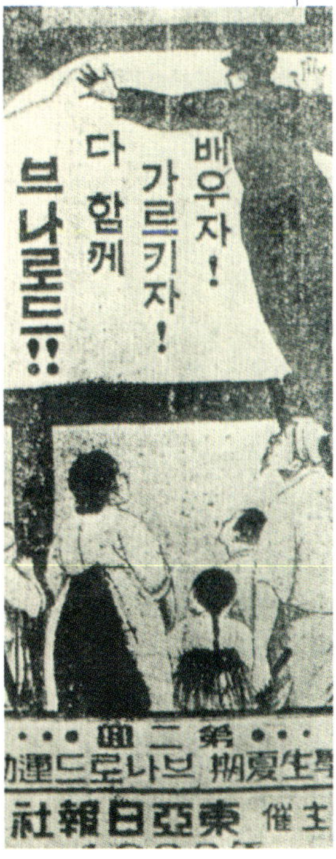

『조선일보』도 1929년부터 '학생 문자 보급 운동'을 전개하였으며 1931년에는 편집국 안에 문화부를 신설하고 춘계 문자 보급반을 개설하여 문자 보급에 주력하였다. 1935년에는 '신문 전람회'를 개최하였으며 일본과 만주에 산업 시찰단을 파견하였다. 음악과 미술 분야에서도 1935년부터 매년 '전 조선 음악 콩쿠르'를 개최하였으며 1936년부터는 매년 '전 조선 학생 미술 전람회'를 개최하였다. 1937년부터는 사진을 현상 모집하였으며 1938년도부터는 '신인 음악회'를 매년 개최하였다.

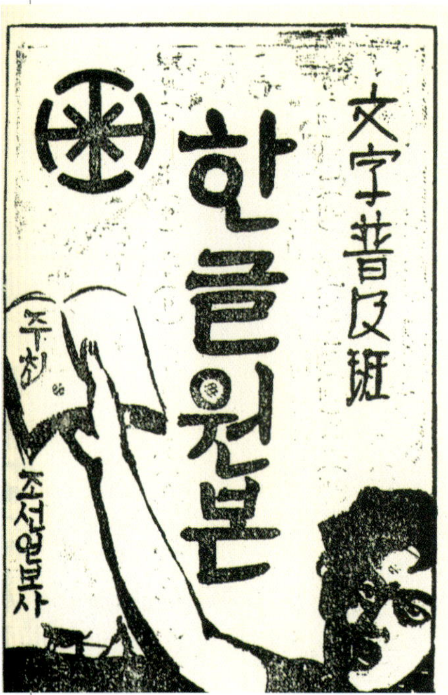

『조선일보』의 문자 보급 교재 사진 한국프레스센터(1995, 101쪽).

이처럼 각 신문들이 경쟁적으로 벌인 사업 중에서도 문자 보급 운동은 핵심적인 부분을 차지하고 있었다. 이 운동이 앞에서도 지적한 대로 실력양성론의 입장에서 국민 계몽을 통해 우리 민족의 역량을 키워 나간다는 명분을 지니고 있는 것은 사실이다. 하지만 그 이면에는 신문의 상업적 측면도 무시할 수 없는 요인으로 자리잡고 있었다. 문자 해독층이 늘어난다는 것은 신문의 잠재적인 독자층이 늘어나는 것이며 장기적으로는 신문의 발행 부수 증대로 이어지는 것이기 때문이다.

이러한 측면에 대해서는 당시의 잡지를 통해서도 문제 제기가 되었다. 『삼천리』 1934년 8월호에 실린 한양과객이라는 사람의 글을 보면 "8할에 해당하는 문맹층을 계몽하여 놓으면 현재의 독자 비율은 여름날 수은주 올라가듯 해마다 격증할 것"이라고 비판하고 있다. 신문들이 문자 보급 운동을 벌인 이면에는 이러한 상업적 의도도 자리하고 있었다는 지적이다.

출판 사업 진출

문화 사업 외에 민간지들은 출판 사업에도 본격적으로 진출하였다. 신문을 발행하는 외에 여러 종류의 잡지를 발행하였으며 단행본 출판도 시작했던 것이다.

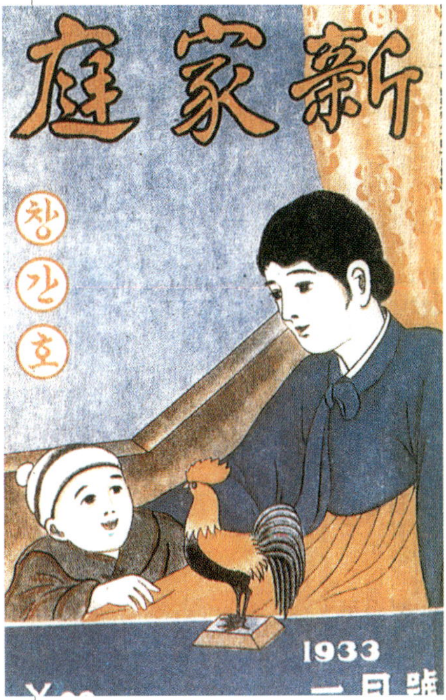

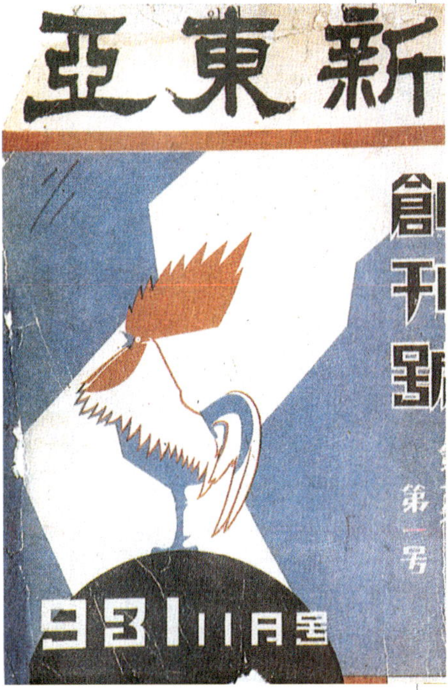

『동아일보』의 자매지 『신가정』과 『신동아』

『동아일보』는 1931년 11월 1일 종합지인 『신동아(新東亞)』를 창간하였으며 1933년 1월 1일에는 여성 교양지 『신가정(新家庭)』을 창간하였다.

『조선일보』는 출판부를 독립시켜 1935년 10월 월간 교양지 『조광(朝光)』을 창간하였으며, 1936년 3월에는 여성지 『여성(女性)』을, 1937년 4월에는 소년들을 대상으로 하는 『소년(少年)』지를, 1937년 9월에는 어린 아이를 대상으로 하는 『유년(幼年)』을 창간하였다. 또한 단행본 출판에도 착수하여 현대조선 『여류문학선집』, 『야담전집』, 『호암전집』, 『임꺽정전』, 『조선속담사전』 등을 발간하였다. 3사 중 제일 열세에 있던 『조선중앙일보』도 1933년 2월 『소년중앙(少年中央)』을, 1936년 11월에는 월간지 『중앙(中央)』을 창간하였다.

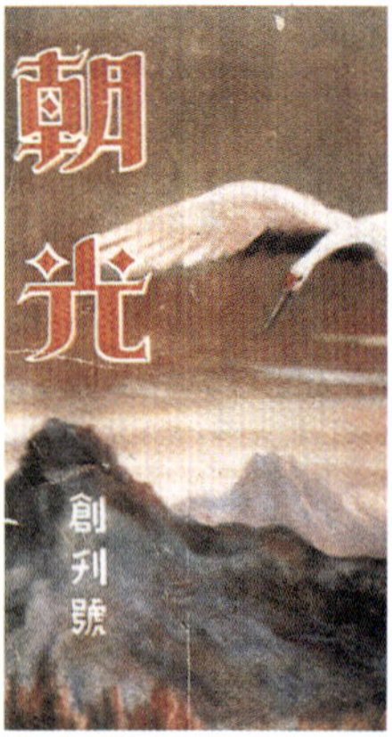

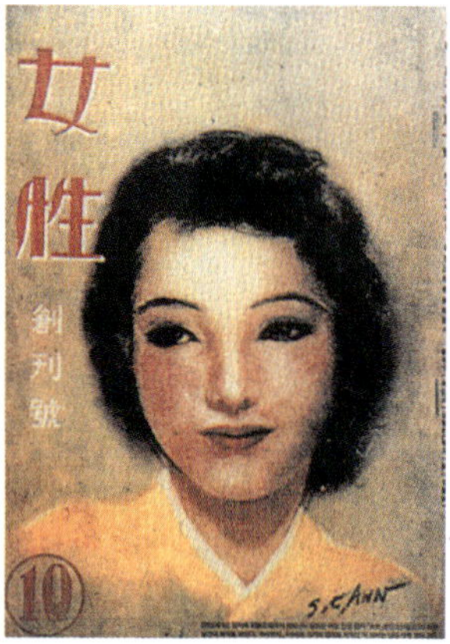

「조선일보」의 자매지 「조광」과 「여성」

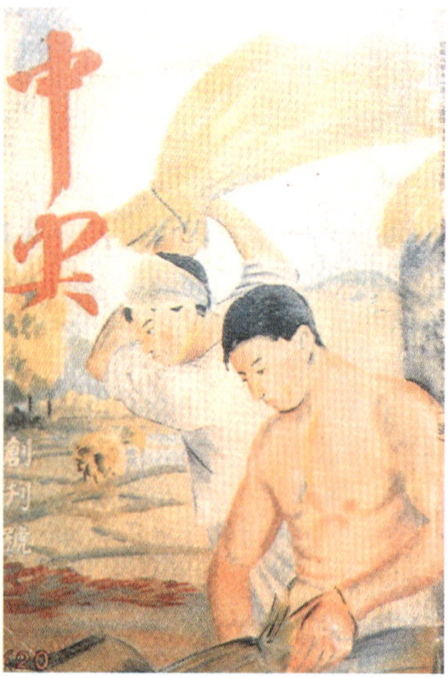

「조선중앙일보」의 자매지 「중앙」

민간지들의 발행 부수

신문들 간의 이렇듯 치열한 경쟁은 결국 기업 경영의 개선을 위해 발행 부수를 확대하려고 독자를 놓고 벌인 경쟁이었다. 그리하여 창간 이후 민간지들이 보여 준 굴절과 한계에도 불구하고 발행 부수는 꾸준히 확대되었다.

일제 강점기 신문 발행 부수의 규모와 변천 과정을 다음 표로 살펴보자.

표 5. 일제 강점기 신문들의 발행 부수

연도	1929	1931	1933	1934	1935	1936	1937	1939
동아일보	37,802	41,239	49,947	52,383	55,924	31,666	55,783	55,977
조선일보	23,486	28,192	29,341	38,653	43,118	60,626	70,981	59,394
조선중앙	14,267	19,162	18,194	24,521	25,505	32,782	–	–
매일신보	23,033	23,186	27,119	27,400	30,937	34,592	44,600	95,939

자료: 정진석(1990, 553쪽).

위의 표에서 알 수 있듯이 1920년대 후반 이후 각 신문들의 발행 부수는 꾸준히 늘어 가고 있다. 신문들 간의 발행 부수 규모를 비교해 보면 1935년까지는 『동아일보』가 다른 신문에 비해 우위에 있었다. 그러나 1936년 이후 『조선일보』가 『동아일보』를 제치고 선두로 부상하였다. 이는 1936년에 『동아일보』가 바로 일장기 말소 사건에 의해 279일간이나 정간을 당했기 때문이었다.

1930년대 민간지들이 치열한 상업적 경쟁 속에서 출판이나 문화 사업으로까지 사업 영역을 확대해 나가는 모습은 마치 현대 자본주의 사회에서 언론의 전개 양상과 흡사하다. 이러한 경영의 다각화 현상은 기존의 축적된 기술과 정보를 이용하여 관련 분야에 진출함으로써 이윤을 극대화하고 또한 한 분야에서 발생하게 될지도 모르는 손실을 다른 부문의 이윤으로 만회할 수 있는 장점이 있기 때문이다. 1930년대 한국의 언론 기업들은 초보적이나마 여러 개의 미디어를 동시에 소유하고 운영하는 복합미디어 기업으로서의 면모를 보여 주고 있었다.

『동아일보』와 『조선일보』의 갈등

『동아일보』와 『조선일보』는 창간 과정에서부터 라이벌 관계를 유지해 왔다. 그 후 여러 차례의 우여곡절을 거치면서 두 신문들 간의 경쟁이 전개되었다. 1930년대 들어서는 한정된 시장을 놓고 신문들 간에 치열한 경쟁을 펼치면서 급기야는 두 신문 간의 감정 싸움으로까지 비화되었다.

직접적인 계기가 된 것은 1935년 『동아일보』의 사주인 김성수가 운영하던 보성전문에서 정원 초과 합격생을 받은 것이었다. 이 문제를 『조선일보』가 그 해 6월 8일자 지면에서 '학교 당국의 반성을 촉(促)함' 이라는 제목의 사설로 다루었다. 그 후 보성전문 교장 김성수가 사표를 냈으나 『조선일보』가 계속 문제 삼자 보성전문 교우회가 개입하였다. 교우회는 『동아일보』 1935년 6월 20일자에 '조선일보의 비(非)를 들어 만천하 인사에 고(告)함' 이라는 제목의 광고를 게재하여 『조선일보』 구독 거부 운동을 벌일 것과 『조선일보』 사주 방응모와 주필 서춘의 개인적 비리를 들어 고발할 것을 결의하기에 이르렀다. 양 신문은 이후 이 문제를 둘러싸고 지면을 통해 치열한 논전을 벌였다.

이러한 두 신문 간의 싸움에 대해 당시의 잡지 『삼천리』는 1935년 9월호 지면을 통해 "모든 문화 기관이 상품화하여 감에 따라 스스로 대중과 유리되어 있으면서도 이를 부끄럽게 알지 않는 말세적 경향을 보여 주었다."고 강도 높게 비난하였다.

일장기 말소 사건

일장기 말소 사건의 전말

일장기 말소 사건은 『동아일보』와 『조선중앙일보』의 일선 기자들에 의해 이루어졌던 식민지 시대 최대의 필화 사건이었다. 1936년 8월 10일 베를린 올림픽의 마라톤경기에서 한국의 손기정 선수와 남승룡 선수가 각각 1위와 3위를 차지하는 쾌거를 이룩하자 국내 신문들도 호외를 발행하고 연일 대서특필하면서 이 사실을 보도하였다. 그 과정에서 당시 여운형이 사장으로 있던 『조선중앙일보』가 8월 13일자에 손기정 선수의 사진을 보도하면서 일장기를 삭제하였다. 이때는 사진 상태가 워낙 나빴기 때문이었는지 총독부에서 아무런

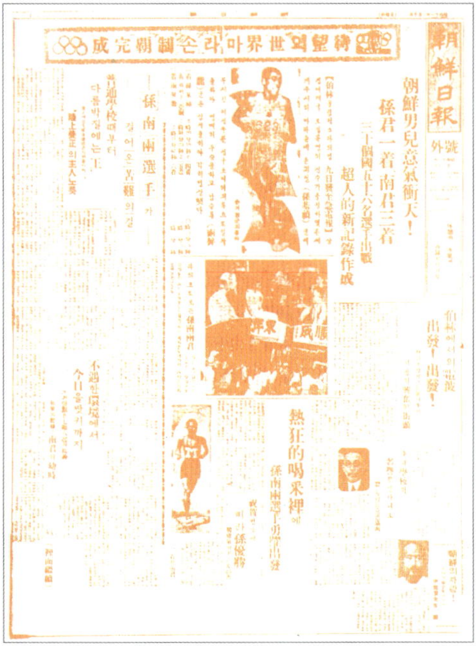
朝鮮日報 號外

待望의 世界마라손 制覇完成

朝鮮男兒意氣衝天!

孫君一着 南君三着

二十個國五十六名選手出戰

超人的新記錄作成

熱狂的喝采裡에

孫南兩選手勇躍出發

伯林에서의 出發

出發! 出發!

손기정의 쾌거를 알린 『조선일보』의 호외 1936년 8월 10일자.(위)

『조선중앙일보』의 손기정 보도 『동아일보』보다 먼저인 1936년 8월 13일 일장기를 지우고 사진을 게재하였다.(아래)

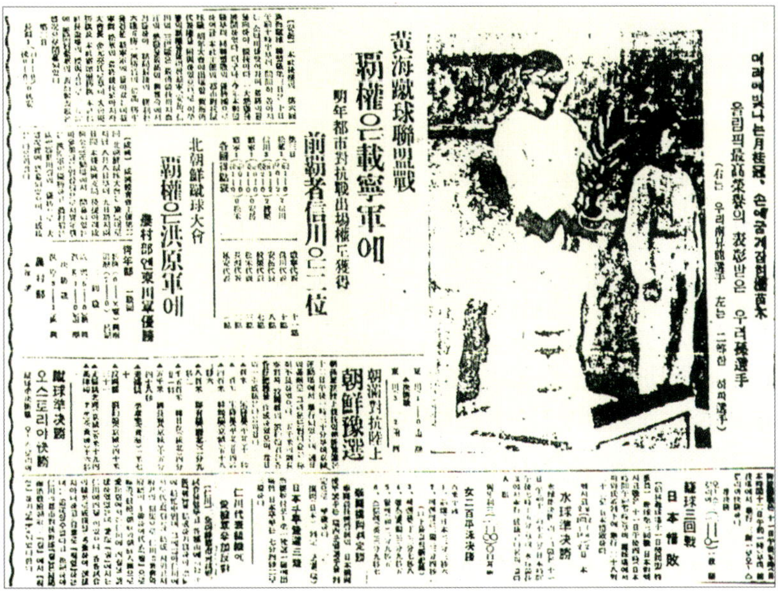
머리에빛나는月桂冠, 손에굳게잡힌月桂樹

올림픽最高榮譽의 表彰받은 우리孫選手

(右는 우리南昇龍選手 左는 二等한 하퍼選手)

黃海蹴球聯盟戰

霸權은載寧軍에

明年都市對抗戰出場權도獲得

前霸者信川은二位

北朝鮮蹴球大會

霸權은洪原軍에

農村部엔東川軍優勝

朝滿對抗陸上

朝鮮豫選

籠球準決勝

오스트리아快勝

籠球三回戰

日本惜敗

水球準決勝

女二百平泳決勝

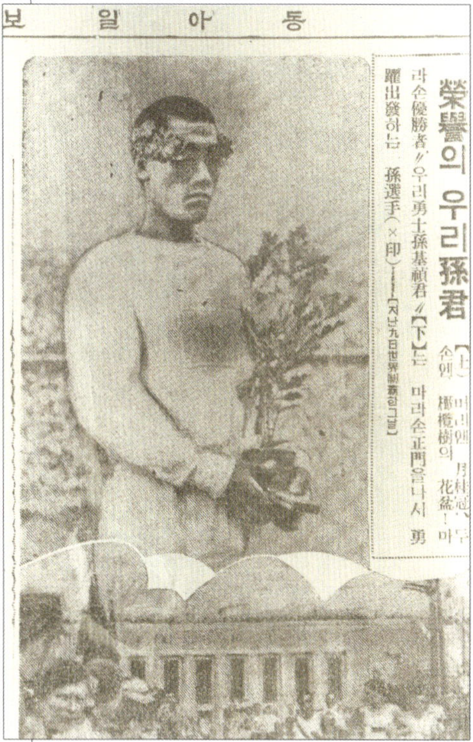
동아일보

榮譽의 우리孫君

【上】 머리엔 月桂冠, 두 손엔 橄欖樹의 花盆! 마라손優勝者〃우리勇士孫基禎君〃【下】는 마라손正門을나시 勇躍出發하는 孫選手(×印)——【지난九日世界制覇하던그날】

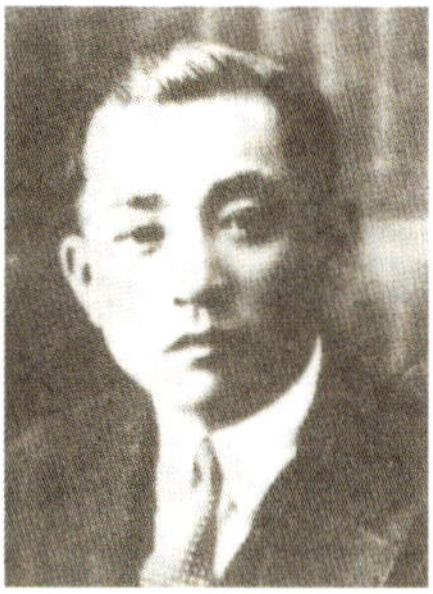

일장기가 말소된 『동아일보』 기사 '영예의 우리 손 군' 이란 제목의 위 사진은 손기정 선수가 수상대에 서 있는 모습으로 "머리엔 월계관, 두 손엔 감람수의 화분! 마라톤 우승자 우리 용사 손기정 군" 이라 하였고, 아래에는 손기정 선수가 마라톤 경기장을 출발하는 모습을 담았다. 1936년 8월 25일.(왼쪽)

일장기 말소 사건의 주역 이길용 기자 1927년 『동아일보』 기자로 근무하면서 주로 체육 기사를 썼다. 1936년 일장기 말소 사건으로 일본 경찰에 구속, 옥고를 치르고 신문사를 떠났다가 8 · 15해방 후 『동아일보』에 복직하여 사업부장을 지냈다. 사진 김민환(1996, 226쪽).(오른쪽)

문제도 제기하지 않고 그대로 넘어갔다.

그러나 『동아일보』가 뒤이어 8월 25일자에서 『대판조일신문(大阪朝日新聞)』의 것을 전재하며 손기정 선수의 사진에서 일장기를 지워 버리자 이번에는 총독부가 이를 문제 삼고 나선 것이다. 당시 『동아일보』 지면에서 일장기를 지워 버린 것은 운동부의 이길용 기자가 간부진이나 경영진과의 사전 협의 없이 전속 화가였던 이상범 화백과 인쇄공들의 협조를 얻어 행한 것이었다.

이 사건은 『조선중앙일보』에 의해 먼저 시도되었으나 실제 문제가 되었던 것은 『동아일보』의 기사였다. 당시 『동아일보』의 소유주인 김성수는 일장기 말소를 '몰지각한 행위' 라고 몰아붙이면서 노여움과 개탄을 금치 못하였던 것으로 알려지고 있다. 사장이었던 송진우도 "성냥개비로 고루거각을 태워 버렸다."고 이길용 기자를 크게 꾸짖으면서 조속한 정간 해제를 위해 총독부와 일본 동경에까지 손을 쓰면서 "사(社)의 의사와 관계없이 일개 기자의 독단으로 저질러졌다는 것이 조사에 의해 분명해진 일 가지고 정간을 장기간 끌고 가는 총독부 처사에는 명분이 없다."고 호소하고 다녔다 한다.

일장기 말소 사건에 대한 일제의 탄압

이 사건으로 『조선중앙일보』는 자진 휴간에 들어갔으나 끝내 복간되지 못하고 말았으며 『동아일보』는 일제 강점기를 통틀어 최장기 무기 정간을 당하였다. 그리고 사건의 핵심이었던 이길용과 사회부장 현진건, 『신동아』 편집부장 최승만, 사진과장 신낙균과 사진부의 유영호 등 5명이 구속되었다가 앞으로 언론 기관에 일체 참여하지 않고 다른 사건에도 절대 연루되지 않겠다는 각서를 쓰고 40일 만에 풀려났다. 송진우 사장과 김준연 주필, 설의식 편집국장 등 8명의 간부도 사직하였다.

이때의 정간은 279일이나 지속되었다. 결국 『동아일보』는 1937년 6월 2일 그동안 스스로 표방하였던 민족지의 깃발을 내리고 '대일본제국의 언론 기관으로서 공정한 사명을 다하여 조선 통치에 일익을 담당할 것' 을 서약하고서야 속간호를 낼 수 있었다.

이 사건은 1930년대 이후 한국의 민간지들이 일제의 침략과 수탈에 대항하는 항일 언론의 모습을 보여 주지는 못하고 대신 상호 경쟁적으로 기업적 성장에만 몰두하고 있던 때에 터져 나온 사건이었다. 식민 지배하의 신문의 굴절된 모습에도 불구하고 일선 기자들 차원에서 이루어진 이 사건은 손기정의 승리를 통해 잠재되었던 항일 의지를 표출한 것으로 신문의 역사에서 아주 중요한 의미를 지니고 있다.

하지만 『동아일보』는 1937년 6월 2일 속간호를 내면서 서약한 것을 계기로 앞장서서 2천 만 민중에게 친일을 권유, 설득하는 논조를 보여 주게 되었다.

일제 말기의 친일 신문과 민간 신문의 폐간

신문들의 친일 행각

『동아일보』가 일장기 말소 사건 이후 오랜 정간에서 해제된 이후 한 달여 만인 1937년 7월 7일 일제는 마침내 중국 침략을 시도하는 중일 전쟁(中日戰爭)을 일으켰다. 이로 인해 식민지 조선은 전시 체제로 돌입하기 시작하였다. 이러한 상황 속에서 우리의 민간지들은 앞장서서 친일을 권유하고 강요하는 논조를 적극적으로 펼쳐 나갔다.

1938년 한국인에 대하여 지원병 제도가 실시된 것을 계기로 『동아일보』는 1938년 4월 3일자 사설을 통하여 이를 획기적인 제도라고 평가하면서 다음과 같이 주장하였다.

……제국의 대륙 정책의 확충은 더욱 조선의 중요성의 증대를 의미하는 것이어서 이에 따라서 조선 민중도 나서 중대 임무를 지지하지 않을 수 없게 되었다. 이러한 정세에 있어서 미나미 총독의 영단은 역대 총독이 상상도 하지 않던 병역의 의무를 조선 민중에게 부담시키는 제일보를 내딛게 한 것이다. 이에 조선 민중도 이 제도가 실시되는 제1일부터 당국의 지도에 순응하여 그 운용에 협륙(協戮)하지 않으면 안 될 것이다.

『조선일보』도 1938년 6월 15일자 사설에서 지원병 훈련소 개소식을 맞이하

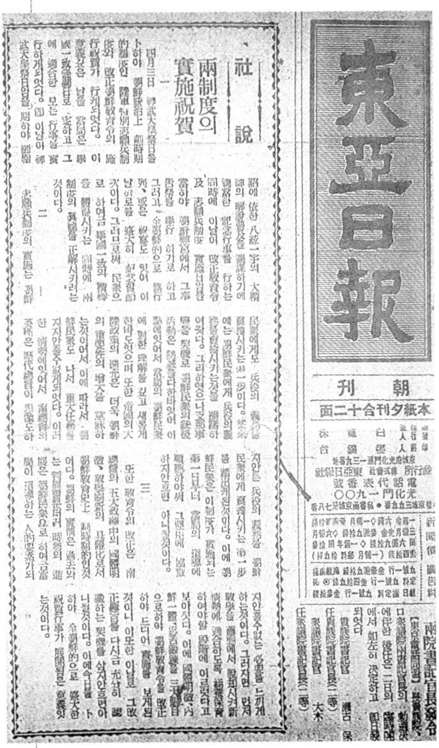

東亞日報

朝刊

本紙夕刊合十二面

社說

兩制度의 實施祝賀

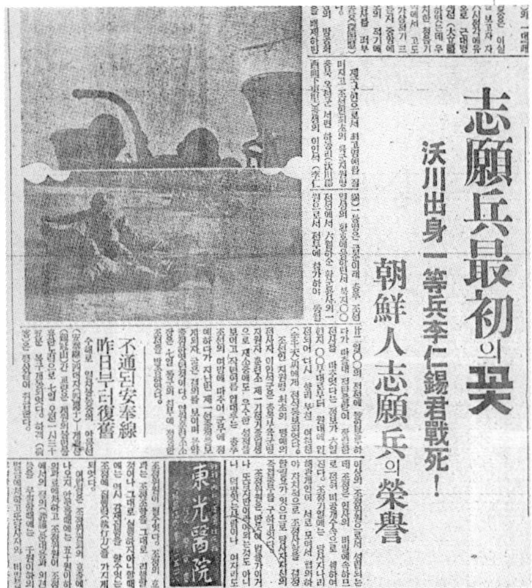

志願兵最初의 꽃

沃川出身一等兵李仁錫君戰死!

朝鮮人志願兵의 榮譽

不通된 安奉線 昨日부터 復舊

東光醫院

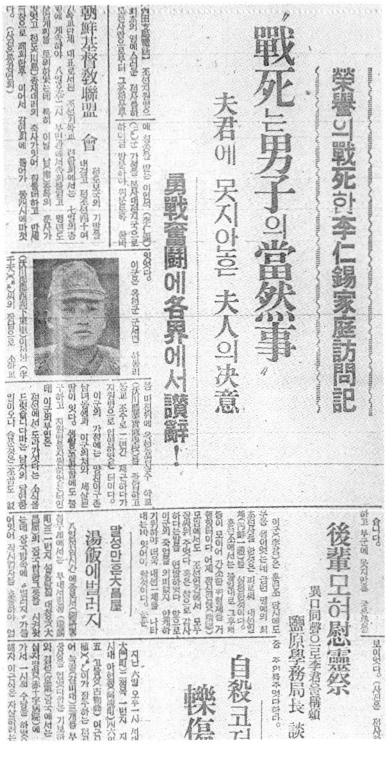

榮譽의 戰死한 李仁錫家庭訪問記

"戰死는 男子의 當然事"

夫君에 못지아는 夫人의 決意

勇戰奮鬪에 各界에서 讚辭!

朝鮮基督教聯盟會

後輩모허 慰靈祭

吳口同聲으로 李君을 稱頌

鹽原學務局長 談

말성만흔 大昌屋 湯飯에 벌러지

自殺코저 轢傷

지원병 제도의 실시 축하 『동아일보』 1938년 4월 3일자 사설.(왼쪽 위)

전사한 조선인 지원병 관련 기사 '지원병 최초의 꽃' 『동아일보』 1939년 7월 8일자(오른쪽 위), '전사는 남자의 당연사(當然事)' 『동아일보』 1939년 7월 9일자 기사(오른쪽 아래)

여 이것은 국가의 성사(聖事)요 경행(慶幸)이라면서 "황국신민이 된 사람으로 그 누가 감격치 아니하며 그 누가 감사치 아니하랴."고 목청을 높였다. 또한 1939년에는 지원병 최초의 전사자가 발생하자 두 신문은 앞 다투어 그의 죽음을 미화하는 데 앞장섰다.

……조선인 지원병 최초의 명예 전사자 이인석 군은 총독부 육군병 지원자 훈련소 제1기 전기 졸업생으로 재소 중에도 우수한 성적을 보였고 작년 여름 입대 후에는 총후 조선의 여망에 맞추어 군무에 정예하다가 지난번 제일선 출정을 보게 되자 군은 결의를 보이고 용약 출정하였던 것이다('지원병 최초의 꽃-조선인 지원병의 영예!' 『동아일보』 1939년 7월 8일자).

……생활이 곤란함에도 지원병을 자원하였을 터인데 이 군의 부인은 "전선에서 돌아가셨다는 소식을 들었습니다. 남자의 당연한 일이오니 슬픈 것은 조금도 없습니다."하고 부군 못지않은 굳은 뜻을 보이었다('영예의 전사한 이인석 가정 방문기' 『동아일보』 1939년 7월 9일자).

뿐만 아니라 일본의 개천절에 해당하는 기원절이나 일왕의 생일인 천장절 등에는 온갖 미사여구를 동원하여 일본을 찬양하기에 여념이 없었다.

춘풍이 태탕하고 온갖 꽃이 바야흐로 화창한 이 시절에 다시 한 번 천장가절을 맞이함은 억조신서(億兆臣庶)가 경축에 불감(不堪)할 바이다. 성상 폐하께서는 육체가 유강하옵시다고 배승하옵는 바 실로 성황성공(誠惶誠恐) 동경동하(同慶同賀)할 바이다. 해마다 이 반가운 날을 맞이할 때마다 우리는 홍원한 은혜와 광대한 자애에 새로운 감격과 경행이 깊어짐을 깨달을 수 있다……(『조선일보』 1939년 4월 29일 사설).

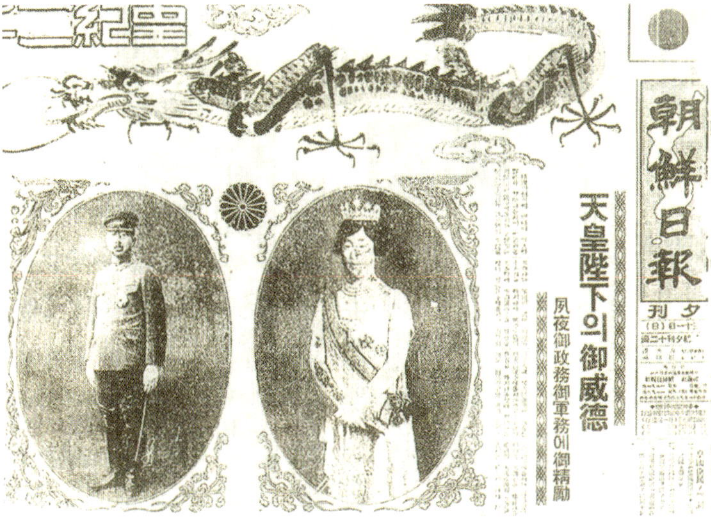

朝鮮日報

夕刊

天皇陛下의御威德

夙夜御政務御軍務에御精勵

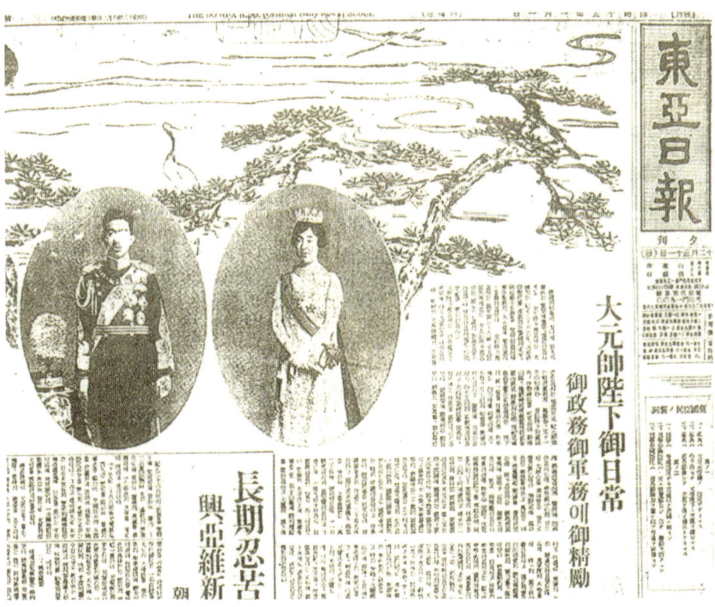

東亞日報

夕刊

大元帥陛下御日常

御政務御軍務에御精勵

長期忍苦

興亞維新

일왕의 사진이 크게 게재된 『조선일보』와 『동아일보』의 1940년 1월 1일 신년호 1937년부터(당시 정간중이던 『동아일보』는 1938년부터) 신문들은 해마다 정초면 이처럼 천황의 커다란 사진과 기사를 1면에 게재하곤 했다. 『조선일보』는 제호 위에 일장기까지 넣었다.

민간 신문의 폐간

그러나 일제는 1938년 5월에 국가총동원법(國家總動員法)을 공포하고 이어 1939년부터는 이 법에 의해 언론을 통제하기 시작하였다. 이에 의해 『동아일보』와 『조선일보』는 그동안 친일 논조를 통해 총독부에 협력하는 태도를 보여 왔음에도 불구하고 1940년 8월 11일 총독부의 자진 폐간 권유를 받아들여 '국

『조선일보』 종간호 1940년 8월 11일자.

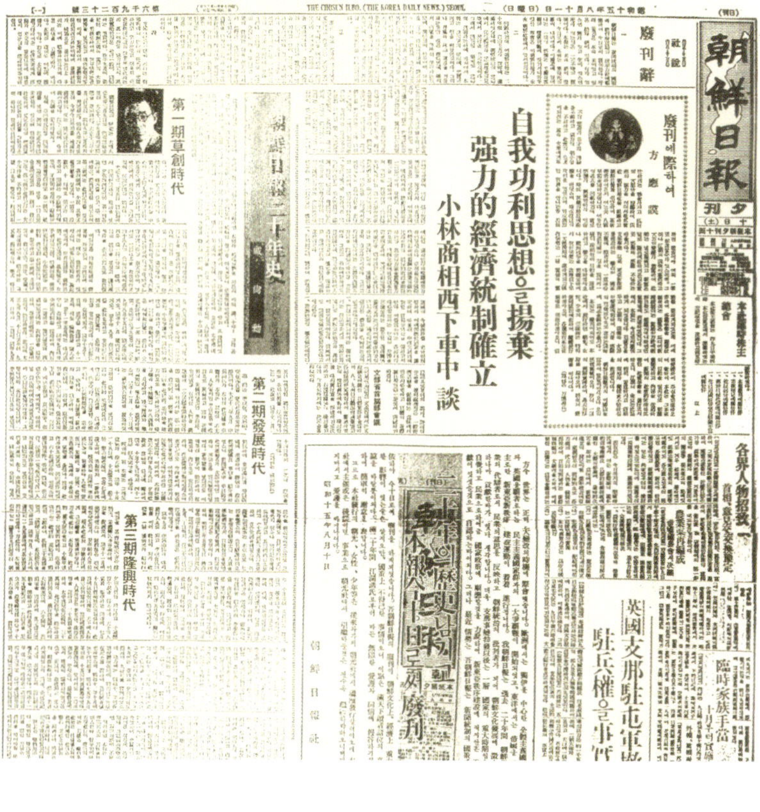

朝鮮日報

社說 廢刊辭

廢刊에際하여 方應謨 談

自我功利思想을揚棄
强力的經濟統制確立
小林商相西下車中談

第一期草創時代

第二期發展時代

第三期隆興時代

各界人物招致

英國支那駐屯軍撤
駐兵權을事實

臨時家族手當

책에 순응' 한다는 명분하에 자진 폐간 형식으로 폐간 당하였다. 이로써 일제 강점기 민간 언론의 시대는 막을 내리게 되었다.

민간지들이 모두 폐간 당하자 당시 사회에는 총독부의 기관지와 라디오 방송만이 남게 됨으로써 다시금 총독부에 의해 언로를 독점당하는 상황이 전개되었다.

맺음말

한국의 신문은 서구 신문의 수백 년 역사가 경험했던 것을 개화기부터 일제기까지 길지 않은 시간 속에서 집약적으로 경험하였다. 수공업적 단계에서 시작하여 중세를 극복하고 근대 사회를 성립, 정착시키는 정론적 수단으로, 다시 영리를 추구하는 경제적 수단으로 변모를 겪어 온 것이 서구 신문 수백 년의 역사적 경험이었다. 한국의 신문들은 수십 년의 시간 속에서 이러한 과정을 거쳐야 했다.

특히나 식민 지배의 경험은 여러 가지로 우리 신문의 역사를 굴절, 왜곡시켰다. 국권 상실의 위기에서 근대적 개혁의 수단이자 국권 수호의 수단이라는 정론적 목적으로 만들어지기 시작하여 식민 지배하에서는 상업화의 길로 들어서게 되었던 한국 신문의 역사는 해방과 함께 다시 정론지의 시대로 회귀하게 되었다.

1945년 해방을 맞은 한국 언론은 새로운 역사적 전환점을 맞이하여 독립된 민족국가를 건설하려는 시대적 과제를 안게 되었다. 이 과제를 둘러싸고 좌익과 우익으로 나뉘어 치열한 이념 및 노선 투쟁을 벌였다.

해방 공간에서 먼저 활기를 띠기 시작한 것은 좌익계 언론이었다. 9월 8일 『조선인민보(朝鮮人民報)』가 창간된 것을 필두로 하여 9월 19일에는 조선공산당 기관지인 『해방일보(解放日報)』가 창간되었다.

한편 우익 진영은 그 해 하반기부터 서서히 활동을 개시하였다. 그리하여 일제 말기인 1940년 폐간되었던 『조선일보』와 『동아일보』도 1945년 11월 23

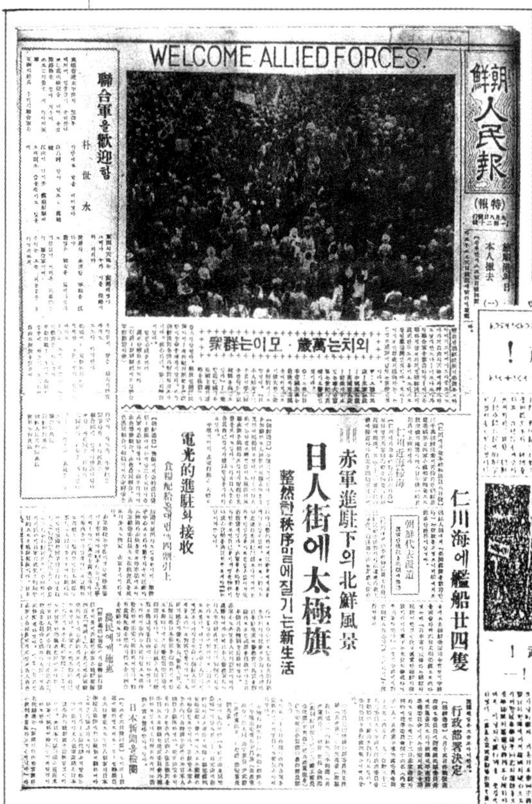
WELCOME ALLIED FORCES!
朝鮮人民報
(特報)
聯合軍을歡迎함
朴世永
외치는萬歲·모이는群衆
日人街에太極旗
整然한秩序밑에질기는新生活
赤軍進駐下의北鮮風景
仁川海에艦船廿四隻
電光的進駐와接收
行政部署決定

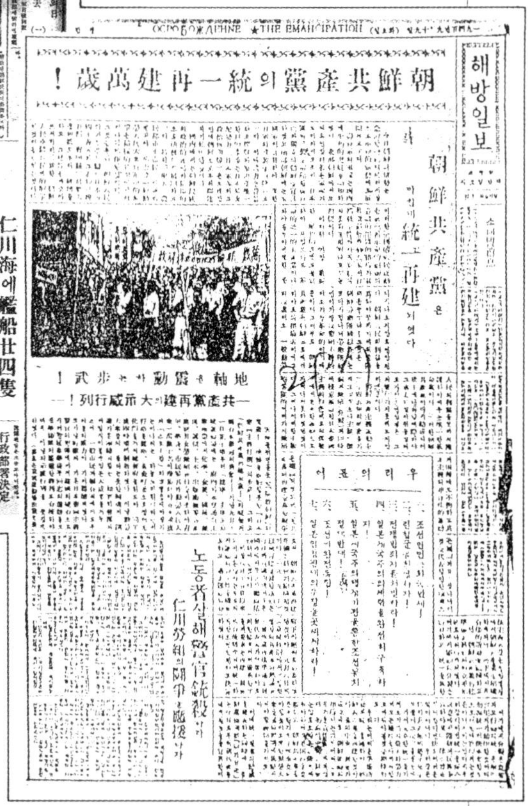
해방일보
THE EMANCIPATION
朝鮮共産黨의統一再建萬歲!
朝鮮共産黨은 마침내統一再建되였다
地軸을흔드는勞動者의步武!
共産黨再建의大示威行列!
우리의표어

『조선인민보』와 『해방일보』 1945년에 창간된 대표적인 좌익 신문이다. 『조선인민보』는 신탁통치안이 결의되었을 때 찬탁 지지 입장을 취하여 반탁 지지자로부터 다섯 번이나 습격을 받았으며 1946년 9월에는 미군정에 의해 발행 정지 처분을 받기도 했다. 『해방일보』는 1946년 5월에 인쇄소인 조선정판사에서 위조지폐가 인쇄되었다는 혐의로 건물이 폐쇄되면서 발행 정지 처분을 당했고 이후 폐간되었다.

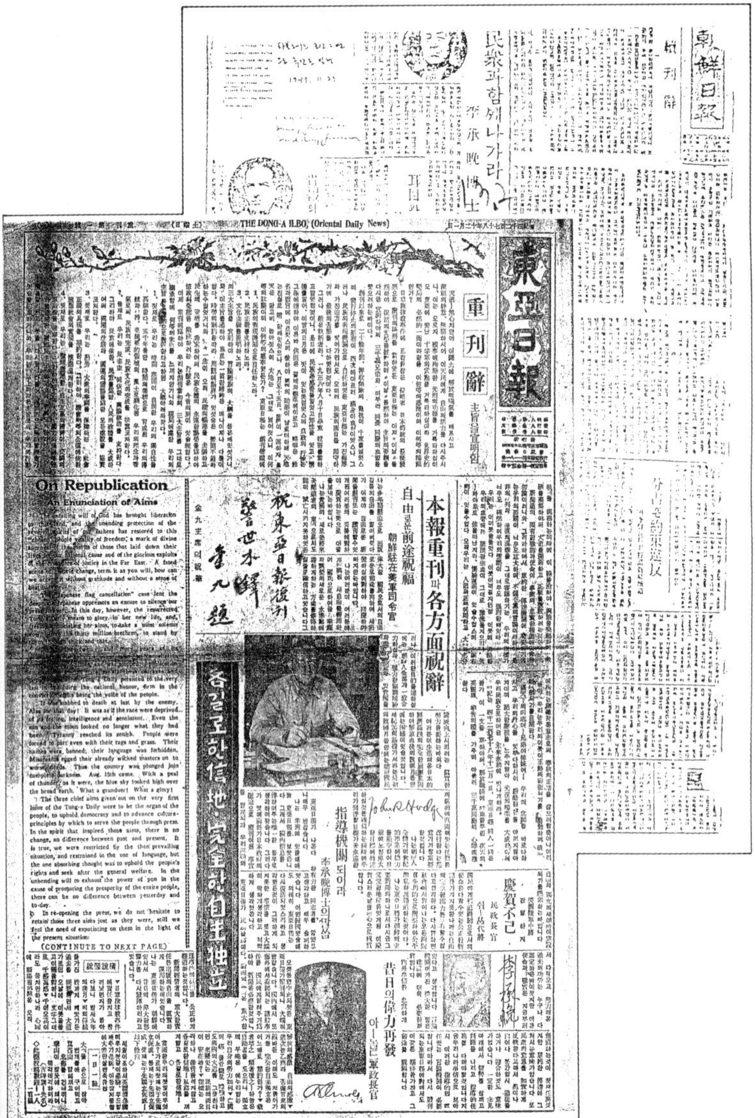
朝鮮日報

創刊辭

民衆과함께나가라

李承晩博士

THE DONG-A ILBO, (Oriental Daily News)

東亞日報

重刊辭

On Republication

An Enunciation of Aims

(CONTINUTE TO NEXT PAGE)

祝東亞日報復刊

警世木鐸

金九題

本報重刊과各方面祝辭

自由로운前途祝福

朝鮮駐在美軍司令官

指導機關되라

李承晩博士의談

慶賀不已

民政長官

昔日의偉力再發

아―놀드軍政長官

『조선일보』와 『동아일보』의 속간호

일과 12월 1일에 속간호를 내고 다시 언론 활동에 참여하였다.

그러나 독립 국가를 건설하려던 노력은 좌절되고 끝내 남북이 갈리는 분단 체제로 귀결되고 말았다. 해방 이후 한국 신문의 역사도 이러한 분단의 멍에로부터 자유로울 수 없었다. 미군정 3년을 거쳐 분단 체제로 넘어가면서 미국의 영향권하에 들어가게 되었던 것이다. 이후 한국의 언론은 오랫동안 반공과 친미라는 이데올로기의 틀을 벗어날 수 없었다.

자유당 정권기와 4·19, 5·16을 거쳐 군부 독재 체제로 돌입하면서 독재 정권의 극심한 언론 탄압에 제 소임을 다할 수 없었던 것이 해방 이후 한국 신문의 굴절된 모습이었다. 박정희 정권은 대표적 야당지였던 『경향신문(京鄕新聞)』과 『동아일보』, 『조선일보』를 채찍과 당근을 동원해 굴복시켜 비판의 목소리를 잠재웠다. 갖가지 억압적 수단을 동원하여 언론을 탄압하면서 다른 한편으로는 여러 가지 경제적 혜택을 제공하였다. 이 경제적 혜택을 바탕으로 신문들은 기업으로서 성장을 거듭해 왔다. 이때의 기업적 성장이 기반이 되어 1980년대 후반 군부 독재가 끝나면서 정치적 탄압이 줄어들자 본격적인 상업화의 길로 들어서고 있는 것이 최근 한국 신문의 발전 단계이다.

길지 않은 역사적 시간이었지만 초창기 한국 신문들의 역사적 경험은 오늘날 신문의 모습과 이미지를 형성하는 데 매우 중요한 역할을 해 왔다. 신문과 언론인의 역할에 대한 사회적인 인식은 초창기 한국 신문의 역사적 경험을 토대로 해서 형성된 것이다. 우리 사회에서 언론의 공적 역할에 대한 기대가 어느 사회보다도 강하고 기자에 대해서는 지사적 역할이 강조되는 것들이 바로 초창기 한국 신문의 역사적 경험에 기인한 바 크다는 말이다.

역사란 소중한 것이다. 오늘 우리의 모든 것들을 있게 한 토양이 되는 것이 바로 역사이기 때문이다. 과오로 점철된 오욕의 역사일지라도 소중하기는 마찬가지다. 아니 오욕의 역사는 오히려 더 소중하다고 할 수 있다. 왜 그런 오욕의 역사가 나타나게 되었는지, 무엇이 문제였는지를 냉철하게 분석하고 다시는 그런 시행착오를 되풀이하지 않을 교훈이자 밑거름으로 삼아야 한다.

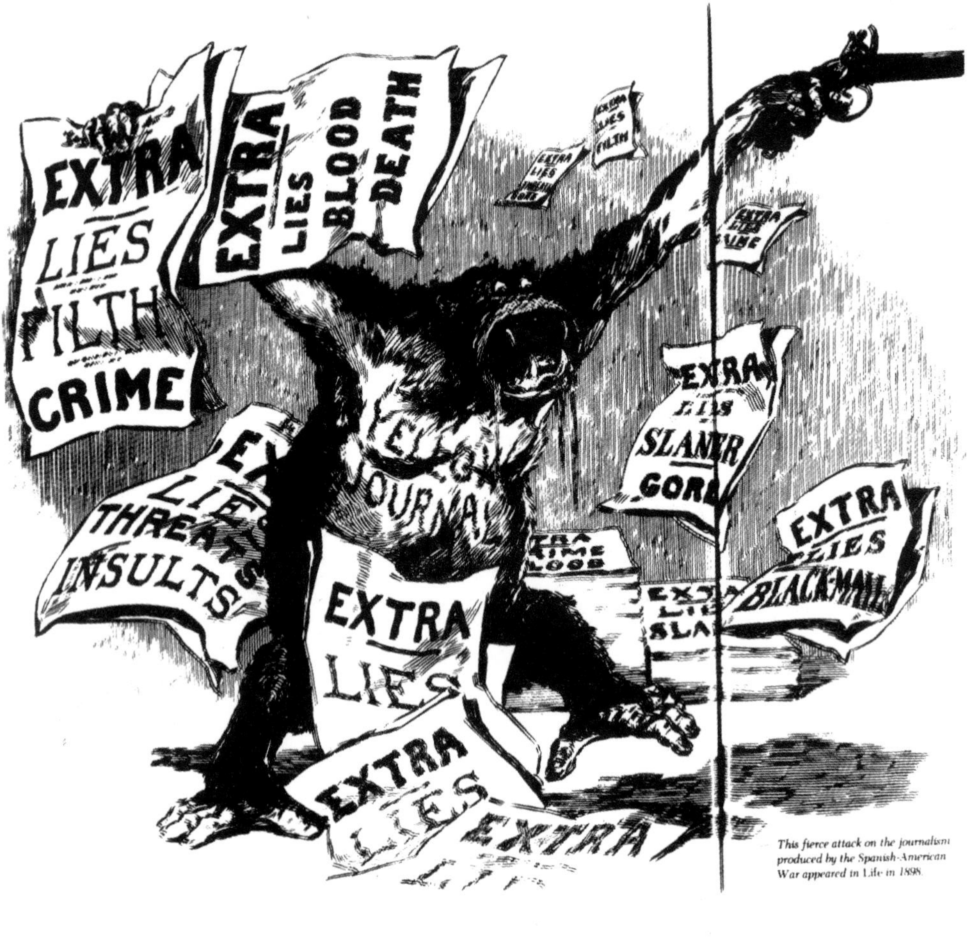

This fierce attack on the journalism produced by the Spanish-American War appeared in Life in 1898.

미국 『라이프』지의 만평 황색 저널리즘을 통렬하게 풍자하고 있다. 1898년.

참고 문헌

강만길 외 편 (1994). **『식민지시기의 사회경제2』**(한국사 제14권). 서울: 한길사.

김규환 (1978). **『일제의 대한 언론 선전정책』**. 서울: 이우출판사.

김남석 외 (2000). **『한국언론산업의 역사와 구조』**. 서울: 연암사.

김도태 (1972). **『서재필박사자서전』**. 서울: 을유문화사.

김민남 외 (1993). **『새로쓰는 한국언론사』**. 서울: 아침.

김민환 (1996). **『한국언론사』**. 서울: 사회비평사.

—— (1994). **「일제시대 민족지의 사회사상」**. 『언론과 사회』4호, pp. 6-26.

—— (1988). **『개화기 민족지의 사회사상』**. 서울: 나남.

김영희 (2001). **「일제 지배시기 한국인의 신문접촉 경향」**. 『한국언론학보』 겨울호, pp. 39-71.

동아일보사 편 (1975). **『동아일보사사』**. 서울: 동아일보사.

로빈슨, M. (김민환 역, 1990). **『일제하 문화적 민족주의』**. 서울: 나남.

박용규 (2001). **「일제 말기(1937-1945)의 언론통제정책과 언론구조변동」**. 『한국언론학보』 겨울호, pp. 194-228.

—— (1995). **「일제하의 언론 현실에 대한 인식과 비판」**. 『언론과 사회』 제8호, pp.39-83.

—— (1994). **「일제하 민간지 기자집단의 사회적 특성의 변화과정에 관한 연구」**. 서울대학교 대학원 박사학위논문.

배진한 (1988). **「1920년대 조선・동아 두 신문의 사회경제적 성격에 관한 연구」**. 서울대

대학원 석사학위논문.

샌즈, W. F. (1986). **『조선의 마지막 날』**(김훈 역). 서울: 미완.

손석춘 (2002). **『부자신문, 가난한 독자』**. 서울: 한겨레신문사.

신용하 (1985). **『독립협회연구』**. 서울: 일조각.

신인섭 (1986). **『한국광고사』**. 서울: 나남.

안종묵 (1997). **「황성신문의 애국계몽운동에 관한 연구」**. 한국외국어대학교 대학원 박사학위논문.

윤영옥 (1986). **『한국신문만화사』**. 서울: 열화당.

이광린 (1986). **「황성신문 연구」**. 『동방학지』 제53집, 1-44.

정운현 (1997). **『호외, 백년의 기억들』**. 서울: 삼인.

정진석 (2001). **『역사와 언론인』**. 서울: 커뮤니케이션북스.

—— (2001). **『언론과 한국 현대사』**. 서울: 커뮤니케이션북스.

—— (1995). **『인물한국언론사』**. 서울: 나남.

—— (1990). **『한국언론사』** 서울: 나남.

—— (1987). **『대한매일신보와 배설』**. 서울: 나남.

—— (1985). **『한국현대언론사론』**. 서울: 전예원.

조맹기 (1997). **『한국 언론사의 이해』**. 서울: 서강대 출판부.

조선일보사 편 (1990). **『조선일보70년사』**. 서울: 조선일보사.

채백 (2002). **「개화기의 언론 수용자운동」**. 『한국언론정보학보』, 18호.

—— (1998). **「주요 국가에 대한 독립신문의 정치적 입장」**. 『한국언론학보』 제43-1호.

—— (1992). **「독립신문의 성격에 관한 일연구: 한국 최초의 민간지라는 평가에 대한 재검토를 중심으로」**. 『한국사회와 언론』 제1권, 284-309.

최기영 (1991). **『대한제국시기 신문연구』**. 서울: 일조각.

최민지 (1978). **『일제하 민족언론사론』**. 서울: 일월서각.

최인진 (1992). **『한국신문사진사』**. 서울: 열화당.

한국독립유공자협회 (1983). **『한국독립투쟁사』**. 서울: 유진문화사.

한국프레스센터 (1995). **『한국100년 신문100년』**. 서울: 한국프레스센터.

찾아보기

주요 기사 · 광고 찾아보기(연도순)

신문 연보

제호	창간일	창간 주체	폐간	기타
조선신보(朝鮮新報)	1881. 12. 10.	일본 상인		
한성순보(漢城旬報)	1883. 10. 31.	김윤식, 김만식	1884. 12. 4.	갑신정변 과정에서 군중들에 의해 박문국이 불타면서 폐간됨.
한성주보(漢城周報)	1886. 1. 25.	김윤식, 장박	1888. 3.	한성순보가 속간되는 형태로 창간. 언제 폐간되었는지 분명하지 않으며 1888년 3월까지의 발행 사실만 확인됨.
한성신보(漢城新報)	1895. 2. 15	일본 외무성	1906. 7 31	
독립신문(독닙신문)	1896. 4. 7.	서재필	1899. 12. 4.	영문판 The Independent
조선크리스도인회보(죠션크리스도인회보)	1897. 2. 2.	아펜젤러	1910.	1905년 7월 1일 그리스도신문과 연합하여 그리스도신문으로 제호를 바꾸었으며, 1907년에는 다시 예수교신보로 바꿈.
그리스도신문	1897. 4. 1.	언더우드	1910.	
협성회회보	1898. 1. 1.	배재학당 학생회		1898년 4월에 매일신문으로 제호 바꿈.
경성신문(京城新聞)	1898. 3. 2.	윤치호		4월 6일부터 대한황성신문으로 제호 바꾸었다가 다시 황성신문으로 바꿈.
매일신문(민일신문)	1898. 4. 9.	양홍묵, 이승만	1899. 4. 4.	독립협회 사건으로 경영진이 구속됨으로써 폐간됨.
제국신문(뎨국신문)	1898. 8. 10.	이종일	1910. 8.	1907년 재정난으로 정간되었다가 독자들의 의연금으로 10월 3일에 속간됨.

황성신문(皇城新聞)	1898. 9. 5.	남궁억, 장지연	1910. 9. 14	한일 합병 후 한성신문으로 제호를 바꾸었다가 9월 14일에 폐간됨.
시사총보(時事叢報)	1899. 1. 22.	황국협회	1899. 8. 17.	보부상들의 단체인 황국협회의 기관지.
상무총보(商務總報)	1899. 4. 14.	상무사	1899. 9	
대한매일신보 (大韓每日申報)	1904. 7. 18.	배설	1910. 8. 28.	조선 총독부가 강제 매수하여 매일신문으로 제호를 바꾸고 기관지로 만듬. 영문판 The Korea Daily News
서울 프레스 (The Seoul Press)	1905. 6. 3.	하지	1937. 5. 30.	통감부 기관지.
공립신보(共立新報)	1905. 11. 22.	공립협회	1899. 9	샌프란시스코의 한인 단체인 공립협회의 기관지.
국민신보(國民新報)	1906. 1. 6.	이용구	1910. 7	일진회의 기관지.
만세보(萬歲報)	1906. 6. 17.	손병희, 오세창	1907. 6. 29.	이인직이 1907년 7월 18일 대한신문으로 제호 바꿈.
경성일보(京城日報)	1906. 9. 1.		1945. 10. 31.	조선 총독부 기관지.
경향신문(京鄕新聞)	1906. 10. 19.	안세화	1910. 12. 30.	1911년 1월 15일부터 경향잡지로 개제, 월간이 됨.
대한신문(大韓新聞)	1907. 7. 18.	이인직	1910. 9. 1.	이완용 내각의 기관지.
대동공보(大東共報)	1908. 11. 18.	한국국민회	1910. 9. 10.	블라디보스토크의 교포 단체인 한국국민회(국민회)의 기관지.
신한민보(新韓民報)	1909. 2. 10.	국민회	현재	샌프란시스코의 교민 단체인 대한국민회의 기관지.
대한민보(大韓民報)	1909. 8. 18	오세창	1910. 8. 31	1908년 4월부터 발행한 대한협회회보의 후신.
경남일보(慶南日報)	1909. 10. 15.	김홍조, 장지연	1914.	
매일신보(每日申報)	1910. 8. 30.		현재	1948년 제호가 서울신문으로 바뀌었다가 1998년 11월 대한매일로 다시 변경됨.

조선독립신문(朝鮮獨立新聞)	1919. 3. 1.	이종일, 윤익선		
국민회보	1919. 3. 1.			
각성호회보	1919. 3. 1.			
국민신보	1919. 3. 1.			
신조선민보	1919. 3. 5.			
독립(獨立)	1919. 8. 21.	상하이 임시정부		상하이 임시정부 기관지. 1919년 10월 25일부터 독립신문으로 제호를 바꿈.
조선일보(朝鮮日報)	1920. 3. 5.	조진태, 예종석	현재	일제의 국가총동원법으로 1940년 8월 11일 폐간되었다가 1945년 11월 23일에 속간됨. 자매지로는 조광, 여성, 소년.
동아일보(東亞日報)	1920. 4. 1.	김성수, 박영효	현재	일제의 국가총동원법으로 1940년 8월 11일 폐간되었다가 1945년 12월 1일에 속간됨. 자매지로는 신동아, 신가정.
시사신문(時事新聞)	1920. 4. 1.	민원식	1921. 2. 16.	1922년 월간 잡지 시사평론으로 이름을 바꿈.
독립신문(獨立新聞)	1920. 10. 25.	상하이 임시정부	1925. 9. 25	1943년 임시정부가 충칭으로 옮긴 후 6월 1일부터 중국어판 독립신문을 속간하여 1945년 7월 20일까지 발행함.
시대일보(時代日報)	1924. 3. 31.	최남선	1926. 8	경영난으로 1926년 8월에 휴간되었다가 이상협에 의해 중외일보로 제호가 바뀜.
중외일보(中外日報)	1926. 11. 15.	이상협	1931. 9. 2	1931년 11월 27일부터 중앙일보로 제호를 바꿈.
중앙일보(中央日報)	1931. 11. 27.	김찬성, 노정일		1933년 3월 7일부터 제호를 조선중앙일보로 바꿈.
조선중앙일보(朝鮮中央日報)	1933. 3. 7.	여운형, 최익선	1937. 11. 5.	1936년 8월 일장기 말소 사건으로 자진 휴간에 들어갔다가 복간되지 못하여 발행 허가의 효력이 상실됨으로써 자동 폐간됨. 자매지로는 월간 잡지 중앙, 소년중앙.
조선인민보(朝鮮人民報)	1945. 9. 8.	김정도, 고재두	1946. 9. 6.	해방 후 대표적인 좌익계 신문.
해방일보(解放日報)	1945. 9. 19.		1946. 5. 18.	조선공산당 중앙위원회 기관지.

빛깔있는 책들 501-1

신문

첫판 1쇄 2003년 6월 5일 인쇄
첫판 1쇄 2003년 6월 12일 발행

글/사진 채백

발 행 인 장세우
기획 편집 김분하, 최명지, 정미정
미 술 최윤정, 위명자
총 무 이훈, 정문철, 박지현
영 업 이규헌, 강승일, 이광복, 김재윤

발 행 처 주식회사 대원사
우편번호 140-901
서울 용산구 후암동 358-17
전화번호 (02) 757-6717~9
팩시밀리 (02) 775-8043
등록번호 제 3-191호

http://www.daewonsa.co.kr

값 9,800원

Daewonsa Publishing Co., Ltd.
Printed in Korea 2003

ISBN 89-369-0253-9 04900

빛깔있는 책들

민속(분류번호:101)

1 짚문화 2 유기 3 소반 4 민속놀이(개정판) 5 전통 매듭
6 전통 자수 7 복식 8 팔도 굿 9 제주 성읍 마을 10 조상 제례
11 한국의 배 12 한국의 춤 13 전통 부채 14 우리 옛 악기 15 솟대
16 전통 상례 17 농기구 18 옛 다리 19 장승과 벅수 106 옹기
111 풀문화 112 한국의 무속 120 탈춤 121 동신당 129 안동 하회 마을
140 풍수지리 149 탈 158 서낭당 159 전통 목가구 165 전통 문양
169 옛 안경과 안경집 187 종이 공예 문화 195 한국의 부엌 201 전통 옷감 209 한국의 화폐
210 한국의 풍어제

고미술(분류번호:102)

20 한옥의 조형 21 꽃담 22 문방사우 23 고인쇄 24 수원 화성
25 한국의 정자 26 벼루 27 조선 기와 28 안압지 29 한국의 옛 조경
30 전각 31 분청사기 32 창덕궁 33 장석과 자물쇠 34 종묘와 사직
35 비원 36 옛책 37 고분 38 서양 고지도와 한국 39 단청
102 창경궁 103 한국의 누 104 조선 백자 107 한국의 궁궐 108 덕수궁
109 한국의 성곽 113 한국의 서원 116 토우 122 옛기와 125 고분 유물
136 석등 147 민화 152 북한산성 164 풍속화(하나) 167 궁중 유물(하나)
168 궁중 유물(둘) 176 전통 과학 건축 177 풍속화(둘) 198 옛 궁궐 그림 200 고려 청자
216 산신도 219 경복궁 222 서원 건축 225 한국의 암각화 226 우리 옛 도자기
227 옛 전돌 229 우리 옛 질그릇 232 소쇄원 235 한국의 향교 239 청동기 문화
243 한국의 황제 245 한국의 읍성 248 전통 장신구

불교 문화(분류번호:103)

40 불상 41 사원 건축 42 범종 43 석불 44 옛절터
45 경주 남산(하나) 46 경주 남산(둘) 47 석탑 48 사리구 49 요사채
50 불화 51 괘불 52 신장상 53 보살상 54 사경
55 불교 목공예 56 부도 57 불화 그리기 58 고승 진영 59 미륵불
101 마애불 110 통도사 117 영산재 119 지옥도 123 산사의 하루
124 반가사유상 127 불국사 132 금동불 135 만다라 145 해인사
150 송광사 154 범어사 155 대흥사(대둔사) 156 법주사 157 운주사
171 부석사 178 철불 180 불교 의식구 220 전탑 221 마곡사
230 갑사와 동학사 236 선암사 237 금산사 240 수덕사 241 화엄사
244 다비와 사리 249 선운사

음식 일반(분류번호 : 201)

60 전통 음식 61 팔도 음식 62 떡과 과자 63 겨울 음식 64 봄가을 음식
65 여름 음식 66 명절 음식 166 궁중음식과 서울음식 207 통과 의례 음식
214 제주도 음식 215 김치

건강 식품(분류번호 : 202)

105 민간 요법 181 전통 건강 음료

즐거운 생활(분류번호 : 203)

67 다도 68 서예 69 도예 70 동양란 가꾸기 71 분재
72 수석 73 칵테일 74 인테리어 디자인 75 낚시 76 봄가을 한복
77 겨울 한복 78 여름 한복 79 집 꾸미기 80 방과 부엌 꾸미기 81 거실 꾸미기
82 색지 공예 83 신비의 우주 84 실내 원예 85 오디오 114 관상학
115 수상학 134 애견 기르기 138 한국 춘란 가꾸기 139 사진 입문 172 현대 무용 감상법
179 오페라 감상법 192 연극 감상법 193 발레 감상법 205 쪽물들이기 211 뮤지컬 감상법
213 풍경 사진 입문 223 서양 고전음악 감상법 251 와인

건강 생활(분류번호 : 204)

86 요가 87 볼링 88 골프 89 생활 체조 90 5분 체조
91 기공 92 태극권 133 단전 호흡 162 택견 199 태권도
247 씨름

한국의 자연(분류번호 : 301)

93 집에서 기르는 야생화 94 약이 되는 야생초 95 약용 식물 96 한국의 동굴
97 한국의 텃새 98 한국의 철새 99 한강 100 한국의 곤충 118 고산 식물
126 한국의 호수 128 민물고기 137 야생 동물 141 북한산 142 지리산
143 한라산 144 설악산 151 한국의 토종개 153 강화도 173 속리산
174 울릉도 175 소나무 182 독도 183 오대산 184 한국의 자생란
186 계룡산 188 쉽게 구할 수 있는 염료 식물 189 한국의 외래 · 귀화 식물
190 백두산 197 화석 202 월출산 203 해양 생물 206 한국의 버섯
208 한국의 약수 212 주왕산 217 홍도와 흑산도 218 한국의 갯벌 224 한국의 나비
233 동강 234 대나무 238 한국의 샘물 246 백두고원

미술 일반(분류번호 : 401)

130 한국화 감상법 131 서양화 감상법 146 문자도 148 추상화 감상법 160 중국화 감상법
161 행위 예술 감상법 163 민화 그리기 170 설치 미술 감상법 185 판화 감상법
191 근대 수묵 채색화 감상법 194 옛 그림 감상법 196 근대 유화 감상법 204 무대 미술 감상법
228 서예 감상법 231 일본화 감상법 242 사군자 감상법